Catch on!
知道的書

大寫
BRIEFING
PRESS

金融的黑歷史與那些「圈內人」的高風險秘密

玩別人的錢

OTHER PEOPLE'S MONEY

MASTERS OF THE UNIVERSE OR SERVANTS OF THE PEOPLE ?

JOHN KAY

約翰・凱｜著

英倫翻譯社、謝孟宗｜譯

然而，這些公司的主管，管的是別人的錢而不是自己的錢包，因此遠不能預期他們會戒慎恐懼行事，一如私人企業合夥人那樣看緊投資……因此，這類公司管起事來，肯定粗心又揮霍。

——亞當・史密斯，《國富論》，一七七六年

當我近幾年來說到高額融資有害，我指的是少數那些拿別人的錢去投機的人——各位芝加哥鄉親一定明白我說的是哪種人。

——富蘭克林・羅斯福，美國總統選戰競選演說，一九三六年十月十四日，芝加哥

序　牛的寓言[1]

一九〇六年，統計學大師法蘭西斯．高爾頓（Francis Galton）在鄉村市集觀察了一場猜測牛隻重量的比賽，參賽者共八百人。學者天性使然，高爾頓統計了參賽者的答案，發現平均數極為貼近正解。後來詹姆斯．索羅維基（James Surowiecki）將這件事寫進他那本饒富趣味的著作《群眾的智慧》（The Wisdom of Crowds）[2]。

後續的發展卻沒幾個人知道。幾年後，用來秤重的磅秤越來越不準確，修理費卻很昂貴，主辦單位靈機一動想到，既然參賽者這麼會猜牛隻重量，又何必修理磅秤。乾脆讓每個人猜測牛隻的重量有多重，再取平均值不就得了。

如此一來卻衍生了新問題。猜重比賽變得熱門後，就有人想作弊。他們甚至想從養牛的牧農那兒獲取獨家消息。主辦方擔心，要是有人佔了便宜，其他人就不想參加比賽了。一旦參賽者變少，群眾智慧就靠不住了，沒辦法從中得出牛隻的重量。

於是，他們祭出嚴格規範，要求牧農每三個月一次提出牛隻生長報告，張貼在市場門口供所有人查閱。要是有人透露任何牛隻的相關資訊給友人，這些資料也必須公開。若參賽者若握有獨家訊息，將會被禁賽。這麼一來，猜重比賽得以維持公平。

專業分析師檢視了這些規章，提醒客戶可能的影響。原本他們會設宴款待牧農，但是一旦牧農被要求要留心所揭露的資訊，這樣的飯局就變得多此一舉。有些聰明的分析師也察覺到，光是知道牛隻的健康狀況及飼養情形其實沒有多大用處。既然牛不會過秤，重要的反而是得知道大家的猜測值，於是致勝關鍵也不再是能準確推測牛隻重量，而是如何揣摩他人的猜想等這一類的事。

但也有人如「老巴菲特」主張，這種流程的結果與實際養牛情況越來越脫勾。但只是沒人理會他。是沒錯，老巴的牛兒看著都很壯、養得很好，他的荷包也越發滿盈；不過他是個不識字的鄉下人，不太懂市場運作法則。

後來還成立了個國際組織，明定如何評估牛隻重量。市面上有兩套標準，一是「一般牛隻測重原則」，另一套是「國際牛隻測重標準」，但兩套標準都同意一項基本原則：要排除個人主觀因素。因此牛隻重量正式定義為每個人推估值的平均。

不過有個問題是，有時只有少數幾個人，甚至沒人參與。這問題很快就有解。芝加哥大學的數學家發展出運算模型，只要有先前推估的牛隻重量，就能算出估值的平均數會是多少。不用懂畜牧，有最先進的電腦就行。

到了這時候，龐大的產業於是成形，有了專業猜測牛隻重量的、專業辦猜重比賽的，還有專業幫大家精修猜測值的顧問。雖然有些人建議，把磅秤修好或許會比較省錢，但卻只換來嘲笑：要是能從這麼多聰明人的群體智慧中得利，又何必走回頭路只靠一位拍賣官來評斷？

——然後牛就死掉了。因為在這陣沸沸揚揚中，沒人記得要餵牛。

OTHER PEOPLE'S MONEY
玩別人的錢

目錄

導論

INTRODUCTION

過猶不及的金融

城裡人個個會買賣，未曾聽人相詢理由何在。既然他們高興買賣，天可憐見，就隨他們去吧。

——亨伯特・沃爾夫（Humbert Wolfe），《非聖之城》（The Uncelestial City），一九三〇年

任何人走經過華爾街的摩天高樓，或是倫敦的舊金融城與金絲雀碼頭新金融城，肯定會對現代金融的規模與範疇留下深刻印象。商標閃著花旗集團（Citigroup）及匯豐銀行（HSBC）這類熟悉的名號。較低調的黃銅招牌則標記著不做大眾生意的機構。金融業界最重要的總部大樓、位於曼哈頓西街兩百號的「高盛」（Goldman Sachs）總公司，依舊不掛招牌。華麗的樓宇、隨處可見的加長型豪華轎車。坐在行政套房裡的高階主管，一個月的薪水比多數人一輩子賺到的錢還多。不過，這些人究竟在做什麼？他們彼此交易，程度遠超過你的想像。

英國銀行的資產約有七兆英鎊，四倍於國民年所得總和。銀行的負債總和也差不多是這個數字。英國銀行的資產是政府負債的五倍，但這些資產多半是對其他銀行的債權。他們的負債主要是需支付給其他金融機構的債務款項。人們多半以為，銀行主要業務是借款給生產產品和服務的公司與個人，但其實這只占百分之三（見第六章）。

現代銀行以及多數其他金融機構用證券交易，而這類交易的增長是金融部門成長的主因。金融機構建立對資產（公司的營業資產與未來獲利，或是個人的有形資產與預期收益）的債權，而任何**這樣的債權幾乎都能轉換為可交易的證券**，再透過電腦進行的「高頻交易」頻繁出價買賣證券。買賣之間，證券所有人持有證券的時間短於一眨眼。電信業者「廣布網絡」公司（Spread Networks）建造了一條貫穿阿帕拉契山脈的線路，好讓紐約與芝加哥兩地間的數據傳輸時間可以再少將近一毫秒。

世界貿易成長迅速，但遠不及外匯交易的激增。單日外匯交易額，是全球商品與服務交易額的近一百倍。英國每年經手的支付總額為七十五兆，大約是英國國民所得的四十倍。證券的交易增長迅速，但是暴量的金融活動，主要歸因於衍生性金融商品市場的發展。這類商品的價值衍生自其他證券的價值，因而得名。如果說證券是對資產的債權，衍生性證券就是對其他證券的債權，其價值取決於這些基礎證券的價格（最終還是看價值而定）。一旦創造出衍生性債券，就能創造出一層層價值取決於其他衍生性證券的衍生性證券，可以不斷延續。這類這種衍生性契約所根據的基礎資產價值，是全世界有形資產總額的三倍。

那麼，這一切所為何來？此活動用途何在？收益何以如此之高？按常理推斷，要是這麼一個封閉的團體持續彼此交易票券，這些票券的總值縱有改變也必定有限。若某些成員獲取驚人利潤，必然是因為其他成員有所損失。可想而知，這樣的活動不會使交易資產出現大變動，整體而言並不能生財。然則，這等出於常理的觀點究竟錯在何處？

我的結論是，此一觀點並無大謬。不過，為了說明立論有據，就得檢視金融部門種種活動，以及它如何改善人類生活、提升企業效率。評估金融業的經濟貢獻是件複雜的工程。畢竟，要解讀關於金融業活動產出與獲利能力的提報資訊並非易事。話說回來，我會證明金融業的獲利能力言過其實，其產出價值也鮮見於經濟統計中，其作為多半對人類生活與企業效率幾無助益，在多項確能協助推進社會經濟目標之處卻表現不彰，在某些方面甚至全無貢獻。

現代社會少不了金融。這兩者間有顯明的因果關係，也能從廣泛面向中尋得確鑿佐證。在工業化的初始階段及全球貿易成長之際，英國、荷蘭等國的金融也正要起步。時到今日，放眼全球，統計證據指出，金融發展關乎人均所得的水平與增長[1]。即便在貧窮國家推出一些讓付款更便利和提供小額信貸的措施，都可顯著提升經濟動能。

再者，我們也經歷了某種實驗，看著共產主義抑制金融發展。俄羅斯與中國的金融機構發展分別受阻於一九一七和一九四九年的革命。捷克和東德於二戰前已有較為成熟的金融體系，但共產政權關閉信貸市場與證券市場，改採由中央統籌分配資金給企業。此流程既乏效能、又缺效率，直接導致這些國家經濟表現黯淡。

唯有金融體系運作良好，國家方能繁榮昌盛。但這不代表金融體系越龐大的國家就會越富庶⋯⋯過猶不及。要開創工業社會，金融創新不可或缺。但不是每種現代金融創新都有助於經濟成長。很多好點子做得太過頭，反而壞事。

金融正是如此。現今的金融業在政治上舉足輕重：他們是最有力的產業遊說團，也是重要的競選金主。新聞媒體每天都會報導「市場」動態，也就是證券市場。公司經營方針受金融支配：二十年來，增進「股東價值」一向是金科玉律。經濟政策的執行也以「市場」看法為依歸，而家家戶戶也越發得仰賴「市場」來掙得退休後的好日子。頂尖大專院校的頂尖畢業生，有極高比例選擇金融業。

照我的說法，過去三、四十年來，金融登上這等經濟主導地位的過程可稱作「**金融化**」（financialisation）。這個醜惡詞彙堪用以指稱這段對我們的政治、經濟、社會有深遠意涵的歷史進程[2]。我還會以「全球金融危機」來形容二〇〇七年至〇九年間的事件及後果[3]。

不過，本書目的不在於再論「全球金融危機」。這本書探討的是**金融的本質和金融化的起源**。社會及經濟體制的重大改變，通常肇因於特定社會團體的政治影響力上升，大力推廣其理念支撐架構，整體情勢也對其有利。現代市場經濟便是這樣成形，民主制度也是這樣紮根，而社會主義更是這樣於二十世紀興起然後衰頹。此過程可解釋我這輩子見識到的另一項重要經濟進展：市場經濟的規模從不到十億人擴大到廣及全球半數人口，這有好也有壞。在正文第一部，我將詳述引起金融化的政治變動、智識架構，以及廣泛的技術與經濟變遷。

全球金融危機的一大特點在於，業界人士似乎認為政府和納稅人理所當然有義務確保金融業大致上依現況持續運作，從金融機構、活動，甚至是從業人員非比尋常的報酬皆然。而且更驚人的是，此主張普遍獲得政客與公眾的認可。沒有人爭論金融的特殊地位。而金融界圈外的諸多能人智士無法理解金融業者所作所為，徒然強化了這個看法。

然而，金融並不特別。我們未加批判，自願採納「金融地位特殊論」，已釀成大禍。所有活動各具施行常規，從業人員也各有不同的語言。我打過交道的各個產業都相信該行性質獨特，話雖如此，卻無論如何不及他們自以為的地步。但金融部門的信念又格外堅強。金融業多半是與自己交易、與自己對話，以自行訂定的標準評判自身績效。經濟學裡的「金融理論」及「貨幣經濟學」這兩派以金融為研究目標，遭賴瑞．桑默斯（Larry Summers）譏諷是「**番茄醬經濟學**」（ketchup economics）：無視番茄醬內在價值，僅比較容量各異的瓶裝番茄醬價格[4]。桑默斯是在各方面都相當出色的學者，曾任美國柯林頓政府的財政部長、前哈佛大學校長、歐巴馬政府的國家經濟委員會主委，也差點被提名為聯邦準備理事會主席。本書將會多次提到他。

桑默斯用「**番茄醬經濟學**」來貶抑金融，否定金融的獨一無二，也不認為需要專門的智識架構才能明白金融活動本質和金融市場運作。本書將重申桑默斯的質疑。金融業與其他任何產業並無二致，評判績效時也理應依循與鐵路業、零售業，或電力供給業相同的準則，用相同的分析方法、相同的價值予以量度。我在書中將斷然汲取這些產業的教訓。

將金融業視為只是一項普通的產業，又會引發另一個問題：「**金融業用途何在？**」而這個疑問正是本書第二部的重心。撇開市場參與者，由市場客戶的觀點來看，金融業能滿足哪些需求？金融化導致投注於金融業的資源規模大幅擴增，有更多人領到更多錢。但是金融活動的品質又有何改變？

金融業可對社會與經濟帶來四大貢獻。首先，透過支付體系，我們得以領取薪資，購買所需產品與服務。這套體系也讓企業能提供產品與服務。其二，金融撮合借貸雙方，將存款做最有效的運用。其三，使個人有辦法管理終生的財務並代代相傳。其四，幫助個人與企業控管隨日常生活及經濟活動而衍生的必然風險。

支付體系、撮合借貸雙方、管理我們的家庭財務、風險控管，這四種功能是金融業所做，或至少是能做的服務。要衡量金融創新的效用如何，端看它能促進款項支付、資本配置、個人財務管理、處理風險的程度。

金融業在經濟上的重要性，卻通常由其他方式來描述，例如：產業帶來的職缺數、從業人員的所得，甚至是隨之而來的稅賦收益。這裡面有很多誤解，我們之後會在第九章談到。金融部門對社會人群真正的價值，應在於其服務所能帶來的價值，而非從業人員獲得的報酬。近年來這些報酬似乎頗為可觀。但在這些年來論述金融產業的上千頁文獻中，卻少有篇幅著墨這個根本問題：「**金融業為何這麼賺？**」

或許要緊的問題是：「**金融業為何看起來特別賺？**」常理說來，互相交易證券無法使所有人獲利，由此可看出，賺錢其實是假象：金融部門的成長多半不是因為創造新財富，而是挪佔經濟中其他部門創造的財富，好讓某些金融從業人員得利。

然而，縱使今日的金融業有諸多漫無節制的惡例，但多數從業人員其實都是無辜的，也並非他們所為。他們營運支付體系，讓金融仲介更為便利，使得個人能掌控自身財務，並協助管理風險。金融從業人員多半沒有野心想要主宰宇宙。他們受雇處理銀行業及保險業作業，工作相對乏味，報酬也平平。我們需要他們，也需要他們所辦的差事。

是以，本書的第三部份將談及改革，尤其是結構上的改革，而非管理規範的變革。我將會說明為何在金融化年代，執行越發嚴格但效果卻越來越差的金融管理規範本身就是禍首之一，而不是解決之道。政府不是管太少，而是管太多。我們要關心的是產業結構及從業人員的獎勵方案，也需要解決數十年甚至是幾百年來讓各種規範與法律的制裁難以落實的政治力量。我們也該終止無窮盡地增加繁複規章，因為現在就連人多勢眾的專業管理人員也搞不清楚這些規章。

金融改革的目標，應在尊崇能滿足實質經濟需求的金融服務，並以此為優先。用「實質」一詞來指稱「非金融」的經濟略帶輕蔑，卻也點出一個現象：金融業已演變得和普通企業及日常人生脫節，不再真實。

要是「城裡的買賣」不僅吸走我們國家資財的可觀數量，還佔用眾多社會一流人才的時間，沃爾夫洋洋自得的說法「既然他們高興，那就隨他們去吧」就不再站得住腳。在本書最後一章，我會提到或許可專注於較為狹義的金融業，也就是更有效解決實質經濟需求的部分：支付款項、撮合借貸雙方、理財、降低風險代價。

我們需要金融。但現在，我們有太多金融了。

PART I

金融化

FINANCIALISATION

從一九七〇年代起至二〇〇七、〇八年間全球金融危機為止，金融業的規模、營收與複雜度與日俱增。影響廣及所有企業與家庭，也牽動到經濟政策與政治體系。這種種變化如何形成（第一章）？為了促成金融化，他們提出哪些說法（第二章、第三章）？金融化替金融公司和其高階主管帶來的驚人獲利及報酬又源於何處（第四章）？

1章

當代金融小史

至波特鎮之路

英國銀行一絲不苟，
英國家庭要的正是如此。
必定要以傳統、紀律和規矩治之，
少了它們：失序、災難、無法無天。
簡單說，恐怖到了極點。

——迪士尼電影《歡樂滿人間》（Mary Poppins），一九六四年

一九六〇年代，我在愛丁堡求學。此地既是蘇格蘭首府，也是今日英國第二大金融中心，蘇格蘭銀行、蘇格蘭皇家銀行兩大銀行都曾以此為總部。當年，成績不足進不了一流大學的男生，就選擇進銀行。

我的許多同輩都志在進入蘇格蘭銀行或蘇格蘭皇家銀行。稍加努力，過個二十年，他們有機會成為分行經理。分行經理在地方上是有頭有臉的人物，常到高爾夫俱樂部或扶輪社聚餐交際應酬。他和當地的專業人士都有私交，和會計師、律師、醫師、牧師和富商稱兄道弟。分行經理幫忙處理他們的存款，偶爾也承做貸款。分區辦公室可能會看他的數字，但基本上大大仰賴他對借款人人品的評估。經理先生（當時沒有女性分行經理）也預期在這間銀行做到退休並領退休金。他和客戶從沒想過，這間從他十七歲就加入的機構不會開到天長地久。

過幾年後，我開始在一間仍認為能永續以現況經營的機構工作——成為牛津大學的老師。我的學生中少有人考慮進倫敦金融圈，而那些進金融圈的學生一般是交遊廣闊，學業平平。當時你要是跟我說，二十年內，許多最棒最聰明牛津大學學生，花在準備應徵金融公司的實習機會和面試的時間遠超過蹲圖書館的時間，我怎麼樣也不會相信。

所以在我開始攻讀經濟學，而朋友多加入蘇格蘭銀行或蘇格蘭皇家銀行的那個年代，是有可能相信金融動盪的歷史難題已經解決。自經濟大蕭條以來，再無重大金融危機，人們無法想像大間金融機構會倒閉。我的同學是最後一代會預期自己像電影《歡樂滿人間》裡的銀行經理喬治·班克斯一樣，每天傍晚六點零一分準時回到家，等著家人在六點零二分將菸斗和拖鞋遞上。

說來或許也不是巧合，就在傳統銀行經理這樣既風趣又是社區中流砥柱的角色走下舞台後，電影開始頌揚他們。《歡樂滿人間》於一九六四年上映。以戰時國民軍為題材的英國喜劇影集《老爸上戰場》（Dad's army）在一九六七年至一九七四年間頗受歡迎，主角麥沃林上尉是銀行經理，為人自負、無趣而誠實。法蘭克·卡普拉（Frank Capra）的電影《風雲人物》（It's a Wonderful Life）一九四六年推出時叫好不叫座，到了一九七〇年代卻成為美國電視觀眾的耶誕節最愛，至今仍是佳節良片。吉米·史都華（Jimmy Steward）飾演的主角「喬治·貝利」在貝德福瀑布鎮的儲蓄借貸機構擔任經理。班克斯、麥沃林、貝利演活了我同學的理想。

這好景不長。在戲裡，「守護天使」讓貝利看見世界少了他會怎樣。貝德福瀑布鎮會改名為波特鎮，以一心只想替自己賺錢的董事會成員波特先生為名。波特鎮也因為自私自利而分崩離析、充滿庸俗的商業氣息，而貝利最引以為傲的房屋計畫也從沒完工。這原本是令人好笑又震驚的一幕。

卡普拉怎麼也想不到，故事裡波特鎮可能會成真。但等到我這輩的人接受優退，他們當年所投身的世界早已變到認不出來。全球化、管制解禁、科技與產品創新、新的意識形態和敘事，以及社會暨文化規範的改變都是原因，而且並非獨立存在，而是牽一髮動全身。

金融一直是走向全球的。在大英帝國統領下，倫敦成為躍升首屈一指的金融中心。電影裡班克斯先生任職的忠誠信託銀行，資助了「貫通非洲的鐵路和橫過尼羅河的水壩」。華爾街在規模和重要程度上之所以能與倫敦相抗衡，多虧了美國國內市場的規模，以及伴隨著廣袤大陸而來的龐然金融需求。不過，全球貿易與金融的擴張此時卻遭遇挫敗：一是因為脫離金本位制，二是在兩次大戰期間各國的保護主義，第三則是帝國的衰頹。直到一九六〇年代，倫敦開始有了歐洲美元市場，方才進入金融全球化的現代階段。

在美國的「銀行存款利率管制」（Regulation Q，後文會稱Q管制）下，美國銀行支付給存款利率會受到管控，而且銀行必須在聯邦準備系統（美國的中央銀行）裡存有資金，以證明存款安全無虞。但資金若是存在歐洲銀行再借給美國的銀行，就不受此限，銀行間的交易並不在管控範圍內。於是，將存款透過倫敦轉手可讓美元存款戶賺取較高的存款利率。這項操作降低了美國各銀行的資金成本，也讓歐洲銀行能藉由服務獲利。

從其他方面來說，全球金融體系的結構也有所轉變。二戰剛結束時，人們預期美國依然會是世上主要債權國。戰後成立的全球金融機構，如國際貨幣基金組織（IMF）和世界銀行，都按此假設來設計。不過，隨著德國與日本迅速自戰後的殘破中復原，美國經濟在一九六〇年代轉趨疲軟，美國經濟霸權也跟著走下坡，到了一九七一年，美元貶值。

一九七三年至一九七四年間的石油危機，讓產油國大發橫財，特別是沙烏地阿拉伯及波斯灣其他國家，錢多到花不完。這筆「油元」以貸款的形式流回歐洲和美國。同時，日本、南韓、台灣、香港等亞洲鄰國，從模仿現代生產方式開始經歷逐步升級，開始出口產品到歐洲與北美。一九八〇年後，中國大陸追隨這些國家的腳步，進入全球貿易體系。亞洲出口大發利市，產生了貿易順差，西方國家也因而出現貿易逆差。一如十年前的產油國所為，貿易順差國將資金回借給貿易逆差國。

至此，一切條件已經就緒，即將迎來二十一世紀初的詭異發展：中國農民被強迫存下的資金（在集權政府下其實沒有什麼選擇），被拿來資助美國消費者的超額消費。促成此事的機制，在於西方銀行日益仰賴來自全球資本市場的批發性融資。這類持續性的全球金融失衡，破壞了本地存款方找本地貸款方的傳統模式，讓傳統銀行的主要靠山垮台。銀行存款利率管制條例被破解，讓我們能預見全球化如何對現行以國家為基礎的管制架構帶來壓力。

新的金融市場再也不屬於那些功課普普但打高爾夫還可以的好男孩。到二〇〇八年蘇格蘭銀行及蘇格蘭皇家銀行破產時，多數資深高階主管都系出名校。蘇格蘭銀行執行長安迪．霍恩比（Andy Hornby）畢業於牛津大學，並取得哈佛大學工商管理碩士；蘇格蘭皇家銀行執行長佛瑞德．古德溫（Fred Goodwin）從格拉斯哥大學畢業後，取得律師與會計師雙重資格。華爾街兩巨頭，高盛的洛伊德．布蘭克芬（Lloyd Blankfein）和 JP 摩根的傑米．戴門（Jamie Dimon），都是哈佛校友，分別來自法學院及商學院。牛津大學、劍橋大學，和常春藤盟校的學生都搶著進倫敦金融區和華爾街。

提出「番茄醬經濟學」的桑默斯這樣形容這場轉變：「近三十年來，投資銀行變了，以前這行是由擅長打高爾夫球拉關係的人主導，現在則多是能解決衍生性證券定價相關數學難題的好手。」[1]桑默斯的朋友和敵人都知道，他解數學問題的本事更勝於和客戶拉關係，連他都這麼說，證明事實不假。

但是，這群聰明人卻不怎麼會管事，遠遜於那些頭腦不怎麼靈光的前輩。聰明歸聰明，他們鮮少像自己所想的那般靈光，甚至不足以應付自己創造的複雜金融環境。或許，比起能解決艱鉅數學難題，能在高爾夫球上討好客戶的能力才更重要。

今天我們或許比較不需要熟於人情卻不通事務的人；科技會幫忙把大家連在一起，但人際關係還是很重要。話說回來，我們還是需要有人評估基礎資產的好壞及管理者能力的高下；能夠瞭解住宅房市，也能評斷潛在買方的償債能力的人；瞭解店鋪與辦公室，也清楚承租人財務狀況的人；熟悉政府財政運作和能管理大型基礎建設案的人；最重要的是，能夠洞悉產業變化本質的人。

不過，在二十一世紀最初十年間發展出來的金融部門裡，卻看重迥然不同的技能。一群自以為是的人運用這些技能的結果，是讓全球經濟掉入經濟大蕭條以降最險惡的金融危機。

這種種改變是如何發生的？本章將以剩餘篇幅說明金融化的兩大元素：**以交易取代關係，以及金融企業的重組**。之後我會順勢談論金融化對經濟穩定、企業績效、經濟不平等所帶來的廣泛經濟影響。

交易員的興起

你一經過那座假壁爐，就會聽見一陣邪惡的吼叫，宛如暴民喧鬧……這是受過良好教育的年輕白人男性在債券市場裡為錢廝殺的聲音。

——湯姆．沃爾夫（Tom Wolfe），虛榮的篝火（The Bonfire of Vanities），一九八七年

我們就是華爾街。我們的工作就是賺錢。不管是商品、股票、債券，或假想的假鈔，都無關緊要。只要有錢賺，棒球卡我們也賣……我們早上五點起床，工作到晚上十點或是更晚。手上握有部位時，我們已經習慣不起身上廁所。我們不會花一個小時或更久吃午餐。我們不要求組工會。我們不會在五十歲退休領養老金。我們吃自己廝殺所得。如果只剩下你盤裡的東西，我們也不會客氣……我們不是恐龍。我們比恐龍更聰明、更兇惡。而且，我們會存活下去。

——《金融時報》「阿爾法城部落格」，由史黛西—瑪莉．以實瑪利（Stacy-Marie Ishmael）張貼，二〇一〇年四月三十日[2]

由仲介轉向交易，由關係轉向買賣，是過去四十年來西方經濟金融化的核心。貝利及麥沃林上尉立足的世界，講求與客戶、貸款人、存款人建立好關係。在金融的多個領域裡，這點為真。股票經紀商和銀行經理一樣，都會和客戶交朋友。他自己也很熟悉推薦給客戶的公司。投資銀行與大公司維持長期關係，與保險公司等能帶來小額存戶資本的機構也有類似的聯繫。

而今，金融界由交易主導，而交易是營收與薪水的重要來源。五十年前，股票交易是唯一的大型金融投機市場，但以今日標準來看，其交易量並不大，平均持股期間為七年[3]。股票交易所亦可買賣政府債券，然而債券市場沒什麼大變化。作家費茲傑羅（F. Scott Fitzgerald）一九二五年出版的小說《大亨小傳》裡平凡的敘事者尼克．卡拉威（Nick Carraway）便是債券交易員。倫敦金屬交易所是全球銅、錫等「硬」商品的交易中心。至於「軟」商品則另有交易處所。芝加哥期貨交易所（及分拆出來的芝加哥奶油與雞蛋交易所）是美國農產品的交易中心。船運契約在波羅的海交易所進行。二十五年前，關鍵地點轉移到投資銀行的交易大廳。今日，電腦螢幕是資訊來源及交易基礎。透過電腦彼此默默交易的比例越來越高。

就這樣，不具名的市場取代了個人關係。一世紀前，德國社會學家斐迪南．滕尼斯（Ferdinand Tonnies）和馬克斯．韋伯（Max Webber）用「共同體」（Gemeinschaft）及「社會體」（Gesellschaft）的不同，來描述這項變化。兩者於英文中找不到確切的對應詞彙，但大體上區隔出了兩種型態，一是非正式與涉及個人的，一是正式及受管制的[4]。金融化的過程，以及金融手段和風險管理的全球差異，就是從「共同體」到「社會體」的轉換。

交易文化的肇興並無單一成因，而是一連串發展的成果，源頭彼此相關、影響也持續積累。金融市場的全球化是其中一環，全球金融架構的崩解也是（此架構是一九四四年由同盟國在布列敦森林所訂出，該地風景優美但地處偏遠的新罕布夏州，就是為了讓紐約和華盛頓鞭長莫及）。

另一個原因，是全新衍生性證券市場的成形，以及要分析它所需的金融市場數學運算的發展。管制與解禁也有關係，但很大程度純屬意外：管制政策的後果很少是有意造成的。機構重整也有責任；商業組織的傳統型態，像是合夥公司和互助公司，被納入了公開交易股份有限公司之中。那時期英國的柴契爾夫人與美國的雷根總統在勝選後對自由市場的支持，也在很多方面上也影響了公共及企業政策。

促成變化的因素有一長串，但都有個驚人特點：**金融本質的改變，並沒有改變我們對實體經濟的需求**，這些需求大體還是相同：我們需要金融機構來處理付款、展延信用、提供企業資金。我們想要金融機構管理我們的存款，並幫忙解決經濟生活中的風險。有些服務變得更好，但也有很多並沒變好。資訊科技改變了金融服務的交付方式。但是相較本質的轉變，以及提供這些服務產業的政治與經濟角色變化，金融業提供給顧客的服務並沒有什麼改變。金融化的過程有其自身的內在動力。

美國在一九七一年放棄金本位制，帶進浮動匯率的新時代，其波動程度遠大於多數經濟學者所料。外匯交易市場中向來有投機活動。戰後在布列敦森林會議所訂下的固定匯率制越發面臨壓力，貨幣也飽受投機客攻擊之苦：一九六四年當選的工黨政權頻繁得因應對一英鎊兌二．八美元固定匯率的攻擊，後讓首相哈羅德．威爾遜（Harold Wilson）公開譴責的名言，稱「蘇黎世守財奴」（**gnomes of Zurich**，譯按：**gnomes** 直譯為歐洲傳說裡的「地精」）要負完全的責任。這些投機客基本是做場單向的賭注。英鎊若是貶，他們就能大賺一筆（三年後，英鎊也真的貶值了），但此間也不會有太大的虧損。

這些投機客大體既非守財奴，也不是蘇黎世居民。說來諷刺，外匯交易的最大中心，從以前到現在都是倫敦。外匯交易市場中的投機客，有越來越多是銀行聘僱的交易員。為客戶進行外幣交易（並從中賺取適當利潤）的傳統生意，開始牽連到持有貨幣部位，以從預期的幣值升貶中得利。

芝加哥奶油與雞蛋交易所是後來芝加哥商業交易所的前身，期貨契約在此交易已行之有年，藉此農夫定下三個月後上市販售的農產品價格。一九七二年，極富創新精神的交易所主席李奧・梅拉梅德（Leo Melamed）推出一種金融期貨契約，把同樣的契約應用到外匯交易，再擴大到其他金融工具。很快，牛油與雞蛋就被拋諸腦後。

衍生性證券市場自此發展起來。因此，芝加哥大學從以前到現在都是金融經濟學研究重鎮，並非巧合。接下來的一年裡，該校兩名教授，費雪・布雷克（Fischer Black）和麥倫・休爾斯（Myron Scholes），發表了研討會論文探討衍生性商品的定價[5]。

其後三十年，金融業的成長有很大部分都是衍生性商品市場成長的直接或間接結果。期貨並非唯一的衍生性商品。選擇權讓持有人有權（而非義務）買或賣，你可以用此權利保護自己對抗價格漲跌。

但你不需要真的有一頭豬也能出售五花肉期貨：你可能單純是想賭一把火腿的價格。也不是打算出國旅遊或購買外國貨品的人才能買賣貨幣。隨著衍生性商品市場日益成長，人們也以此來支撐個人對任何事物多寡的判斷，不只是外匯交易或是利率，還有企業是否可能破產、貸款是否可能違約、颶風是否會侵襲美國東岸。

在金融技術的變革之外，資訊科技也有長足的進展（的確，少了它就不可能做到）。在金融期貨交易初始期，芝加哥商業交易所還是在交易廳裡做生意，積極的交易員在廳內大聲喊價，架拐子搶單。如今，每名交易員都有個螢幕。而少了當代電腦的助力，布雷克與休爾斯的理論模型，以及源於芝加哥等地的許多量化金融技術都將無法廣為應用。

管制也讓交易文化越發興盛。歐洲美元市場的成長，顯示管制上的異常情況會被銀行用來招徠生意。國家也是。有意提升銀行利益的政府，可能會讓監管套利較為容易。一九六〇年代，英國央行把提倡倫敦金融業利益為己任，積極助長歐洲美元市場的茁壯。原本旨在使金融體系更為安全的管制措施，反而造成反效果，一如美國銀行存款利率管制的情況：控管是為了增加體系的複雜度，並將交易一併拉出管制網之外。但若是無能或無意汲取管制的大教訓，將帶來嚴重且持續的後果。

「Q管制」是華爾街崩盤後所推行的眾多改革之一。但最重要的是成立「美國證券交易委員會」（Security and Exchange Commission, SEC），廣為監管金融機構和上市公司。該委員會之名說得很清楚，他們主要管理證券與交易。只要能搞定證券的問題並促進交易，新單位就算善盡其責。隨著委員會的活動範疇漸廣（即便效能與威信未必與之俱增），背後的哲學也普遍受到金融管制所採用。而且不只限於美國：美國證券交易委員會成為全球金融市場管制的模範。

一九八〇年代，固定收益類交易開始活躍。原本對交易員來說，債券是攤死水。在倫敦，要含著金湯匙出生的人才能靠債券賺錢。路易斯．拉涅利（Lewis Ranieri）出生於紐約布魯克林區，並非出身豪門——他最早從所羅門兄弟公司收發室小弟做起。不過，他所發明的抵押貸款擔保證券，將使債券市場脫胎換骨。「**證券化**」（不只是抵押貸款，還包括所有金融債權類型）的開展，永遠改變了銀行業的本質。最後連延伸至流行歌手的未來權利金（大衛．鮑伊〔David Bowie〕就以此集資五千五百萬美元）、電影公司的營收（像「夢工廠」，Dreamworks），和一整個足球隊（如「里茲聯足球俱樂部」，Leeds United），都可以證券化。

抵押貸款擔保證券裡是一包可交易的抵押貸款。這個概念可以應用到其他消費者貸款（如信用卡額度）和小企業的借貸。傳統上由銀行內部管理的信用與利率的曝險，從此可透過市場來降低或排除。**換匯市場**（SWAP Market）讓銀行得以管理利率風險：採每年浮動利率的貸款有機會換成採十年期固定利率。

在一九八〇年代，上述市場獲得強勁助攻，當時管理銀行放款的巴塞爾規則，更願意把資金投入資產擔保證券，而非證券背後的真正資產。穆迪和標準普爾等評比機構也擴充業務，除了原本的商業信用評估外，也開始給債券的信用品質打分數。

一九七〇年代發生的兩項變化，使得評比機構成了金融化過程的中流砥柱。一是這些機構除了向投資人收費，也開始向證券發行商索取服務費用（有越來越多的情形是僅向後者拿錢）。二來，這些機構取得認可成為「全國認可的統計評比組織」[6]。很多金融機構和管制組織限制只能投資合乎評比機構標準的證券。評比決定了證券在管制上的風險權數。創造資產擔保證券的銀行付費給評比機構（評比機構也瞭解，提供這類認證是個很競爭的事場），然後銀行進行「逆向工程」，讓產品符合各機構的評比模型；而各機構也領悟到「評鑑」這門生意的激烈競爭有何好處。只要能達到規定的信用評比，許多投資人和交易員並不在意裡面的內容。資產擔保證券市場的崩盤，正是全球金融危機的核心。

以固定收益、貨幣、商品為基礎，又有衍生性金融商品助攻的新交易文化，其各項要素現已到位。股票市場不再是投機活動的核心。新交易文化關心的是固定收益、貨幣，以及後來的商品（合稱為FICC）。沃爾夫一九八七年小說《虛榮的篝火》（The Bonfire of the Vanities）裡眼高於頂的反英雄式人物薛曼·麥考伊（Sherman McCoy），和《大亨小傳》的人物尼克·卡拉威一樣，都是債券交易員。

然而，兩人的工作環境卻大相逕庭。本章稍後會較為詳盡描述金融服務公司在結構上的改變，但這些公司的風氣也有劇烈變化。沃爾夫的小說筆法諷刺了新興的金融化文化。不過，對照麥可·路易士（Michael Lewis）同時期在所羅門兄弟（拉涅利一手拉拔出的債券市場創新領頭羊）工作的經驗，沃爾夫的嘲諷毫不誇張。

沃爾夫和路易士筆下的世界是個弱肉強食的雄性戰場（儘管後來也出現女性交易員，但睪丸激素和交易之間關聯，可成為嚴肅學術研究的課題[7]）。那個世界荒誕淫邪，又有藥品（特別是古柯鹼）助興，酒池肉林，毫無節制。這些年輕人，有些受過高等教育，有些則否，但都驚覺手上握有太多的金錢，遠超過他們能力之所能及。

和交易人並肩作戰，但性格天差地別的是「火箭科學家」，又稱「量化員」的研究分析師，具備量化分析技能和高等學位，通常出身前蘇聯。拉涅利曾宣告：「抵押貸款就是數學。」[8]如同芝加哥商業交易發展出的選擇權市場，他的創新替桑默斯口中的「精於解決數學難題」的博士打開職場大門。像是把「高斯關聯」用來計算一整包違約機率各不相同、但卻互相關聯的抵押貸款會有多少預期損失，就是運用保險統計數學來評價證券化商品。說得誇張一點，這個鮮少人懂的代數，就是金融危機裡惡名昭彰的「殺了華爾街的數學公式」[9]。

交易員和研究分析師多半受雇於投資銀行（包括商業銀行內的投資銀行）。但總有少數人是個體戶，手上的資金來自於投資老手。艾爾弗瑞德．溫斯洛．瓊斯（Alfred Winslow Jones）是第一位獲稱為「避險基金經理人」的交易員。他原職是記者，在一九四九年時為《財星》雜誌評論股市預報，後來他覺得自己的預測會更準，於是轉行。一九九一年，喬治．索羅斯（George Soros）成為舉世最為知名的避險基金經理人，當時他和英國對作，成功讓英國棄守英鎊兌法郎和德國馬克的固定匯率，擊垮英格蘭央行[10]。

在一九八〇年代和一九九〇年代，股價走揚，幾乎所有投資基金都有很好的收益。二〇〇〇年「新經濟」泡沫破滅，讓股市走入平淡的十年，也導致許多機構投資人改抱避險基金以尋求更高報酬。結果讓避險基金經理人口袋滿滿，但投資人一般說來卻非如此[11]。許多擁有投資銀行成功經歷的交易員自立門戶。某些避險基金經理人大發利市。索羅斯曾申報財產達兩百六十五億美元。曾是數學教授的吉姆．西蒙斯（Jim Simons）則擁有一百五十五億[12]。銀行大發獎金「留才」，交易員的報酬就算沒有同比成長，也所獲不貲。

交易員的興起與交易文化的發展，也和當時的政治氛圍息息相關：市場經濟基要派意識形態的力量、柴契爾夫人和雷根當選、蘇聯垮台和「中央規劃」式經濟體系失去信任。當時主流意識形態替積極追求自我利益合理化，也鼓勵大型商業組織採取截然不同、而且更為有限的社會責任。市場被視為是好東西，而且越多越好。好東西不可能嫌多。

話說回來，柴契爾夫人和雷根等政治人物的經濟觀乃是基於其道德理念，而非純經濟論述。況且兩人的道德觀並不認同交易員文化。柴契爾一派強調勤奮工作與自立，認為憐憫應該是個人美德，不是一種社會習慣。這樣的態度迥異於當今金融部門充斥的貪婪個人主義和自以為是。

新市場，新企業

在此我要感謝您與貴公司對英國的繁榮貢獻良多。一百五十年來，雷曼兄弟公司一向創新，能在其他人都還不明白其潛力時，便毅然資助許多新想法與新發明。

——前英國財政大臣戈登．布朗（Gordon Brown）與狄克．福爾德（Dick Fuld）為雷曼兄弟公司新的倫敦總部開幕，二〇〇四年四月五日

銀行界的知名機構個個歷史悠久。

一如許多其他產業，現代金融業始於文藝復興時期義大利城邦的商人。創立於一四七二年的西雅那銀行（Monte dei Paschi Bank of Siena）是現存最古老的銀行，可惜近來前景有些堪慮。蘇格蘭銀行和蘇格蘭皇家銀行分別創設於一六九五年及一七二七年。這些淵遠流長的機構受到新

一代金融業者的威脅，這群新生代誤以為自己比前輩更懂。紐約銀行（現已合併為紐約梅隆銀行〔BNY Mellon〕）是美國最老的銀行，也不過成立於一七六四年，它改變了機構性質，成功的不再是一間銀行，因此較能存活下來。不過，這些公司的業務都隨著經濟發展而有所改變。

但這段演變依循的軌跡各有不同。在十九世紀和二十世紀，英國、美國與歐陸的金融業發展出各自的路線。十九世紀，英國的商業銀行在經過幾輪的收購之後，穩定地變得更為集中。到了一九〇〇年，在英國彼此競逐的主要是勞氏銀行（Lloyds）、巴克萊銀行（Barclays）、米特蘭銀行（Midland，最終成為匯豐銀行的英國分支）、國民地方銀行（National Provincial）、西敏寺銀行（Westminster），而最末這兩家在一九七〇年合併成國民西敏寺銀行（National Westminster Bank）。是以，英國零售銀行業的大架構在二十世紀的變動幅度不大。

在美國，華爾街銀行（最具代表的是JP摩根之名與個性）在支撐國內鋼鐵業、鐵路業、石油業上扮演重大角色。然而，對於金融業的民粹式疑慮，以及廣大美國人對小社區生活的依戀，在在限制了州際業務的進展。因此，美國的零售銀行業山頭林立。在若干全國性銀行主導的集中式銀行體系主導下，英國安然度過了經濟大蕭條時期。但是在美國，許多擁有集中式貸款投資組合的小銀行，卻撐不過華爾街崩盤後的經濟大蕭條。存款戶擔心其他有類似狀況的銀行會不保，使得這些銀行即便財務根柢健全也受到擠兌所苦。在民眾的恐慌日益高漲下，羅斯福就任總統後的頭一項舉措，便是於一九三三年三月下令美國所有銀行關門停業。

從一九二九年到一九三三年，金融危機演變產業蕭條，不只威脅到經濟繁然，更損及政治穩定。參議院的調查由傑出法律總顧問費德南．裴科拉（Ferdinand Pecora）領軍，而裴科拉憑一己之力便讓華爾街眾多機構與聞人名聲掃地。一九三三年施行的《格拉斯—史蒂格爾法》（Glass-Steagall Act）將商業銀行與投資銀行分家。摩根家族也因此分成商業銀行「JP 摩根」和投資銀行「摩根士丹利」（Morgan Stanley）。日後，「美國聯邦存款保險公司」（Federal Deposit Insurance Corporation）將確保存款戶不因銀行擠兌或破產而承受虧損。

在英、美兩國，金融體系的不同功能皆由不同機構提供。商業銀行經營支付體系，滿足客戶的短期借貸需求。投資銀行（那時在英國叫作「商人銀行」）處理包括證券發行的較大宗交易。買方若有意賣出這些證券，便會與股票經紀人聯繫，再由此人與專業證券商（又稱為「掮客」或「報價商」）議價。雖然銀行也會接些抵押貸款，但這類貸款大半則由專門的非營利組織辦理——在美國是儲蓄機構，在英國是建房互助社。

專精於我所謂「存款通路」的銀行，會將短期儲蓄轉入風險相對較低的金融活動。同樣需要的是平行的「投資通路」，以促進較長期儲蓄的運用。一八一二年，正當英國與拿破崙和美國兩面開戰時，好些熱心公益的愛丁堡士紳創辦「蘇格蘭寡婦基金」（Scottish Widows' Fund），替這些家眷提供儲備金。蘇格蘭雖為歐洲邊陲小國，卻在金融創新史上佔有舉足輕重的腳色。蘇格蘭銀行及蘇格蘭皇家銀行是存款通路中最古老的現存機構（雖然它們是死裡逃生）。而拯救了兩家銀行的英格蘭銀行，也是由蘇格蘭人所創立。父母和師長都相信我應該當精算師，所以安排我在放假時到蘇格蘭寡婦基金工讀。我報到的地方是聖安德魯廣場上的大樓，對面即是蘇格蘭皇家銀行雄偉的總部。轉角處是和蘇格蘭寡婦基金在全球打對台的「標準人壽」（Standard Life）辦公室。喬治街另一端是夏綠蒂廣場，和聖安德魯廣場聯手展現了詹姆斯．克萊格（James

Craig）完美的十八世紀愛丁堡新城佈局。等美國的南北戰爭結束，又有一群愛丁堡顯要設立數家投資公司，開發海外商機（尤其是美國）。夏綠蒂廣場是當年蘇格蘭的投資信託機構的匯集地。在蘇格蘭皇家銀行打通存款通路的同時，聖安德魯廣場上的人壽業者和夏綠蒂廣場的投資信託公司也忙著經營投資通路。此等金融堡壘發展出來的兩大機制（一是退休基金和人壽保險，另一個為匯集式投資基金），讓投資仍以仲介方式進行。

在歐陸，存款通路和投資通路比較沒那麼涇渭分明，因為傳統上銀行經營的是綜合業務，向企業客戶及個人客戶提供全方位的金融服務，也是大公司的大股東。不過，巴黎、柏林、法蘭克福向來不比倫敦和紐約這等全球金融中心，德、法等國的股市也從未達到倫敦和紐約證交所的規模。歐洲的綜合銀行是保守型機構，專注於國內產業的需求。在這些國家，長期投資的主要仲介依然是保險公司（其次是銀行）。德國的「安聯」（Allianz）、法國的「安盛」（AXA）、義大利的「忠利」（Generali），仍舊是地頭蛇。事實證明，投資信託輸出到英國和美國後，成為眾多華爾街富豪的投資工具，直到一九二九年崩盤為止。由於美國的管制政策和存戶的懷疑心態，投資信託（封閉型基金）被共同基金（開放型投資公司）取代。我在第七章會較為詳盡地描述不同的投資工具。

喬治．貝利對貝德福瀑布鎮在地社區的依戀，體現了當年英國、美國與歐陸都共享的觀念：銀行兼具公眾及私人功能。銀行業者從未羞於牟利，但本地銀行和教堂及醫院一樣被視為是社區機構，銀行經理一如醫師和律師是社區要角。在州或國家的層次，銀行享有與政府的特殊關係，優惠與責任也隨之而來。蘇格蘭寡婦基金（如同標準人壽）是互助公司，所有權歸於保戶，許多歐洲保險公司（以及某些美國保險公司）都是這樣。在二〇〇八年破產的銀行，其實已經大不同於過去多年來（甚至是幾百年來）的銀行。所羅門兄弟公司引領的金融創新創造了借貸市場，破壞了將存款由存款者導向貸款者的傳統設計和角色。有些思慮細密的評論家認為，未來的金融機構將會是狹義的專門機構[13]。

的確，銀行的大多數功能現在也已有信用卡公司、抵押銀行等專門機構提供。超市多角化經營，提供存款帳戶這類簡單的金融服務。私募基金（創投公司）專門提供企業資金。由專業人士操盤的避險基金，如索羅斯和西蒙斯緊密運作的投機交易，自二〇〇〇年後幾年也吸引到不少資金。然則，顯見的矛盾是，多元化潮流伴隨專門化趨勢而起。用來限制利率的Q管制接連鬆綁，最後在一九八六年撤銷。當年在一九三三年顏面盡失的美國金融部門，其遊說實力日益強大。五十年前施加於金融業的限制，在遊說下漸漸鬆綁。投資銀行與商業銀行的界線日益模糊，在大眾內心，這個原則就是《格拉斯—斯蒂格爾法》的同義字，最後到了一九九九年才終於廢止。在英國，觸發改變的是「金融大革新」，也就是一九八六年的金融解禁，眾多限制一掃而空，包括創造金融跨國集團時會遇到的大部分障礙。

大型英國商業銀行挾著來自於零售存款的雄厚資本，立刻開始多角化經營。這些銀行架構上的變動，也關係到股市結構的變化。過去，買方和賣方向來是透過股票經紀人來交易證券，而倫敦和紐約股市幾乎壟斷了股票的交易。買方或賣方先是接觸經紀人，再由經紀人接洽專門交易股票或固定利息證券的專業證券商。經紀人代表客戶，負責談到最棒的價格。「造市者」努力撮合買方及賣方：交易所的專業會員與經紀商本身擁有的資本極少。他們試著找到願意承接另一方交易的投資者，然後藉由買賣中間的價差獲利當年可不是黃金年代。經紀人會與企業客戶、散戶與機構投資人培養關係，會為有關係的公司拉抬股價，還會偏袒特定客戶，提供內線。從早期證券交易開始，就已經出現「超前交易」這種濫權：經紀人服務客戶之前，先替自己買賣賺一筆。但是在社會風俗的規範下，因此這種圖利行為還在控制範圍內。傭金是交易所訂定，一般按交易額來抽成。

在一九六〇年代，多數公債與股票都是由散戶持有。但退休基金日益龐大，匯集私人存款的這些基金和保險公司，從債券轉而多元化投資股票。這類機構媒介提供存戶流動性與投資多元性，也提供專業管理。專業經理人的買賣頻率高於散戶——要不然怎麼合理化他們的手續費？這類經理人不願接受傳統股票經紀人聯合企業所要求的固定（且高額）的傭金。為了迴避規範，他們會向股票經紀人收取回扣，形式包括對公司的「免費」研究以及服務費，像是交易螢幕這類合理上機構投資人會自行採購項目。就連固定傭金制廢除後（紐約是一九七五年，倫敦則是一九八六年），這種收受「軟傭金」的做法仍延續。資產經理人會向客戶收取傭金，但辦公事務費則是自付。

自一九七〇年起，交易所的架構有了劇烈變動。變化有好幾重成因和動機。以伯納德．馬多夫（Bernard Madoff）為首的經紀人兼自營商於一九七一年創設電子交易所「那斯達克」，率先挑戰紐約證券交易所的壟斷地位。原本，經紀人負責仲介，自營商職司操盤。而經紀人身兼自營商的肇興模糊了兩種交易類型。本書其後還會提到「經紀人兼自營商」的概念內含的利益衝突和馬多夫這個人。某些炙手可熱的新公司，如英特爾和微軟，選擇在那斯達克而非紐約證交所掛牌上市。在科技轉變的同時，管制規範也有所調整，鼓勵交易所相互競爭。

如今，股票可以在多個交易所交易——倫敦和紐約的證交所都擁有電子交易平台，和主要市場相互競爭。各大投資銀行設立「黑池」（dark pools），省去了證券交易對透明、公開的許多要求。在二十一世紀，代表客戶的經紀人，和撮合買賣雙方以造市的掮客／專業證券商已無實際區別。這類新型交易活動需要更多的資本。金融產業歷來包含了幾種不同的商業機構。商業銀行一般是公開發行公司，股票會在全國性質的證交所交易。投資銀行、商人銀行，和其他金融機構如證券經紀商和自營商，大部分是法定合夥公司（有些是封閉持股公司，股東很少，但會積極參與公司經營）。傳統的合夥公司，每名合夥人都有責任清償所有組織債務[14]。在某些情況下，法規禁止合夥企業公司化，也不允許限制責任。不過，多數情況下合夥形式是企業本身選擇。合夥公司和由「所有者管理」（owner-managed）的企業，以及股份分散的公開發行公司差別甚大。在合夥公司裡，資深員工掌控企業的所有權及控制權。營運風險，無論有利不利，皆由少數個人吸收（說到底，他們是拿個人財務狀況來冒險）。合夥人緊密監督彼此，限制公司招致的風險。他們偏好從事自己懂的活動，還會仔細檢視企業自身持有投機部位的程度。企業資本或多或少受限於所累積收益及合夥人的資財。

「互助公司」一度亦在各國的零售金融服務部門扮演要角。這類企業泰半源於十九世紀。當時，互助組織奠定了金融服務賴以為生的信賴關係。蘇格蘭寡婦基金和標準人壽的互助公司型態分別持續到二〇〇〇年和二〇〇六年。小額存戶與投資者害怕會遭受肆無忌憚的金融從業人員剝削，而這等恐懼通常其來有自。許多互助公司固然以自助社團起家，但在規模日漸茁壯下，還是會聘雇專業經理人代為經營。近年來，好些互助社團已成為規模龐大的企業。管理架構變得可自我延續，會員的聲音反而沉默了。

在一九八〇和二〇〇〇年間，多數未公開發行的金融企業也轉向證券交易所掛牌上市，或是遭上市公司購併。上市如此轉變的動機之一是資本需求，因為報價商越來越可能自行購入部位。不過，有很多上市的企業並不需要，也沒有募集新資本。這場轉變背後最主要的動機，其實是讓這一代的合夥人或成員兌現企業商譽，獲利滿滿。像這樣將企業信譽兌現的情況，會發生在高盛，也會發生在英國「哈里法克斯建房互助社」（Halifax Building Society）這樣截然不同的企業中。高盛於一九九九年才將合夥公司轉為股份有限公司，讓某些合夥人躍昇為億萬富豪。哈里法克斯是英國、也是世上最大的抵押貸款機構，在一九九七年由互助公司變為上市公司，將總值近兩百億英鎊的股票分配給八百萬人。芝加哥商交所、紐約和倫敦證交所等交易所由會員制轉型為上市公司，成為各有營利目標的商業組織，而非服務會員的機構。這些組織致力於促進交易以招徠生意，也發現自己得與新的交易機制競爭。畢竟在新興資訊科技及管制解禁下，交易所已不再是獨門生意。懷疑論者向來擔心，責任有限公司很容易受到草率管理、投機行為，和過多風險所害。這份顧慮也是亞當．斯密曾警告過，管理他人錢財會衍生的問題，這也是為何一直到十九世紀後半之前，都嚴格限制有限償債。

當年的經典銀行危機案例是一八八六年奧佛倫—格尼公司（Overend, Gurney &Co.）的倒閉案。這家「銀行業者的銀行」曾一度與英格蘭銀行分庭抗禮，卻在成為責任有限公司後僅十二個月便關門大吉。大型合夥公司很少破產，最慘重的一例是霸菱公司（Barings）於一八九〇年獲貸款紓困。雖然債權人拿到錢，但資深合夥人第一代瑞福史托克勛爵（Lord Revelstoke）卻賠上個人財富。霸菱最終於一九九五年倒閉，距離其公開上市僅十年時間。若能以史為鑑，便會謹慎行事。然而在金融化之下，互助公司與合夥公司厭惡風險的文化，被公開上市公司崇尚競爭的大男人氣魄取代。儘管正式的風險管制更為複雜成熟，但實務上的效果卻與日遽減；高階主管落實風險管制措施的誘因被大幅縮減。決策者做好決策時所獲得的利益，遠超過做壞決策時蒙受損失，交易的範疇和規模因而急遽擴大。企業取得資本容易，在多元化經營上也顯得草率：**在全球金融危機中破產的公司，大部分是因為本業以外的業務引禍**。

此外，對機構的長期承諾，也被追求個人利益的短視近利所取代。但是這些後果一直要到二十年之後才被理解，而且也還是懂得不夠多且偏狹。第一家轉為公開發行公司的投資銀行是雷曼兄弟公司（很當然），轉型後區區兩年一九八二年就遭遇首次財務危機[15]。

哈里法克斯建房互助社在一九九七年公開發行，其後併入蘇格蘭哈里法克斯銀行（HBoS），最後於二〇〇八年倒閉。仍保有當初股票的成員幾乎賠光了這筆意外之財。由於雷曼兄弟在二〇〇八年破產時是責任有限公司而非合夥公司，因此當時的執行長福爾德在公司垮台後還是很有錢。在美國眾多受政府貸款紓困的金融機構中，好多主管甚至還保有他們的工作。在每個多元經營的金融集團內部，基本上都存在著兩股拉鋸力。一邊崇尚冒險、開創、贏家全拿的金融交易文化，另一方是零售銀行業崇尚的保守官僚文化。短期來看，零售及商業銀行家有主導地位，手握源自零售存款的龐大資金，讓他們講起話來擲地有聲。但他們收購的企業幾乎全以失敗告終。在遭收購的公司裡，比較資深的主管靠收購交易發致富，從此退隱江湖。比較資淺人員眼見沒機會變成合夥人撈一票，也不適應新環境，最終也另謀去路。

話說回來，最重要的金融產業結構發展，是美國投資銀行的全球擴張。這些機構在倫敦及紐約開展業務，於一九九〇年代稱霸倫敦。一度是天之驕子的英國商人銀行，後來不是消失無蹤，就是被大型零售銀行（而且多數是外資）收購。歐陸銀行一直走綜合銀行路線，提供零售銀行及投資銀行服務，但經營相當保守。可是，隨著英國和美國的金融業在一九八〇年代及一九九〇年代轉變，德、法、瑞士的綜合銀行經營者也動了涉足全球的雄心。

今天，德意志銀行、法國巴黎銀行、瑞士聯合銀行（UBS）等機構都走英美路線自我再造。這一家家銀行的運營範疇遍及國際，不過全球業務仍以倫敦和紐約為基地，而且主要透過收購當地原有的企業來開展活動。不過處理合併的方式有別於一九八〇年代的前車之鑑。如今，有主導權的是投資銀行業者（之後會是交易員）。他們更加貪婪與聰明，掌權後先遭殃的是零售銀行活動，然後是整個銀行。

零售銀行業者也好，投資銀行業者也好，都沒有能力管理結合這兩種活動的金融集團。也許這件事沒人能辦到。某些這類的擴張很快釀成災禍。按著麥可·路易士對二〇〇八年崩盤前事件的描述，能穩穩擔當輸家角色的人是來自德國小鎮的銀行家[16]。我在第五章會提到，德國的區域型州立銀行對國內金融體系有正面作用，但是他們的跨國際多角化經營卻是失敗連連。在一九九三年獲得大股東法國政府紓困的里昂信貸銀行（Crédit Lyonnais），更是當代第一個破產的國際銀行，當年可笑的擴張之舉還讓該銀行擁有好萊塢製片公司米高梅（MGM）。

在美國，最經典的莫過於開創花旗集團的桑迪·威爾（Sandy Weill）。《格拉斯—斯蒂格爾法》之所以會被廢除，多少是為了讓他主管的「旅行家集團」（Travelers Group）能與花旗公司合併。之後，威爾很快趕走了與他擔任共同執行長、個性文雅的零售銀行業者約翰·李德（John Reed）。「花旗公司」變成全球最大金融機構「花旗集團」，投資銀行「所羅門兄弟」、證券仲介商「美邦」（Smith Barney）、保險公司「旅行家」全收編旗下，金融產品應有盡有。最先崩壞的也是花旗集團。該集團與威爾本人在一九九九年「新經濟」泡沫期間因濫職而飽受抨擊。在名聲越來越臭之下，威爾創造出全世界最大、最複雜的金融機構的成就看起來也沒那麼了不起。威爾宣布退休，而倒楣的繼任者查克·普林斯（Chuck Prince）最為人所知的，是以一句話濃縮了全球金融危機前世人的感受：「只要音樂沒停，你就得站起來跳舞。」[17]沒多久普林斯被迫去職，花旗集團獲得美國納稅人的血汗錢脫困。在零售銀行合併成功的少數案子裡，有件由由蘇格蘭皇家銀行的執行長佛瑞德·古德溫經手，收購並振興當時岌岌可危的國民西敏寺銀行（NatWest Bank）。皇家銀行在競標中搶贏蘇格蘭銀行，但這樣越發你死我活的競爭，也是使雙方雙雙走下坡的原因之一。狂妄之下，古德溫打著「頂級掠食者」名號對分析師推銷公司，在二〇〇七到

○八年金融危機期間收購荷蘭銀行（ABN AMRO）。結果，皇家銀行栽了跟頭，一路跌到破產。經過資本重整，英國政府持有皇家銀行百分之八十四的股份。古德溫遭到解聘，連爵士頭銜也丟了。

美國投資銀行家鮑伯．戴蒙德（Bob Diamond）則是決心在巴克萊零售銀行旗下建立全球性的投資銀行。他很幸運，出價低於古德溫的皇家銀行，才沒喝下荷蘭銀行這杯毒酒。更幸運的是，二○○八年九月，英國政府擋下其收購崩盤中雷曼兄弟公司的提案。不過，在後續清算時，巴克萊還是收購了雷曼兄弟的多數美國資產與業務。二○一○年，戴蒙德成為巴克萊集團的大老闆。

並非所有以零售銀行起家的銀行集團都以失敗收場。匯豐銀行或許是全球零售銀行最成功的一例。該行於二○○三年買下「家居國際」（Household International），該公司專門貸款給信用評等過低而無法申辦一般銀行信貸者。此舉讓匯豐銀行在美國次級房貸裡損失好幾十億美元。所幸，強勁的亞洲區業務讓匯豐銀行大致無傷地渡過全球金融危機。話說回來，新金融世界的英雄，當推花旗集團創辦人威爾的前任副手傑米．戴門。

由於擔心得意門生會奪權，威爾把戴門自花旗集團開除。被掃地出門六年後，戴門回歸華爾街，擔任JP摩根執行長，承接了金融服務業中最強大的品牌。於一九三五年遭國會一分為二的摩根家族，再度成為跨越零售銀行、商業銀行、投資銀行的企業。戴門順利引領他的組織遠離二○○七年前金融過度最糟的時期，成為業界名聲最好的公司。可是，到了二○一二年，戴門的銀行被迫披露在所謂避險活動的鉅額損失，使他的形象有了污點。人稱「倫敦巨鯨」的布魯諾．伊科西爾（Bruno Iksil）在衍生性商品市場損失慘重。巴克萊銀行的戴蒙德也捲入「倫敦銀行同業拆放利率醜聞」，對自家銀行的資金成本做不實揭露，結果被英國央行強制離職。

政客和大眾開始懷疑，金融部門一再發生危機，不是一句所料未及、無法預測就能解釋，而是金融服務業文化積弊甚深所導致。他們說對了。

從危機到危機

我能預測天體的運行，卻料不到群眾的瘋狂。

——艾薩克．牛頓（Isaac Newton）[18]

在金融史上，投機導致的繁榮與蕭條一直重複出現。

一六三〇年代，荷蘭商人哄抬鬱金香售價，一株上等球莖和一棟房子等價。一個世紀後，英國社會的上流人物瘋南海泡沫。一八四〇年代，鐵路熱潮抓住大眾的想像。一九二〇年代，股票和土地的價格的起落導致華爾街崩盤和經濟大蕭條。崩盤與大蕭條對政治和經濟都帶來立即影響：政治上的極端主義的興起，導致第二次世界大戰。但戰後在多數已開發國家都確立了受到管制的資本主義。同時，蘇聯帝國在東歐也維持著某種程度的金融穩定。因應華爾街崩盤而推行的管制措施，以及布列敦森林會議所訂下的全球金融架構，沿用了幾十年。那是個繁榮靜好的年代，只是到後期也明顯可見通貨膨脹方興未艾。美國是全球經濟的霸主，但同時德國的復甦也寫

圖一：銀行危機事件

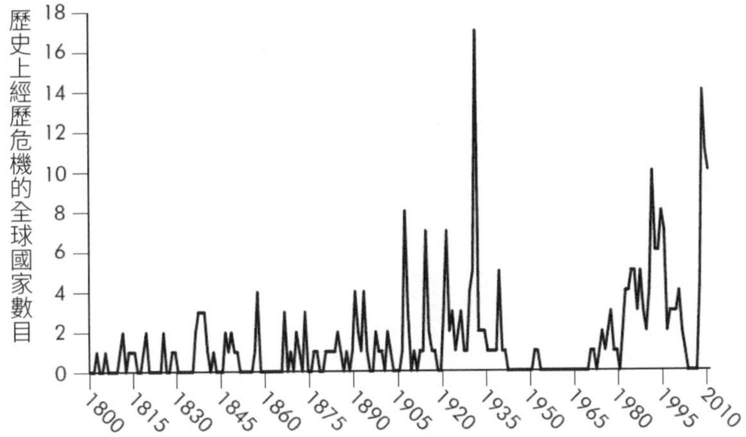

資料來源：萊茵哈特（Reinhart）與羅格夫（Rogoff）根據經濟合作暨發展組織（OECD）會員國所呈報的主要銀行破產數（2010 年）。

下「經濟奇蹟」，日本則是以其他地區都前所未見的經濟成長擠身工業強權之列。法國迎來「黃金三十年」，英國也經歷「狀況從來沒這麼好過」的時期[19]。金融危機並非颶風或地震這類無法避免、人類得學習因應的自然災害。金融危機是人類行為所導致，經濟政策可擴大或降低其頻率與規模，事實也是如此。圖一所顯示的模式十分驚人。十九世紀看得出繁榮與蕭條的模式重複出現。二十世紀初期，危機的振幅加大，最後在華爾街崩盤和經濟大蕭條時達到巔峰。接著出現一段史無前例的穩定局面，之後隨著金融化加快，波動性也穩定增加，一直到二〇〇八年全球金融危機。哪裡出了錯？

到了一九七〇年代初，固定匯率體系已然崩解，美國的經濟霸權地位衰退。隨著這些因素一一被檢討，金融體制的保守主義也遭棄守。一九七一年，尼克森總統宣布放棄黃金本位制（四十年來美國財政部一直將黃金價格定在每盎司三十五美元）使得美元兌其他貨幣貶值。一九七三年「贖罪日戰爭」引發的政治危機，導致阿拉伯國家讓石油價格劇烈攀升，也讓美國的經濟霸權地位進一步受到挑戰。由於許多產油國無法輕易花掉新增的收入，許多石油消費國也不願減少支出，銀行於是打造出一個看似有利可圖的生意，將石油輸出國賺得的油元回頭借給石油輸入國。花旗公司總裁華特·瑞斯頓（Walter Wriston）曾說過一句名言：國家是不會破產的[20]。嚴格來說，他說的沒錯。但是對銀行體系或全球金融來說，缺乏任何有序的司法或行政程序來處理民族國家的債務違約情事，證明是禍而不是福。很多在這段時期背上債務的國家，償債的能力或意願都微乎其微。非洲國家得再借更多錢才能支付原本的利息，經常動用到援助或開發資金。

因此，這些國家積欠國際機構的款項日益增加。進入二十一世紀，這個「第三世界債務問題」仍沒完沒了。沒錯，**國家是不會破產，但也不一定要還債**。一九八〇年代初，美元利率劇漲，好幾個借貸美元的拉丁美洲國家開始違約。此一危機的解法替未來設下了鮮明前例：美國政府和國際貨幣基金會在必要時出手，以保護美國大銀行的資產負債表。在央行的援助和種種會計方法聯手助攻下，銀行的虧損規模被美化。銀行家、管制機構和政府都希望（通常也都情有可原），受牽連銀行能用交易回復償債能力，最好還能累積點現金。勞氏銀行和花旗公司辦到了。這些半死不活的僵屍銀行又活了過來。然而，這種已無償債能力卻仍持續交易的僵屍銀行，將會是再三發生的金融危機後不斷出現的主題。

股市在一九八〇年代和一九九〇年代穩定上揚。但這集中持股、積極交易的新世界露出新的弱點。一九八七年十月十九日，美國股市創下單日下跌百分之二十的空前絕後事件。這是如何發生、又為何會發生，迄今仍未有令人信服的解釋，不過有些人把矛頭指向「投資組合保險」，透過此一機制，金融機構會交易衍生性金融商品來限制跌幅曝險。其他國家股市也出現跌勢，只是幅度較小。不過幾天後，股市回復上漲趨勢。二〇一〇年五月六日，甚至更奇怪的事情發生了。美國股市指數在二十分鐘內下跌超過百分之五。有些股票的報價莫名其妙，「埃森哲」（Accenture）是一美分，「蘋果電腦」（Apple）是十五萬美元。

在本書原文版送印時，警方衝進倫敦西南豪斯洛市一間不起眼的雙併樓房，以令人難以置信的理由逮捕一名男子，指稱是該名男子在自家客廳交易才引發這波股市怪象。但駭人的實情是，在短線交易以電腦演算法進行的情況下，沒有人完全了解到底發生甚麼事。縱然這次事件並未帶來嚴重的後果，但科技失控的景象是令人難安的未來凶兆[21]。二〇一四年十月十五日，美國國庫券市場也經歷同樣無從解釋的「閃電崩盤」。

現代第一個龐大的投機泡沫，見於一九八〇年代晚期的日本股市和房地產。在熱潮最盛時，「皇居」的地價據說高過整個加州。不管是真是假，都無法長久，泡沫後來破滅。日本本國和外國的投資客蒙受巨大損失：今天日本股市指數連全盛期的一半都不到。之前倚靠價格膨脹的資產作為擔保而大肆擴張的日本銀行，陷入名存實亡的破產。這些僵屍銀行讓二十年來的日本經濟陷入惡夢。基金經理人安東·馮·格塔米爾（Antoine van Agtmael）聲稱是他率先喊出「新興市

場」一詞[22]。把新國家納入全球交易體系，是一九八〇年之後的三十年間最重要的經濟發展。最先擁抱變化的是東南亞國家。香港和新加坡成為交易中心。日本戰後的成長有韓國和台灣效法在先，泰國、印尼、菲律賓也接踵其後。

一九八〇年代末期，東歐共產政權垮台，其中許多國家都採行了資本主義及其金融制度。中國和印度出現轉型式的經濟變革。巴西、土耳其、墨西哥成為商業新天地。甚至有跡象顯示，好些非洲國家也正擺脫淒涼的後殖民經濟傳統。於是「新興市場」成了投資題材。但金融市場的好東西永遠不嫌多。一股腦將資金投在新興市場（尤其是亞洲），讓這些國家的外債來到無法支撐的水位，國內的價格也過高。

一九九七年泰銖崩盤，正是因為外資趁泰銖仍有殘值時搶救他們的部位。效應波及至全亞洲。隔年，俄國也出現債務違約。國際貨幣基金組織的介入解除了部分新興市場危機，以貸款資助國家，也隱晦地接濟魯莽融資的銀行。該組織對亞洲經濟體施加極為顧人怨的撙節方案。「華盛頓共識」一詞廣泛用來形容，援助交換條件背後的標準新自由主義經濟政策。而私有化和資本市場自由化，都助長國內與國際的金融化。一九九〇年代，受過教育的一般大眾和金融社群開始使用網路。一九九五年是網路熱潮的起點：摩根士丹利的瑪麗．米柯（Mary Meeker，之後人稱網路女王）發表報告點出網路商機，「網景」（Netscape，設計出第一代普及的網路瀏覽器）[23]公開發行上市。到了一九九九年，記者、企業顧問、商業人士都在談「新經濟」。從來沒賺過錢，未來也不會賺到錢的公司，卻以夢幻高價在全球證券交易所掛牌。對新經濟的需求滿溢到，只要推銷人員能找到一丁點和高科技的關聯，就會有人要。

在二〇〇〇年初新經濟泡沫的最末階段，還有美國聯準會為了防杜「千禧蟲」（亦即電腦程式在處理「二〇〇〇」日期時的錯誤）危機，而注入美國經濟的流動資金助陣。二〇〇〇年春，新經濟熱潮來到可預期的終點（大家早已料到）。聯準會於是調降利率，施行更多的刺激金融措施。更大的股票市場一開始固然也和網路股崩盤同步走跌，但在便宜資金的激勵下，股價從二〇〇一年秋天開始回升。

新經濟泡沫事件激起媒體的注意力。不過，下一個，而且仍是最大的一波熱潮興衰，卻沒有被大眾所注意到。儘管對於關心人士而言，有很多徵兆顯示前景不穩，但從網路泡沫破滅到全球金融危機肇興這段時期，世人太過自滿於現況。諾貝爾經濟學獎得主羅伯特．魯卡斯（Robert Lucas）在美國經濟學會年會上說：「防堵經濟不景氣時的核心問題，已大致上解決了。」[24]另一位曾被任命為聯準會主席的學院派經濟學者班．柏南克（Ben Bernanke）喊出「大穩健」（the Great Moderation）[25]一語，用以描述應該會出現的經濟穩定新時代。

回頭來看，此時期的關鍵發展是**資產擔保證券**的交易日盛，特別是各金融機構之間的房屋抵押貸款擔保證券，以及後續的擔保債權憑證。人們誤以為這樣包裝的證券很有保障，讓這項資產頓時洛陽紙貴。而信用違約交換市場發展似乎更加助長了大眾的信心，因為若是標的證券違約，其衍生的證券將會獲得償付。當時沒有考慮到，萬一訂出這類契約的機構遇上廣泛違約狀況時，能有多大的償付能力。以美國國際集團（AIG）為例，該行透過信用違約交換擔保超過五千億美元的證券，因此當於二〇〇八年該行信用評遭調降時，其大眾對債券投資組合安全性的信心等於是崩盤。

對資產擔保證券的無盡需求，導致蒐羅的資產品質越來越低。在許多美國城市，房貸業務會鼓吹無實質償債能力的人貸款。但評比機構（和聯準會）依然根據過時的資料庫來推估預期，以為房價仍處於微幅走揚，而貸方個個財務穩健。即便美國房價只是暫時停漲，這棟紙牌屋也會應聲崩跌。二〇〇八年，對銀行帳面證券價值的擔憂，令人進而擔心起銀行自己的負債額度。全球金融體系之所以沒有徹底崩解，全是因為政府大幅介入，規模前所未見。政府基金提供流動資金給銀行體系，直接讓已破產或垂危的機構重整資本結構。這是一九二九年至一九三三年間的事件之後最嚴重的金融危機，或許還排得上是史上第一。

全球金融危機起自美國，隨即波及到大西洋對岸，有很大部分原因在於歐洲銀行購買了大量源於美國的問題證券。不過，下一場危機倒是產自歐洲。歐元區原本是要將法國、德國，以及與德國經濟關係緊密國家的貨幣上互相連動，後來卻演變成政治工程，西班牙、義大利、葡萄牙，乃至於希臘都包含在內。

這些國家於一九九九年採行共同貨幣（希臘於二〇〇一年加入），使得歐陸利率一致。交易人不再對不同歐元區政府的歐元債務大小眼，相信往後不只匯率風險，就連以往用來區分治理完善國家與公共財政不穩的國家的信用風險也都就此打消。德國和法國的銀行向北歐國家借貸歐元，再出借給南歐國家。到了二〇〇七年，希臘政府公債的殖利率，只比德國政府同類公債稍微高一些。包括希臘在內的多個國家，也趁機利用這看似取之不竭的低利信貸。

在歐洲銀行窮於應付全球金融危機之際，其資產品質也備受質疑。信用風險的評估變得謹慎許多，歐元區各國的利率差異也再度擴大。隨著利率走揚，以希臘信用進行再融資變得更困難，希臘債券變顯得沒那麼有吸引力。二〇一一年，該國的債務實質上已經違約。

但希臘並非歐元區唯一的麻煩。愛爾蘭整個銀行體系於二〇〇八年崩潰。西班牙則是出現巨大的房地產泡沫破滅。歐元區其餘成員國——葡萄牙、義大利、賽普勒斯——也各有各的經濟與政治難關。所有債務服務都有代價。每有一個小危機，歐洲央行介入的範疇和規模也與之俱增。二〇一二年，歐洲央行新任總裁馬里奧·德拉吉（Mario Draghi）保證，會「不計一切」保住歐元區[26]。有鑒於有權發行歐元的歐洲央行手上還有很多資源可用，這個承諾暫時穩住了歐元區危機。

這一連串危機的導火線都極為不同，從新興市場債務問題、新經濟泡沫、資產擔保證券違約，到歐元區政治角力，但這些危機的基本機制卻是一樣的，全來自於經濟環境的真實轉變：像是新興經濟體的興盛、網路的進展、金融工具的創新、歐洲採用共同貨幣。先見之明者荷包滿滿。而交易員的跟風心態讓更多人與錢投入相關資產。越來越多資產被定錯價，但因為價格是往上走，交易人也多半是賺錢的。

儘管這些重新估值都有看似縝密的合理根據，但事實是這些估價都是種情緒化的過程，心理學家大衛·塔克特（David Tuckett）在訪談多數交易員的過程中曾這麼形容。一旦興頭起來後，在信念背後的情緒發展通常會指向單一路徑……驅策人向前的興奮之情，以及往後退時會經歷的痛苦，後者意味著美夢破滅，放棄期待。大家覺得持懷疑論調者是在潑冷水，為了要避開這些挫折感，在這個時段肯定要特別攻擊他們。他們對新故事所提出的疑惑必須予以駁斥，在駁斥的過程中有嘲笑與中傷[27]。然而，紙是包不住火的。資產的錯誤定價獲得修正，使投資人與各機構損失慘重。央行與政府出手救援，一來保護金融部門，二來讓非金融類經濟的損害降到最低。這批現金與流動資產於是助長了下一場在不同經濟活動領域的危機。

危機接二連三，程度也越來越嚴重。經濟榮景通常是由金融體系之外的事件所引發。經濟蕭條看起來似乎也源於外部因素：例如俄羅斯違約、美國房價走跌、雷曼兄弟公司倒閉。但這些都是導火線，而不是解釋。危機機制是現代金融體系的固有環節。現代金融體系不只是很容易變得不穩定，而是少了這個會製造重複危機的機制，這個金融體系就不會是現今的樣貌。這一點會在後文第二章和第四章更清楚地浮現。

強盜大亨

政府決心懲治特定的為富不仁者，是帶來些麻煩沒錯，但各位先生，政府絕不動搖……在我看來，這場角力將決定誰能統治這個自由國家——是政府公僕服務的人民，還是少數冷酷無情、跋扈囂張的有錢人，躲在企業組織的保護牆之後，特別不可一世。

——羅斯福（Theodore Roosevelt）演說，發表於麻州普羅威斯頓的清教徒移民紀念碑，一九〇七年八月二十日學者將十九世紀晚期形容成美國資本主義的「鍍金年代」。當年的重要人物，諸如亨利．克雷．弗里克（Henry Clay Frick）、傑．古爾德（Jay Gould）、JP摩根、洛克斐勒、范德堡（Cornelius Vanderbilt），常被稱為「強盜大亨」[28]。儘管程度有別，但他們大致上都是工業家兼金融家，直接參與或從旁協助鐵路、石油供應體系和鋼鐵廠的設立，進而讓美國成為工業大國。不過，他們鉅額的個人財富，得自金融操作的部分不少於從事工業生產活動所得。

二十世紀初，強盜大亨的勢力突然受到檢驗。敵對的記者「扒糞者」揭露了他們運用金融資本主義手段達成工業壟斷的過份作為。艾達．塔貝爾（Ida Tarbell）長年對抗洛克斐勒的標準石油公司[29]。厄普頓．辛克萊（Upton Sinclair）描繪中西部肉品包裝廠的小說《叢林》（The Jungle，一九〇六年）至今仍是文學經典[30]。

「扒糞者」一語由老羅斯福所創，並不帶貶意。他是共和黨人，在對企業友好的威廉．麥金利（William Mckinley）於一九〇一年遇刺身亡後，意外當選美國總統。他毫不忌諱使用公關與民粹手腕。其實早在十年前，心有猜疑的國會已通過了《休曼法案》（the Sherman Act），這項反托拉斯的立法旨在限制強盜大亨的金融合併。但是一直要到老羅斯福當政，才開始嚴格執法。

標準石油公司和美國菸草公司被拆分。二十世紀美國的新大型工業，如汽車製造業，是從競爭激烈的市場發展出。最大的托拉斯公司「美國鋼鐵」撐過了反托拉斯運動，卻日漸沒落。金融與商業的連結沒被完全打斷，但已有所鬆動。「強盜大亨」是金融家兼實業家，二十世紀前半的產業領袖，如「通用汽車」的艾爾弗瑞德．史隆（Alfred Sloan）、「帝國化學工業」（Imperial

Chemical Industries，ICI）的哈利．麥高文（Harry McGowan）則都是生意人。他們的技能在於經營現代企業所需的專業經理人體系和架構。

大型製造業公司的興起，是二十世紀前半的關鍵經濟進展。它們多角化經營相關業務，透過管控供給與經銷進行垂直整合，越來越趨經費自給。經營這些公司的工業鉅子鮮有時間插手股市（或是管財務）。亨利．福特（Henry Ford）買斷了外部股東的持股，一直到一九五六年才重新掛牌上市。他們怎麼也想不到，如今大公司的高階主管會花這麼多時間在「投資人關係」。

然而，投資銀行家們很少閒著。金融家慫恿各家公司進行交易。他們勸進大型交易（從中他們可拿到鉅額佣金）的理由，會跟著流行的商業策略而有所不同。在商業界裡，一直都盛於企業合併（說難聽是試圖創造壟斷），並未因美國有了反托拉斯法而消退。一九二〇年代的新一波合併潮建立了通用汽車和帝國化學工業等公司。到了一九六〇年代，人們沒來由地普遍將國內企業的整併，視為是對抗國際競爭走揚的合宜手段。因為有信心這群高明的經理人及團隊有能力經營任何行業，大型企業集團蔚為風尚。諸如美國的國際電話電報公司、利頓工業公司（Litton Industries），和英國的韓森公司（Hanson）、BTR公司都是市場寵兒，得以運用價格過高的自家股票便宜收購其他公司。

金融化將公司經理人的注意力拉回股市。一般而言，他們並不需要集資擴增業務，而是因為這個時代決定了他們的新重點。公司獲得鼓勵要追求「股東價值」[31]。很多總裁自視為「**超基金經理人**」（meta-fund managers），透過買賣來組成公司集團，就像資產交易員買賣組成證券投資組合。一九八一年，傑克．威爾許（Jack Welch）出任美國最大工業公司「奇異」執行長。同年在紐約皮耶酒店的一場演講，他宣告奇異集團將出售或結束表現不在業界前兩名的事業體。這場演講被視為是美國企業採行股東價值原則的濫觴。其後二十年，隨著他實踐此一策略，威爾許成為美國最受崇敬的企業領袖[32]。

一九六五年，美國經濟學者亨利．曼恩（Henry Manne）提出「公司控制權市場」（market for corporate control）[33]。管理公司的權力成了可以買賣的資產。管理階層若對股東價值不上心，將有被惡意收購之虞。一九八〇年代，德克索投資銀行（Drexel Burnham Lambert）的麥可．米肯（Michael Milken）創造出「垃圾債券」，並找來機構投資人認購，讓控制權的威脅越發加劇。這一類債券殖利率高，風險也是公認的大，就算是規模極大的公司也可能受惡意收購者威脅。布萊恩．伯瑞（Bryan Burrough）和約翰．赫萊爾（John Helyar）的《門口的野蠻人：當肥貓執行長遇上企業禿鷹》也許可說是那個年代最棒的商管書[34]。書中記敘了一九八八年菸草暨食品集團「納貝斯克」（RJR Nabisco）收購案的槍林彈雨。而在全書結尾，伯瑞和赫萊爾語帶惆悵地提問：「這和生意有什麼關係？」此問中肯。

米肯和垃圾債券的年代以一場鬧劇作結。康彪公司（Campeau Corporation）早先利用垃圾債券收購多家美國頂尖百貨公司，像是「梅西」、「布魯明戴爾」、「喬登馬許」（Jordan Marsh），卻於一九九〇年初因債台高築而無力償付。該公司的創辦人羅伯特．康彪（Robert Campeau）原是加拿大地產投機客，本無能力經營這些企業，只因為拿到米肯客戶的資金。康彪公司償債無望，大眾對垃圾債券也胃口盡失。德克索投資銀行因不能再債養債而宣告破產；米肯鋃鐺入獄。

但是「公司控制權市場」這個比喻，正符合金融化的過程和交易文化的肇興。管理階層如果沒有好好注意「股東價值」的目標，就會受到來自金融市場的威脅。一九九一年，現已不復存在的韓森公司入股當時英國最大的工業公司「帝國化學工業」。普遍認為此舉是惡意收購的前兆。雖然從未得逞，但自家公司可能遭惡意收購，已讓高階主管大受刺激。帝國化工在一九八七年的年報宣稱：

帝國化工致力成為世界頂尖化學公司，以創新而負責任的態度應用化學暨相關科學服務全球客戶……藉由達成這個目標，我們將能提升股東、員工、客戶，以及我們所效力並且於其中運作的社會的財富與福祉。

但在一九九四年的年報裡，企業目標卻很不一樣：

我們的目標是將股東價值極大化。為此，我們將專注於領先市場、擁有技術優勢，且成本基礎具有世界競爭力的事業。

托後見之明的福，我們現在得以一談其中的來龍去脈。老帝國化工自一九二〇年代成立以來就是業界的全球領導者[35]。從炸藥與染料起家，在兩次大戰期間，重心則轉至石化產品和農作肥料。二戰結束後，董事會有先見之明，認識到未來最重要的「負責任的化學應用」，會是剛萌芽的製藥業。不過，帝國化學工業的製藥部門已經虧損近二十年。然而，情況在一九六〇年代改觀。在英國強大製藥業之父詹姆斯．布雷克（James Black）帶領下，該公司推出第一批暢銷藥品之一。這款 β- 阻斷劑是第一款能有效降低高血壓的藥。在接下來的二十五年裡，製藥事業部將是帝國化工的主要成長引擎，也是獲利的主要來源。

但是新帝國化工的結局並不歡喜。當公司宣告新的營運目標時，股市反應不錯，但等到後續現實浮現，股市就沒那麼買帳了。一九九七年初，帝國化工股價來到最高點，之後便一路走跌。二〇〇七年，凋零的巨人被一家荷蘭公司收購。帝國化工唯一的目標就是「將股東價值極大化」，卻連這都做不到。貝爾斯登公司（Bear Stearns）的名言是「我們什麼都不會做，就是會賺錢」，但它也正是全球金融危機裡最早陣亡者。最汲汲於賺錢的公司，卻不必然是最會賺的企業，這是我之前著作《迂迴的力量》所探討的課題[36]。

二十世紀最後一個十年剛開始時，帝國化工是英國最大的工業公司，排名第二的是英國通用電器公司。一九九七年，性格易怒、掌理英國通用電氣公司超過三十年的執行長阿諾．魏斯達克（Arnold Weinstock）退休。新的經營團隊計畫推動劇烈變革。一如帝國化工的同輩，他們也試圖重新安排業務組合，塑造出更令人興奮的公司形象。四年之內，改名為「馬可尼」（Marconi）的英國通用電器公司在債台高築後倒閉。

一九九九年在桑迪．威爾的旅行家集團收購花旗公司後，威爾曾短暫與銀行業老將約翰．李德共同擔任執行長一職。在俯瞰紐約東河的一間會議室裡，兩人對某位美國記者提出對公司前景的迥異看法：

李德說：「我的經營模式是全球消費者公司，幫助中產階級能得到過去沒做好的服務。這是我的願景，我的夢想。」桑迪．威爾插嘴說：「我的目標是提升股東價值。」眼神頻頻飄向旁邊螢幕上花旗集團變化中的股票走勢。[37]

後來威爾趕走了李德，但八年之內，花旗集團股價跌得近乎一文不值，得靠美國政府出手相救。現在早已從奇異退休的傑克．威爾許二〇〇九年對企業金融化有段振聾發聵的評論，宣稱股東權益「是世上最愚蠢的點子」[38]。

我們是那百分之一

土地遭厄，獵物受累，財富積累，人心敗壞。

——奧利佛．高德史密斯（Oliver Goldsmith），《荒村》（The Deserted Village）

約翰．李德一輩子都待在花旗公司／集團，一七七〇年它引領業界之先推出自動提款機，他並於一九八四年出任花旗公司執行長。李德是個像艾爾弗瑞德．史隆那樣的「實業家」，在後來的幾十年裡常被人拿來揶揄。他和別的「實業家」一樣，都期盼領到高薪，但卻不指望靠著升遷成為鉅富，而他也的確沒有這樣做。史隆雖然是富豪（史隆基金會就是他的遺澤），但他的財富並非來自執行長報酬，而是因為之前通用汽車以高價收購他的滾珠承軸公司。就連李德被威爾逼退時領的五百五十萬美元資遣費，以今日標準來看都不算高。李德退休後繼任紐約證券交易所執行長。他的前任迪克．葛拉索（Dick Grasso）因退休金醜聞而下台；媒體披露紐約證交所董事會同意，將退休福利折換成可現領的一億四千萬美元現金。溫文儒雅堪稱一代典範的李德，現在力倡激進改革銀行業。

如果李德是最後一代老金融人，威爾則是新金融人的原型，他的億萬資產來自於長年習慣性交易股票、選擇權和紅利而來。原本金融業裡的高風險活動，如造市以及合併與收購時的企業諮詢，是由合夥模式所主導。每到年底，組織裡的資深合夥人會共享波動極大但通常十分豐厚的獎勵。一九八〇年代從合夥人架構改為公開上市公司的轉換，基本上是將把各種風險與報酬雙雙從合夥人轉移給股東，差別在於合夥人是將獲利總額一次兌現。事實上，這個轉換對公司員工的財務前景沒什麼影響。因此，把可觀比例的獲利分配給資深合夥人——現在是員工——的作法還是延續下來。

的確，隨著合夥公司的活動被納入更大的集團內，金融業仍廣泛採用此一原則，讓員工可以獲取受雇企業獲利的一大部分。至於金融集團股東的悽慘下場，就留待本書第四章來描繪。於此同時，交易文化的茁壯，讓企業繳出變化甚大但通常是高額的獲利（原因詳見第四章）。那些在相關交易中出謀獻策或出力促成的員工，自然覺得要名利雙收才合理。而且這個期待是單向的：他們沒打算共享虧損，而且一般來說也無力負擔。法國法院判決「惡棍交易員」傑宏．柯維耶（Jérôme Kerviel）要賠償法國巴黎銀行（BNP Paribas）四十九億歐元，彌補因他的不當交易導致銀行遭受的損失。但這只是個象徵性的判決。分紅文化普遍存於金融跨國企業。就連相當資淺的零售銀行員工都會積極追求高目標以獲取紅利獎金。所以後來才有人據此指控，抵押貸款和還款保證保險都因此而被錯賣給客戶。分紅文化，以及受雇者對薪水的預期大幅走揚，也傳到其他企業。大企業的高階主管注意到金融業的薪資水準，眼界也跟著高了起來；和桑迪．威爾一樣，這些高階經理人自己也常在企業控制的新市場裡交易。會計師和企業律師這類受雇於和金融業有密切活動業務者，也學到了。

在追求股東價值的目標之下，以選擇權讓主管分紅與股價連動也成了合理的作法。在一九八〇、九〇年代，股價穩定走揚，這些選擇權於是讓不少主管的個人財務一飛沖天。和李德一樣，奇異的傑克．威爾許一九六〇年大學畢業後就直接進公司工作，他正是新的分紅式企業管理法的代表人物。據估計，他的個人財產如今達七億兩千萬美元[39]，而且在現代美國企業主管裡，這等財富並不罕見。這結果對李德這樣上個世代的實業家和帝國化工的主管來說，都根本無從想像。[40]（帝國化工總裁約翰．哈維—瓊斯〔John Harvey-Jones〕爵士一生多采多姿，是一九八〇年代英國最著名的生意人。二〇〇九年過世時，遺產總值約五十萬英鎊。）[41]

話說回來，主管薪資和股票選擇權所帶來的績效表現的關連甚弱。與股價相連後，報酬是以市場預期為底而非與真實的業務連動，很容易隨著市場意見而改變，而且，就像交易員的紅利一樣，比例不均。選擇權讓受益人同享漲幅，卻毋須共擔跌勢，這樣的結構會鼓勵風險極高的企業再造，一如我們在帝國化工、英國通用電氣、花旗銀行見證到的情況。與股價連動，使經理人短視近利（想想桑迪．威爾旁邊螢幕秀著花旗集團變化中的股票走勢）。盯著自己所經營公司的股價每分鐘上上下下的漲跌，能讓大老闆獲得什麼有用的業務資訊？金融部門與非金融部門的紅利文化，未能讓管理階層與交易員的利益與股東一致，反而讓經理人與交易員訂出實質上不同於他們所服務公司的目標。這種「代理問題」（公司的營運反倒是為了一群高階員工的利益），在金融部門最為嚴重，但也廣泛影響到私人產業。代理問題的另一面向是，要支付大筆費用給投資銀行業者，讓他們替交易穿針引線，並進行金融工程。**管理階層花的是別人的錢**，行事揮霍輕忽一如亞當．史密斯所料。

早在八十年前，阿道夫．伯利（Adolph Berle）和加德納．米恩斯（Gardiner Means）就點出亞當．史密斯所稱的代理弊病——所有權與控制權分家——廣及現代企業與金融[42]。事實上，即便試圖設計繁複的獎勵方案來因應此弊病，卻並未讓管理階層和股東在利益上休戚與共，和公司的長治久安更是離遠了。到今天，這也成為公司與股東的主要摩擦源頭。

不用多好的想像力也能看出以下這些人有相似之處：美國十九世紀末的強盜大亨，如洛克斐勒、卡內基（Andres Carnegie），二十世紀末新興市場中極具影響力的實業家兼金融家，如墨西哥的卡洛斯．史林（Carlos Slim）、印度的德魯拜．安巴尼（Dhirubhai Ambani）；或是東歐藉由侵佔前國有地而致富者。然而，威爾許這批公司經理人躋身鉅富之列，是個新現象。高階員工將可觀比例的公司營收挪用於自身用途，或許正像是過去高階神職人員與朝臣趁勢享受豪奢生活。

於是，**金融業與相關活動裡的分紅文化、新一代的強盜大亨，以及擁有數百萬資產的企業執行長，合起來逆轉了二十世紀的平等主義趨勢。**「佔領華爾街」運動的口號「我們是那百分之

圖二：1919至2005年間，四個國家所得毛額中前1%及前0.1%所占的比例

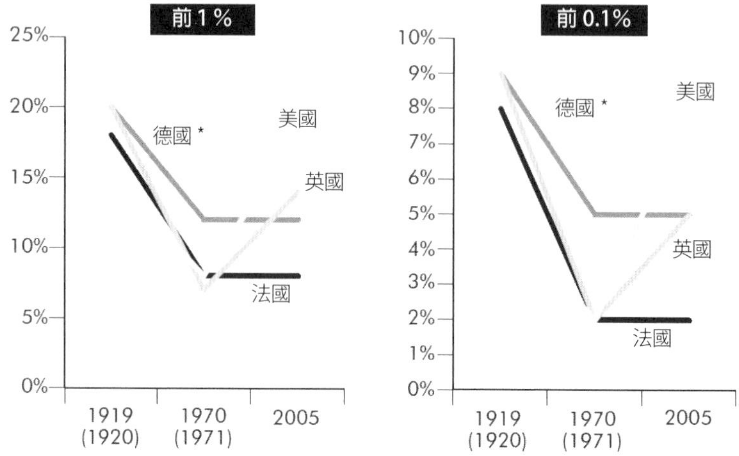

「所得」，為國家報稅單元而言（以個人或配偶計）。
＊指普魯士（1919），西德（1970），德國（2005）
資料來源：A.B. Atkinson and S. Morelli, *Chartbook of Economic Inequility*, ECINEQ Working Paper, 2014

九十九的人」，讓世人注意到少數人士在金融化年代裡拿到太多好處。在第一次世界大戰的尾聲，在美國所得分配上領最多的「百分之一」人士，其收入占所得毛額百分之十五至百分之二十。相較於古老歐洲國家，美國這塊移民與機會的土地顯得平等得多。不過，隨著民主政治抬頭、社會安全制度與現代國家的興起，接下來的五十年內，已開發世界所得不均的程度大幅降低。

如上圖二所示，到了一九七〇年，前百分之一所占的比例降低一半，前百分之〇．一所占的比例更是遽減。由於圖中數據涉及所得毛額，再加上各國的免稅額及最高稅率都見調升，實際的平等化效應比數據所顯示的還大。不少人或許會很意外，一九七〇年的德國竟然明顯比英國、法國，或美國更不平等。主要原因在於德

國國內大抵由家族經營的中型企業經營有道所致，我在第五章會進一步探討。

平等主義趨勢並未持續。在德國和法國，趨勢就這麼停止了。

自一九七〇年迄今，數字沒有改變。在英國和美國，前百分之一及百分〇．一人士的所得則大幅增加。趨勢逆轉的情況在美國尤其顯明。「前百分之一」所占的比例比一百年前還多，而現在美國所得分配不均的狀況，居四國之最。資本的情形，則沒這麼清楚。我在本書第五、六、七章將會談到，屋主自住的住宅存量和年金權的增長，讓個人財富的分布更為不均。

有許多因素造就所得分配的改變。主導二十世紀的政治潮流在最後十年遭拖緩或扭轉。全球化對全球所得不均的情況帶來劇烈影響：近二十年來，隨著中國與印度經濟成長而脫貧的人數遠超過世界史上任何階段。但是，全球化通常會讓富有國家內的所得不均現象更為嚴重。它一方面讓具備獨特或傑出技能的人士，不論是知名樂手、運動員或顧問工程師，在更廣大的市場一展長才，但另一方面，全球化之下，低技術的製造業得以轉移至低工資國家，讓沒技能的勞工更難競爭。不過，英、美兩國與法、德和其他國家之間的迥異經歷，還是很驚人。英、美兩國曾分別由柴契爾夫人與雷根統治，但在工黨和民主黨政權下，所得毛額前百分之一所占的比例仍持續擴大。而金融化的直接與間接影響正是關鍵——金融業最高薪者賺取高額報酬，接連拉抬了金融業之外的高層企業主管待遇。

二〇〇五年在美國，佔所得前百分之一和前百分之〇．一者，分別有百分之四十五和百分之六十是企業主管或金融業雇員（醫師和律師占前百分之一的百分之二十二，但只占前百分之〇．一的百分之十）。[43]在美國，這所有因素疊加起來後，使得**金融化年代的經濟成長對一般人來說是無感的**。

自一九七三年以來，家庭所得中位數經通膨調整後，實際增長不到百分之五[44]。但在金融化的年代，在這些國家要申辦消費者信貸卻又更為容易。在證券化推波助瀾下，信用卡債務等消費者借貸迅速增加。擁有住房者得以「釋放資產價值」，亦即憑地產的增值來借款，而抵押貸款也擴及到過去不具住宅信貸資格者。有了這樣的信用擴張，即便所得停滯不前，消費也會持續增加。然而信用不可能無盡擴張：等世人發現被誘勸來的貸款多半是劣質借貸，信用擴張終究會逆轉。而這正是全球金融危機時所發生的事。之前當消費增長快過所得時被壓抑住的社會緊張態勢，現在再也控制不住。公眾輿論撻伐銀行業和金融業，佔領華爾街運動和極端政治運動人氣激升就是例證。

有辛克萊與塔貝爾在前，扒糞者傳統在一個世紀後復興。新一代記者致力於揭露企業，特別是金融業的不當行為。一位網路記者麥特．泰比（Matt Taibi）將高盛形容成「巨大吸血烏賊，凡是找得到金錢的地方都不放過」[45]，他的說法很快在網路瘋傳。而這家連位於西街兩百號的總部都低調不掛名的公司，被國會和媒體痛批。泰比的比喻強在它暗示**高盛並未創造財富，而是得利於其他個人和公司創造的資財**。這也是許多人在擔心金融業所扮演角色時的重點疑慮。我會在後續章節檢視一下這些顧慮有多少道理。

桑迪．威爾和信奉「我們就是華爾街」的人士，以及班克斯先生、喬治．貝利、麥沃林上尉這兩群人間，最大的差異之一就在於**對風險的態度**。

老一輩銀行業者恨死風險，要是哪筆貸款有風險，他們就不會承辦。當然，傳統銀行業者有時也會看走眼，借款人無力償還。但對他們來說沒有「評估過的風險」這回事，也沒有針對預期損失而設的會計準備金，因為他們根本沒有打算要承擔風險。在金融化年代，銀行家擁抱風險。

畢竟，風險是收益的來源之一，而且在桑默斯等數學家幫助下，風險是可以評估和管理的。或許吧。

2章

風險的定義

乳牛、咖啡，以及信用違約交換

「交易只要實質的收益時，此處有一分增長，他處就會有一分減損。」

——約翰．羅斯金（John Ruskin），《給未來者言》（Unto this Last），一八六〇年

「亞當．史密斯《國富論》的關鍵洞見如此簡單，會讓人以為自己看錯：若雙方間的交換是自願的，那就是雙方都相信能從中獲益，否則是不會發生的。」

——米爾頓．傅利曼（Milton Friedman），《選擇的自由》（Free to Choose），一九八〇年

二〇〇五年，堪薩斯聯邦準備銀行為了向即將卸任聯準會主席的葛林斯潘致敬，在風景怡人的懷俄明勝地傑克遜谷（Jackson Hole）舉辦研討會。時任國際貨幣基金組織首席經濟學家的拉古拉姆．拉詹（Raghuram Rajan）於會上質問金融市場最近的創新舉措有何價值，還預警禍事將至[1]。

拉詹的論文不太被現場人士所接受。該篇論文的主要討論人是聯準會副主席唐．科恩（Don Kohn）。科恩認為，拉詹的言論抨擊到他所謂的「葛林斯潘主義」。「葛林斯潘主義」所讚揚的，正是拉詹所質疑的種種金融創新。科恩大力為這些創新辯護。「透過讓金融機構得以分散風險，更加精準選擇風險概況，並改善他們所承受風險的管理，機構得以更佳穩健。」[2]他接著說明，「諸

般發展也使得金融體系更具韌性與彈性——更經得起衝擊，又不會增加這等衝擊對實體經濟的影響。」

這的確是主席葛林斯潘的看法。葛林斯潘不是解釋過了嗎，「這些方法可以更好地區分風險，並分配給那些最有能力也最有意願承擔風險的投資者。」[3] 如果說科恩語帶批評，措辭至少還算客氣：賴瑞．桑默斯把拉詹的觀點說成是「盧德份子」（Luddite），說他這邏輯就像是想用人與馬匹來取代汽車與飛機。桑默斯主張，繁複是進步密不可分的一環[4]。

研討會的主題講者羅伯特．魯賓（Robert Rubin），是一九九五年至一九九九年美國柯林頓總統的財政部長。擔任部長前，魯賓曾任高盛集團執行長。卸下公職後，於二〇〇〇年至二〇〇九年擔任花旗集團董事長，薪資超過一億美元。魯賓是讓桑默斯改變立場的關鍵人物，讓他從「番茄醬經濟學」的貶抑，轉為熱切支持金融化。魯賓更培植哈佛學者出身的桑默斯成為他的繼任者。「美國商品期貨交易委員會」主席布魯克斯莉．波恩（Brooksley Born）曾試圖擴大對衍生性金融市場的管制，當時魯賓、桑默斯、葛林斯潘帶頭反對，並支持立法，要將金融契約排除在該委員會管轄之外。

研討會隔年，另一位聯準會委員柏南克重申科恩的主張：「過去二十年來，大大小小銀行組織大幅提升了風險評估與管理的能力。」他說，這般進步促使「銀行體系更具韌性」[5]。柏南克是普林斯頓大學教授，主攻經濟大蕭條，早先曾宣告「**大穩健**」時期（the Great Moderation）到來。

紐約聯邦準備銀行主席在年會上同樣讚揚了風險管理人的成果。提摩西．蓋特納（Timothy

Geithner）對與會人士說：

金融機構能夠更有效評估與管理風險。風險更廣為分散，橫跨更多元的仲介機構，國內與跨國皆有。這些改變有助於大幅提升核心金融仲介機構的金融實力，以及美國金融體系的整體彈性與韌性。[6]

事實證明，儘管這些誤解錯得離譜，卻也無礙於這幾位論者後來的升遷。全球金融危機爆發時，小布希總統已任命柏南克接替葛林斯潘，擔任聯準會主席。科恩則成了柏南克的副主席[7]。後來，歐巴馬總統任命蓋特納為財政部長，請桑默斯擔任「國家經濟委員會」主席，組成一支經濟的陣容（拉詹於二〇〇六年底離開國際貨幣基金組織回到印度，於二〇一三年獲命印度央行總裁）。

一九七〇年代，有豐富公職經驗的經濟學者大衛．韓德森（David Henderson）在英國廣播公司《對了又怎樣》（the unimportance of being right）節目開設一系列的課程，他說：「你可能會認為，為確保能升遷到要職，你提出的建議好壞是個決定因素，但事實是根本沒人關心。」他繼續說明他的觀察：「如果這是英國公職的實情，那麼我想在經濟學這行更是如此，在國內和其他地方都是。」[8]韓德森還引用了另一位評論員山謬．布瑞坦（Samuel Brittan）的話：「一篇論文是否稱職，要比內容正確或是啟發人心都還要重要。」[9]真要說政府機關或學界在韓德森的評論後真有什麼改變，那也只是變得更糟。

柏南克、蓋特納、科恩、桑默斯都能輕鬆取得學界與金融市場業界人士的最佳建言。柏南克和桑默斯自己就是卓越的經濟學者，怎麼還能錯這麼大？傑克遜谷會議的經濟決策者所表達的意見，代表著一個社群的觀念，裡面有學者（推動一個錯誤，或至少是不合適的理論）和實務人士（熱切支持這種論點，宣稱這些隱密且對個人有利的經濟活動，會讓世界更加美好）。

經濟學理論並未導致本書所描繪的金融體系質變，經濟學者也不是全球金融危機的元兇。然而經濟學理論對這種種變化和事件的影響既廣且深。廣義來說，交易導向的金融業發展，和隨著柴契爾夫人與雷根當政而席捲公共政策的自由市場意識形態息息相關。交易廳的喧囂，恰是自由市場的完美典型。

金融社群的領袖之所以決心捍衛自由市場的價值，是便宜行事的務實之舉，並非源於深刻的智識信念。假使曾有懷疑，全球金融危機也會證實所言不假。金融業巨頭說服了自己和他人，讓市場自由發展的主張或許強大到可作為一般通則，但這些通則不適用於花旗、高盛等對體系格外重要的金融機構，尤其不適用於這些巨頭們的業務。金融具備特殊地位。不過一旦大家承認了通則下的這些特例，金融社群的自由市場論調就可以持續不衰，而後續發展也確實如此。

經濟學對金融政策的貢獻，有部分在於為自由市場的意識形態提供智識上的根據。還有一部分則比較涉及技術層次，亦即自一九六〇年代起發展出的一整套金融經濟學模型。

有段眾所周知的說法是，美洲原住民賣掉未來華爾街的所在地，只換來區區二十四美元的玩意兒。雙方對土地價值有不同看法，但買方，也就是新尼德蘭的荷蘭總督彼德．米努特（Peter Minuit）耍詐，原住民純粹是被詐騙了。不過，也許失誤的並非賣方。在另一個版本的故事裡，原住民佔了上風，畢竟曼哈頓島一開始就不歸他們所有[10]。

無論如何，這筆交易奠基於錯誤及虛假的消息。把市場看做是由商人巧取豪奪笨顧客之地，認為外國貿易就是榨取外國人財產，這是自亞里斯多德至十八世紀中葉的主流經濟思維。十七世紀的法國經濟學者兼政治人物柯爾伯（Jean-Baptiste Colbert）或可榮膺此學說的鬥士，迄今仍有許多柯爾伯的法國同胞堅持此信念，包括不是很懂經濟學的羅斯金，和近期對商業活動的批判家。

不過，現代經濟學一項中心見解，也就是傅利曼偏心地歸功於亞當・史密斯的看法是，如果交易雙方有不同的偏好或專長，交易就能讓雙方受惠。這情況可能是我養乳牛，你種咖啡，而我們兩個都愛咖啡牛奶。或是你我都有乳牛和咖啡園，但你只喝咖啡，我只喝牛奶。不管是哪種情形，交易都會讓我們更好。

現代金融經濟學將風險視作牛乳、咖啡一般的商品。人們對於因應風險的方法和管理的本事，有著有不同的偏好與天分。就如同人人飲食品味相異、耕地類型相異，農業技能也不同。彼此交易對雙方都有益處。這麼一來，風險市場使人可以更有效應付現代生活中避不了的風險。

如果把風險比擬成商品的說法站得住腳，那麼經濟學的標準工具就可以應用到風險的交易上。半世紀以來，這方法一直是金融經濟學的基礎。對金融市場從業人員來說，這個隱喻有很多吸引力，它暗示為了牛乳和咖啡交易所做的市場效率主張，同樣可套用到外幣及信用違約交換的交易。而交易量越大、市場的範疇越廣，從證券市場自由交易所得到的益處就越大。

然而，東西多了不一定好。「交易可以使雙方得益」這個事實，並不意味著所有交易皆如此：

而且即便不是所有交易都很棘手，有些也真的很難處理。羅斯金也好，傅利曼也罷，都是有時候是正確的、有時候是錯誤的。「葛林斯潘主義」將風險交易視為類似於牛奶與咖啡的交換：交易的作用在於「分配（風險）給最有能力和意願承擔風險的人」[11]。但是，柯爾伯死後三個世紀，現代經濟學另一派思維重提「交易很是棘手」的看法，強調「資訊不對等」：人們之所以交易，是因為他們有不同的知識，或者對相同知識有相異看法。

這兩種對風險交易的思維方式源遠流長。後來當上保險公司老闆的法國經濟學者米歇爾・亞伯（Michel Albert），對十八世紀全球保險市場進展提出一套很有趣的說法。他解釋在愛德華・勞埃德（Edward Lloyd）的咖啡館裡，悠閒安逸的英國紳士聚在一起，還拿海上船隻的結局來打賭。這些看法的價值會隨著潮汐起落，這批人的財富也飽受天候衝擊。同時一千英里之外，瑞士村民則協議，要是牛死了，就集眾人之力換隻新的。英國人交易風險，瑞士人則共同承擔風險[12]。瑞士人的做法是「禮俗社群」。英國人不懂「法理社群」的意思，把它和「有風險的事物」劃上等號；這樣的簡化卻造成深遠的影響。

一九九七年，「國際交換與衍生工具協會」（International Swaps and Derivatives Association）請羅賓・帕茲QC（Robin Pots QC）評估新興的信用違約交換市場。投身此市場者，是像過去聚在勞埃德咖啡館的紳士拿風險來賭？或者信用違約交換的買賣雙方比較像瑞士人，共擔疾病與災害的風險？

帕茲先生以法律用語說明亞伯提出的差異。他回溯知名的卡里爾告石碳酸煙球公司一案。一八九二年，熱愛看賽馬的法官亨利・霍金斯（Henry Hawkins）爵士訂出在英國法中，**打賭**是

「一種合約，藉此兩位對未來某項不確定事件持相反觀點的人，互相同意依據該事件的結果分出勝負，有一方會贏過另外一方。」[13]但保險有所不同。按照帕茲先生比較不恰當的說法，保險的本質是「一種合約，旨在保障被保險者在預料自身可能容易遭遇危害上的某些利益」[14]。他很巧妙地避答交易信用違約交換的動機。在本書第四章，我會回頭談這個問題。

在風險市場的歷來發展上，根據對不完整資訊的詮釋下賭注，以及將個人風險社會化，這兩大脈絡迄今仍是風險與保險市場運作的核心。再者，令人訝異的是，倫敦和瑞士依然是全球保險市場的中心。阿爾卑斯山草地上的村民下山到蘇黎世和慕尼黑繁榮的都會中心。而經典的勞埃德大廈（由理察．羅傑斯〔Richard Rogers〕設計，堪稱是全倫敦市最引人注目的辦公建築），距離當年愛德華．勞埃德的顧客最初品味咖啡香氣的地方，還不到一百碼。勞埃德保險社仍為全球海事保險的主要據點。

在二十世紀，勞埃德保險社和瑞士／德國的保險業主要是再保市場。要保人的保險方一般處理例行的保險費和理賠，但大額賠款則以適切價格分給具風險評估專科技能的再保公司。就算到了二十世紀晚期，其組織型態還是反映這個歷史根源。勞埃德保險社是以「人物」為主，多半是有財力、有社會地位的英國個人，希望能從有利可圖的承保中獲取經常性收入，但也將個人財富抵押以償付任何損失。慕尼黑分保公司和瑞士再保公司則是金融巨獸，匯聚全球風險，並保有龐大資本儲備以因應將來的理賠事宜。

勞埃德保險社延續了咖啡館的傳統，在「承保廳」裡談生意。房間中央的魯廷鐘則反映出海事史。這只鐘是從一七九九年沈沒的運金船「魯廷號」上搶救回來的；鐘響一次表示船難，響兩次表示安全返航。承做某項風險的經紀人會物色願意承接大部分風險的首席承保人：如果承保人聲望卓著，其他承保人也會以他們各自的名號跟進。這種暨合作又競爭的方式，讓個別承保人發展出專門技能，針對詳盡查驗的個別風險共擔責任。這種企業聯合組織的做法，也常見於各大銀行的聯貸。

然而，到了一九八〇年代，承保廳也變成和其他交易所一樣的交易大廳。如果能藉由再保契約獲利，也能藉由再保的再分保來獲利，甚至還能擬定契約，進行再保的再分保的再分保，不斷延續下去。結果兜出一連串名為「**倫敦市場超額損失螺旋**」（London Market Excess of Loss spiral，LMX spiral）的契約，極其繁複，根本無法確定持有人暴露在何種風險下。一九八七年，位於北海的派柏阿爾法鑽油平台失火，兩百人不幸罹難，同時引發當時全球最龐大的海事保險理賠。承保的勞埃德保險社社員聽都沒聽過這座平台，卻發覺自己再三為之分保。最後統計，勞埃德的理賠總額是損失金額的十倍

該風險交易的實際情況，並非將風險分配給更多較有能力承擔的人。運作該鑽油平台的西方石油公司（Occidental Petroleum），比那些最終得支付意外成本者更有條件估算、監控並承接風險。某些社員的損失之大，最後還得變賣住家，人生也毀於一旦，據報還有人因此自殺。風險交易的一方對自身舉動及風險性質有些許瞭解，另一方則否。這是柯爾貝爾與羅斯金的世界，而非傅利曼和葛林斯潘的世界。倫敦市場超額損失螺旋非但沒把風險分散並交到有充足條件管理風

險者手上，反而將風險匯聚到全無能力駕馭的人手中[15]。

一名勞埃德保險社承保人當著我的面，大罵推動此種架構的代理人無知無能，害保險社幾乎垮台。我問他，為什麼不提出警告？他給了個同情的眼神，並說：因**為他們願意出高價買，我當然樂意賣**。當年把曼哈頓賣給彼德．米努特的美洲原住民肯定也是這麼洋洋得意。

這也和外號「傳奇法伯」的圖爾先生所作所為如出一轍。在帕茲評論新擔保債權憑證後十年，法伯斯．圖爾（Fabrice Tourre）將以次級房貸為基礎的綜合擔保債權憑證（CDO，你不會真的想知道是什麼東西）賣給高盛的客戶。關於這個又名「珠算」（Abacus）的憑證，圖爾是這樣和某位女性友人解釋：

創造這項商品，我也出了點力。附帶一提，這純粹是拍腦袋想出來的東西。你對自己說：『這樣，要不我們來做個「東西」，沒有意義、純概念式，高度理論化，而且沒人知道要怎麼定價？』」[16]

美國證券交易委員會可不覺得這種交易有那麼厲害：「圖爾先生做出一種相當複雜的金融商品，暗地算計要讓商品失敗的機率提到最大。」[17]債權憑證和信用違約交換交易就這麼開始，買的人錯估了這些證券標的價值，否則他們應該不會買。大多數情形下，他們不是真的知道這些證券是什麼，也不清楚價格是怎麼定出來。信用違約交換市場的成長，緊跟著倫敦市場超額損失螺旋所設下的模式。高風險貸款被打包，之後再切割編排成新方案，一直重複到沒人弄得清楚證券的標的本質，也搞不懂報酬是根據哪些收益而來。

等「傳奇法伯」圖爾開始推銷「珠算」交易時，就已經能明顯看出約翰．包爾森（John Paulson）這類避險基金經理人在打什麼算盤（該產品是根據包爾森需求而設計，他也從相關交易賺進幾十億）。包爾森所作所為，正是百年前亨利．霍金斯爵士所點明的「打賭」。那些購買圖爾的金融商品、也和包爾森交易買入者，一樣是在賭。包爾森和「珠算」證券買家對某件未來不確定事件，也就是抵押貸款人的償付能力與意願，持相反看法，並同意事件走勢將會決定有某方獲勝。

這中間有個矛盾。「番茄醬經濟學者」和金融部門其他研究人士一樣，都強調自身研究領域在本質上有獨特性。但他們的風險分析，卻把風險市場當成是其他商品市場一樣。這麼一來，他們未能體認金融市場與其他商品市場間確有根本差異。證券市場大部分是以交易雙方對資訊差異（或者說是對資訊認知的差異）為基礎，而非奠基於偏好與能力的差異。這番觀察有助於說明金融獲利為什麼可以（看起來）高得這麼不合理，以及為什麼該獲利與金融活動所帶來的附加價值不需要有任何關係。

當國家的資本發展變成賭場的副產品，結局多半很糟糕。

——凱恩斯（J.M. Keynes），《就業、利息和貨幣通論》，一九三六年

每周有好幾百萬人購買的樂透彩券是賭博。憤世嫉俗的人總說最好開獎前一刻再買，不然開獎前死於非命的機率，還高過中頭獎的機率。

這個算計其實誤解了買彩券的本質。彩券持有人買的是個夢，懷抱美夢越久，好處也越大。某項很出名的蠢實驗顯示，相較於等候三小時或一年，學生寧願以高出非常多的代價，換得他們最喜歡的電影明星在三天內賜予一吻[18]。樂透買家槓龜者十有八九，但只要向自己保證下周再買一張，美夢就能延續。英國推出全國樂透彩時，有句精打細算過的口號說：「中獎的可能是你。」

推銷彩券的人從經驗中學到，如何設計出吸引人的樂透商品。少少幾個超級大獎築起買家的春秋大夢，為數頗多的小獎則鼓舞買家持續相信，得主可能是自己。只要你能讓玩家覺得選對號碼、放對牌，或拉下桿子就能左右結果，即便純屬機率的遊戲也能廣受大家歡迎。搭乘商用客機比自行開車來得安全得多，但是我們是不這樣看事情的。如果我們對事情能有些許掌控，就會覺得自己沒那麼脆弱。

大部分人覺得自己比較會開車、比較會談戀愛、在多數事情上比一般人厲害。我們手上股票可能會上漲，所聘請的基金經理人技壓群倫，找來的顧問精明敏銳。如果有很多人不覺得配偶比較貌美或俊俏，那才讓人意外。當然是如此，所以我們才雇用這些基金經理人、持有這些股票，

和伴侶締結連理。

許多金融推銷手段便是利用世人錯以為握有控制權，或是對自身的判斷力太有自信。最常見的逐夢方式，是相信存戶可順利看出市場高點與低點，能選中表現優於大盤的股票或經理人。但壓倒性的證據顯示他們辦不到。鮮少有投資人或經理人的績效能持續優於大盤[19]。

整體來看，積極管理的基金，就收取的費用來衡量，績效還不及市場平均。而投資散戶錯失買賣時機，獲利甚至比投資基金平均還悽慘。如同撲克牌博弈這類技巧與機運兼具的遊戲，少數人能力確實出眾，但他們的獲利來自於其他玩家的表現平平，還有好多人說服自己（或許還有其他人），最近幾輪好運氣都是因為自己技巧過人。

自從心理學家丹尼爾．康納曼（Daniel Kahneman）於二〇〇二年獲頒諾貝爾經濟學獎以來，行為金融學便非常熱中於研究人的特質，而「追逐美夢」、「樂於掌控」、「偏向樂觀」等特質也不斷地在實驗中被點明。這類文獻多半以高高在上的口吻，形容這類行為是不理性[20]。可是，就俗世的認知而言，逐夢、樂觀、性喜掌控一點都稱不上是「不理性」：我們若不能假想未來、樂觀以對，並努力掌控命運，便多半撐不過人生的考驗。樂透彩券利用了這些行為特質，用來謀求公利與私利。買彩券的人享受自己有機會中獎的念頭。儘管心中隱隱有憾，但他們多數輸了也不會後悔。這群人築夢並不是個錯誤。

在一陣相當高明的說服式行銷下，經濟學者取得了「理性」一詞的所有權。「理性」的定義是遵循經濟學模型的原則。在不確定的情境中，「理性」這一詞有著格外嚴謹且複雜的解釋。「理性」的人判斷不明局勢的方式，是找出各式各樣結果的發生機率，再依照不斷取得的新資訊修正或然率。他們不是在「逐夢」，因為他們會根據各種結果實際發生的可能性來權衡。理性的人能評估所有可能的結果，並找出或然率。理性的人不會有樂觀或誤以為能掌控情勢偏見。若是他們抱持「理性的預期」，那麼透過事件的相對頻率，可驗證他們危險決策的結果。

用不著三省吾身也看得出來，大多數人並不會這麼做。然而，這樣假設人會這樣思考，卻是「葛林斯潘主義」的基礎。比葛林斯潘更思考深入的羅伯特．魯賓，在回顧擔任財政部長時期的自傳《身處混沌未明的世界》（In an Uncertain World），也強調需要從機率的角度來思考[21]。但魯賓大作的書名省略了風險與「未知的未知」，或說是「黑天鵝」[22]的關鍵區別：風險是「已知的未知」，我們能藉助機率來描述；但「未知的未知」則是無從訂出機率的事件，因為我們或許連那是什麼事件都不知道。吾人無從斷定發明輪子的機率，因為在想像其中可能性時，你已經發明了車輪。

在一九二〇年代，凱恩斯（他的劍橋大學院士論文探討的正是機率）和法蘭克．奈特（Frank Knight）便強調，「未知的未知」極其變化無常，隨處可見。不過，他們實際上在這場智識之戰中，輸給由劍橋哲學家法蘭克．蘭姆西（Frank Ramsey）和同屬劍橋的學者L．J．沙維奇（L.J. Savage）領軍的另一派，他們主張本於機率的思維在範疇上可以無盡擴張。二〇〇八年十月，在葛林斯潘著名的國會證言辯解裡，這位聯儲會前主席似乎承認，由蘭姆西和沙維奇發展出、當時已成金融經濟學的基礎理論有其限制：「近幾十年來，一套龐大的風險管理及定價體系已然演化，結合了數學家與金融專家的一流洞見，並佐以電腦與通訊科技的重大進展。諾貝爾獎也頒發給發現能支撐多數衍生性市場發展的定價模型。現代風險管理的典範走過數十年。但是，整個智識體系卻在去年夏天徹底崩盤。」[23]

十分奇怪的是，葛林斯潘接著卻說，智識體系的崩盤並非因為概念上有缺失，問題是出在運用的數據，單純因為「輸進風險管理模型的資料一般只涵蓋過去二十年」[24]。五年後，他已經能體認到問題其實更為根本。在接受《金融時報》採訪時葛林斯潘坦承，「新古典經濟學假設人的行為會理性自利⋯」對此他已失去信心，而且「整個風險評估架構，也就是他們說的『哈利・馬可維茲法』(Harry Markowitz approach)敗得徹底。」[25]

或許葛林斯潘已經擺脫舊錯，但大多數金融經濟學學者卻非如此。談到葛林斯潘主義背後的經濟學模型何以能牢牢支配學界？從蘭姆西在一九二〇年代的辯論裡已經點出[26]，人若不依從「理性」行事，便會中了「**荷蘭賭**」的圈套。「荷蘭賭」這種說法很刺耳（對荷蘭人而言），起源已不可考。意思則是「別人得以設計圈套把錢從手上贏走」。經濟學者持此論點，堅稱人們的確憑「理性」行事：因為做出與經濟學模型不符的行為將會賠錢，所以不會有人這麼做。過去，我也拿這套推論來教學生，但我現在有不同看法。人們確實會一週又一週地購買彩券，而且對他們來說這些理由似乎完全合理。人的行為確實與經濟學的理性模型不一致，理由有好有壞。結果就是，其他人也真的想出策略來佔別人的便宜。要想理解今日的金融市場如何運作，這個結果至關緊要。

金融經濟學發展出來的模型範圍廣泛，在技術上也無懈可擊。像是葛林斯潘點名的馬可維茲投資組合配置模型，以及證詞中暗指的「布雷克—休斯衍生性商品定價模型」。不過，學術金融理論的關鍵，當推「效率市場假說」和「資本資產定價模型」。前者讓尤金．法馬（Eugene Fama）於二〇一三年獲頒諾貝爾獎，後者則讓威廉．夏普於一九九〇年戴上諾貝爾獎桂冠（與馬可維茲共同獲獎）。休斯於一九九七年成為諾貝爾獎得主，那時著名的「長期資本管理」公司（Long-Term Capital Management）破產事件還沒發生，而休斯正是該公司的合夥人。布雷克則於一九九五年辭世。這群經濟學者全和芝加哥大學有關係。

根據效率市場假說，與證券相關的所有可得資訊都存於「價格之中」。預期利率會調升、寶僑家品（Proctor and Gamble）擁有眾多強大品牌、中國經濟迅速成長：這種種因素都完全反映在當下的長期利率水位、寶僑股價，或是美元兌換人民幣匯率。既然所有已知的事情都已經反映在「價格中」，能影響價格的就只剩未知的事物。因此，在效率市場裡，價格會「隨機漫步」，聽起來很詩意：下一步可能上揚也可能下跌。再者，既然已知的一切全反映在「價格中」，那麼價格也將代表對證券潛在價值的現有最佳評估。

再對此類比推論下去，便可推導出「無從套利」的情況：每種證券對其他所有證券都有了合理定價，要藉由買賣證券獲利，是萬萬不可能。布雷克—休斯的定價模型，和後續衍生性商品市場中量化模型的整體發展，都有賴於此一假設。而桑默斯也是一邊想著「無從套利」的局勢，一邊嘲笑金融經濟學學者只知提問兩夸脫瓶裝番茄醬是否比一夸脫裝的貴一倍，卻對番茄醬價格怎樣訂定絲毫不感興趣。

投資界傳奇華倫．巴菲特（Warren Buffett）對效率市場假說的扼要批評最是精采：「他們

〔學者、專業投資人士、公司經理〕準確觀察到市場經常是很有效率的，所以他們進一步做出錯誤結論，主張市場永遠是很有效率的。這兩個命題有如晝夜之別。」[27]在巴菲特的情況裡，這一差就是五百億美元上下。效率市場所依據的假設也常用在經濟學分析，也就是：證券市場與商業中現有的任何獲利機會都已經被用掉了。

在金融業及商業中，多數可得的獲利機會都被用了。但金融市場交易和商業創新是要尋找尚未為人掌握的獲利機會。效率市場假說一方面刻劃出「獲利不易」的重大現實，卻也忽略了一項同等重要的根本實情：資本主義體系動力，就在於搜索得來不易的獲利。亨利．福特、華德．迪士尼，和史提夫．賈伯斯並非志在套利，而是想改變世界（許多成就不如這三人的創業人士也是如此）。

明智的投資者不會貿然摒棄效率市場假說。然而，如果此假說為真，與證券估價有關的一切資訊都已存於價格之中，那麼現今所見的證券市場交易量便全然不可解。效率市場假說的核心有著邏輯矛盾。要是所有資訊已存於價格之中，一開始又要拿什麼誘因讓人收集這類資訊？

資本資產定價模型把效率市場假說往上提升了一個層次，描述的是效率市場的均勢，裡面的人都是理性行動者，懷抱相近的預期。金融記者賈斯汀．福克斯（Justin Fox）細說此模型的源起：它的創造者夏普，體認到了自己所主張的情境不合情理，而他的論文起初未獲刊登，正出於同樣的原因——模型假設過於異想天開[28]。不過，在很短時間內，「資本資產定價模型」被當成是對市場實況的描述。

有天晚上，在和某位我教過的金融學教授討論時，他問我：「如果你不再相信資本資產定價模型，那麼現在你相信些什麼？」資本資產定價模型吸引人的地方在於，它能明確解答「證券如何定價」這個問題。能提出答案這件事，讓大家覺得金融經濟學具有科學客觀性；答案是錯的這個觀察反而被人忽視。套用布瑞坦的話，適當稱職要比正確與否或是闡明事理還要重要。

比資本資產定價模型更實際的替代方案，必然會很混亂、很有侷限性、很務實。它們需要包容讓場上還有機會的失衡與無效率，以及不同人會以不同方式解讀的不完美資訊。他們還需要允許人自以為有控制能力的錯覺，並認清人們會追逐夢想。

由於很少有情況能完全適用機率推論，因此它在我們日常生活中並未扮演重要角色。我們會透過說故事的方式來應對變化難料的局勢，建構出論述。賈伯斯的傳記作者華特．艾薩森（Walter Isaacson）便形容，他全身散發「能扭曲現實的力場」，而這話也許同樣能用在福特或迪士尼身上[29]。

這也才是大家談生意、買賣證券的現實世界，而不是葛林斯潘主義下那個過於樂觀的世界。從心理學家塔克特對交易人的訪談就能看出，在市場裡其實少有人運用以機率為本的思維，靠的都是各種有說服力的說詞，交易人自己信心喊話，也再透過與彼此對話強化信心。我們是以論述來應付多變不定的情況——這種「未知的未知」不只是商業和證券市場的特性，也充斥在我們人生每個面向中。

我們都會追逐夢想。然而一旦超出分寸，不管是個人行為還是群體作用，逐夢會變得瘋狂。

拿別人的錢財來逐夢，說再好聽也是不負責任，而且常有欺騙情事。世界各地都嚴格管制博弈，因為賭博會招來雞鳴狗盜之徒；賭博會讓人決策失當，破壞個人財務與生活，連累親友與家人；賭博若不受控制，將增加社會的曝險。在金融市場賭博也是如此。

勞埃德咖啡館裡的英國紳士，不只押注在潮汐和船隻上，他們什麼都能下注——賭英王喬治的壽命、賭應該是被殺雞儆猴的倒楣海軍上將賓恩（Admiral Byng）的下場。這般態度也預言了衍生性證券未來的蓬勃發展。但這樣的賭博顯然不為人所欲，使得英國在一七七四年禁止以人命對賭——除非可證明某人在該條人命上有御用大律師帕茲所說的「可保利益」。假如我們也有類似「無可保利益不得下注」的禁令，或許信用違約交換就不至於走到這個地步。

某些國家試過要全面禁賭，但大多數徒勞無功。人的賭性太強，禁賭反而讓賭博業成為有組織犯罪的溫床，就像對性產業、酒業的禁制一樣。想管制博弈，最有效辦法是：嚴格評鑑從業個人與組織的特質；絕不允許業者有一絲一毫行為失當，以杜絕罪犯；以及消費者保護規章，嚴禁業者用不實言詞誤導消費者。

然而，更好的策略仍是將賭博行為導向賭馬和彩券等無害、甚至無關僅要的活動，並且讓成癮賭客，乃至於性喜小賭者，沒有太多機會放情豪賭，以免波及經濟效率。最重要的是，**不許拿他人錢財來賭博**。然而，金融化提高交易員地位，金融界監理者還彼此替這些實際上是不負責任賭博的行徑掛保證，說這其實是精密風險管理的新時代。這些關鍵洞見也就這麼被摒棄了。

逆向選擇與道德風險

遺憾嘛，我是有一些，
可話說回來，就這麼點，不提也罷。

——法蘭克．辛納屈，《我的方式》（My Way），保羅．安卡（Paul Anka）作詞，一九六八年

每天晚上醒來，我都會想，我原本能做什麼不同的處理。我一直在想，還能怎麼做，有些對話，還能怎麼說，我應該要做哪些？每天晚上我都這樣捫心自問。我的結論是，在那時（這也是為何我一開始要說這個），在我做出那些決定時，我都是根據手邊有的資訊來決策。

——狄克．福爾德，雷曼兄弟公司前執行長向眾議院監理委員會作證，二〇〇八年十月六日

在傑克遜谷的研討會，柏南克、蓋特納、科恩和桑默斯各自讚揚了他們所認為的、金融體系如今更有能力降低並分散風險。會後，飛馳的加長型轎車把這批人直送回華盛頓和紐約的辦公室。如果他們途中停下來，在大街上問問路人：「你是否認為過去二十年來的金融創新，讓世界沒那麼危險了？」受訪的人一定會覺得這些金融界巨頭腦筋不清楚。

在同僚附和下，葛林斯潘主張這等創新的效果，是把風險分配給最有能力也最有意願承擔風險的投資者。這個主張在兩個層面上是錯的。最顯而易見的是，相信他所見的風險轉移代表保險而非賭博。其目的與作用不是更有效地把風險分散給準備較周詳、能加以應對的一群人，而是丟

給所知較少的那一群。結果，轉移後的風險管理並未變好，反而變糟。

更大的謬誤是一開始就假定傑克遜谷研討會中所討論的風險，是最為要緊的風險。只要耙梳一下桑默斯如何將現代金融創新比擬成交通運輸的演進，就能馬上看出這層謬誤。交通運輸的創新為我們帶來了鐵路、汽車、飛機，改變了一般人的日常生活。但沒人能說遠期匯率、信用違約交換、擔保債權憑證也有同樣的效用。傑克遜谷研討會談到的風險（證券違約、股價變化、匯率波動），全部產生自金融體系內部，對市井小民來說不痛不癢。

老百姓真正掛心的風險不一樣，是裁員與失業的風險。路人甲乙丙丁都害怕事故、疾病、死亡，擔憂晚年不保。關係破裂會對財務或個人層面帶來鉅額損失。這種種風險都不是透過證券市場來處理的：多數時候都是在金融系統外解決的。要說真能有所應對的話，這些都得仰賴家人、朋友、政府局處等社會機制為之。

市場機制無法管理這些風險，只能略搔皮毛。原因在於資訊不對等、逆向選擇、道德風險。人們無法投保「離婚險」，因為夫婦比任何保險業者更了解自身關係好壞。幸福佳偶不會為「離婚」投保，怨偶才會。保費會反映出這個區別，結果是只有婚姻已觸礁的人，才會有興趣保這類保險。由於資訊不對等與逆向選擇無所不在，婚姻保險市場難以成局。

有鑑於擔心分手後的財務後果，是讓怨偶不敢說分就分的主因之一，假如真有離婚保險，離婚數就會增加。保險業者要是承保「失業」，便會發現客戶多半很清楚自己可能被炒魷魚，又或者擔心雇主會倒閉。再者，當他們索賠後，就不會那麼急著要找新工作。

所謂「道德風險」，意指人在有恃無恐下，往往甘冒更多的風險。以前，單親媽媽飽受不平對待，所以人數沒有那麼多，畢竟人會設法適應所處的社會與經濟情境。就我們拼湊所得的證據顯示，自十三世紀以來，在英國死於暴力與事故的風險，大致不變：「酒伴的斧頭和鄰人不加蓋的水井獲得控管，取而代之的是頑劣馬匹與無橋溪流；等政府也管控了馬匹和溪流，再過來是沒防護設備的工業機具，以及沒打號誌的火車；時至今日，我們得對抗酒醉的駕駛。」[30]

有鑑於這段時間經濟環境與自然環境的變遷，這個恆定性相當不尋常。地理學家約翰．亞當斯（John Adams）打了個比方叫「風險恆溫器」：一定程度的容忍度，也會相應調整行為[31]。與八十年前相比，死於道路事故的孩子少了：儘管交通流量大增，孩子們與父母親卻更加警惕，因此相為抵銷。

在「大到不能倒」的銀行情境下，「道德風險」這項課題在金融產業格外重要。批評紓困方案者抗議政府公然把冒險行事金融機構所積欠的債務一筆勾銷，認為是在鼓勵這些機構冒更多的風險。這個議題說來有點複雜。破產銀行的主管不太可能想著：「我才不怕把自家機構搞到垮台，因為政府會保障債權人。」然而，感覺有央行和財政法案可以當靠山，還是會影響到公司的作為：雷曼兄弟公司的福爾德錯認公司業務的風險，也誤以為公司若是遭遇財務難關，應該也必然會有人出手相救。要是福爾德沒有誤判，他肯定會更努力在公司倒閉前賣出相關業務。

不過，更嚴重的道德風險問題在於它對與銀行往來人士的影響。如果潛在債權人知道錢能全部拿回，又何苦謹慎評估信用。在次級房貸大災難中，在每個層面上都出現這類的道德風險。若非借貸方相信他們的負債會獲得美國政府的擔保，「房利美」（Fannie Mae）和「房地美」（Freddie Mac）這兩個失敗的美國抵押貸款機構也無法築出這般龐大且資本嚴重不足的資產負債表。「大得不能倒」的想法將監督信用風險的責任從市場參與者轉至監管機構：但是在此例及其他眾多案例裡，監管機構都無能履行職責。

「道德風險」一詞也許不恰當，因為它關乎誘因，而非倫理：關乎嚇阻，而非處罰。蓋特納顯然沒認清這點。他在自傳裡時常提到「道德風險」，而且幾乎每次都會貶抑地伴隨著「《舊約聖經》基本教義派」[32]。可以想見，這是要對比《舊約》重懲罰、《新約》重寬恕的道德觀。很多人可能覺得，那些引發全球金融危機的元兇理當受罰，不該受寬恕。但是憂心「道德風險」的人士並非一心想報復。銀行體系中的「道德風險」有充分的根據：要是期待政府會援助出問題的金融公司，經營者以及其客戶的作為就會讓企業更可能需要政府伸出援手。

在米歐爾·亞伯的瑞士村落裡，資訊不對等、逆向選擇，和道德風險議題是靠社群壓力解決。由於人人住得近，而且沾親帶故，資訊不對等的情況縱使未必根絕，卻也有所減輕。經濟生活與社交生活的環環相扣，因此人人有義務參與全村事務，而且大多數人根本不覺得是義務。縱然有些人放牧的本事比其他人高明，有些人迴避責任，還有些人一肩扛起份外之責，但在社群和諧前提下，諸般差別都可置之不理。

保險市場是為了因應有很大程度屬於隨機發生的風險——因此減少了資訊不對等問題，而被保人對於風險事件的影響力也有限——這麼一來就縮減了道德風險的作用。我們可藉由保險來應對汽車事故、房屋遭焚、天不假年、壽長多辱。但這些危害僅佔日常風險一小部分。再者，我們就連要為上述情況投保的能力也岌岌可危，因為人類收集、分析大量資料的能力日益精進，能藉由基因與環境資訊來預防疾病與死亡。唯有訊息十分不足，讓隨機的獨立事件得以匯聚時，才可能有完全私人的保險。

由於以上條件罕能成立，現代社會的風險管理混合了私有與社會機制。一般由企業雇主提供的團體保險，很大部分解決了將保險人逆向選擇的問題。也必須要有一定程度的強制手段——透過法律、群體會員制、社會連帶關係——來確立有夠廣大的風險庫以有效分攤風險。政府對保險市場的干預，限制保險業者按個別風險的特定性質來承保的能力。要讓私有保險市場持續下去（特別是在健康險與壽險兩項），這類干預的規模勢必要再擴大。

話說回來，日常風險的管理之所以需要透過具共同利益的風險庫，並非出於經濟市場欠缺效率這項表面因素。

瑞士的村民不是純粹只想降低個人的風險損失，他們是在說明共同的社會擔憂：一但一人或一家遭遇不幸，多少等同於全村遭遇不幸的感受。「沒有人是座孤島……毋須探問喪鐘為誰而敲，鐘是為你而敲。」[33]良善的社會不會讓人民無力負擔必要的醫療費用或是老來窮困，即便其中某種程度上是自作自受。或者說，至少有夠多的人有同樣感覺，因此即便可全然依循個人抉擇或市場方案來解決日常風險，也不會這麼做。

美國前總統歐巴馬推動的全民醫療給付「歐巴馬健保」（Obamacare），是在已開發世界全面推行普遍醫療戰役裡的最後對決。在其他國家，儘管確切機制和給付程度各自有別，但對此議題已無爭議。在有私人醫療保險業者的地方，這些業者一般而言是社會機構或組織，替雇主將風險匯聚起來。在許多國家還某種程度透過純私人保險市場來提供加碼，多數旨在提供額外的福利和便利，而不是必要的醫療。在預期現代先進社會應確保人民皆享有最低生活水平之下，社會預備措施與管制必不可免。至於救助應該到何種程度、針對接受國家救助者又該加諸何種條件，都反映出不同地區不同時間的不同主流價值觀。這些期待會隨著時間改變，代代不同。

個人遭遇不幸時，「延伸家庭」已經不再是社會援助的強力來源，不過它還是處理個人風險中最重大的「新」風險的主要機制：長壽人生裡的長照風險。原則上看起來這種風險最適合以私有市場解決方案應之，但金融機構卻甚少著力於滿足此需求。

大公司過去都會提供員工可觀的風險保障。我那些任職於蘇格蘭銀行或皇家銀行的同輩，都指望會在這些機構退休。他們不認為工作消失的風險很高，而且就算工作消失，他們也預期公司會另有安排。他們能有個舒適的退休生活，領著不錯的退休金。要是生了病，也能獲得妥適的照顧，萬一不幸身亡，配偶還會有撫卹金可領。當年大多數大公司都提供這些福利，公部門雇主也是。

現在則已少有這些福利，至少在英國與美國的金融化社會。在私人企業已沒有終身雇用這回事。最終年薪退休金方案也已停辦，員工的退休金得倚靠自身提撥（雇主通常仍會撥款補充）和難以捉摸的股市。對生病與殘障的員工，雇主要負更大的法律義務，卻也更無意多做一些超出法律要求的部分。在公部門，福利的衰減沒這般劇烈，但走向並無二致。公部門員工原本享有的許多保障，都隨著這些年的私有化而縮水或撤銷。在第九章，我會回頭談個人風險環境中最要緊的一項變化：退休金的變動。

這些變遷主要導因於金融化對企業行為的影響。一九八七年時的帝國化工致力於「負責任應用化學暨相關科學」，還承諾要替員工和其所效力的社群帶來福祉，這麼一來自然承擔起對員工的更大責任。但是一九九四年專注於創造股東價值的現代帝國化工則沒擔起這個責任。就算該公司還是認這份承諾，也都不重要了。帝國化學工業早已不存在。

日常風險的主要保障來自家人的扶持，以及由國家資助的互助機構。過去瑞士村民半義務、半志願處理的事情，而今泰半由公共稅收及福利體系來承擔。社會安全制度協助失業、殘障、年老，和需要長期照護者。政府提供平價住宅。透過這些措施，再加上各家庭直接來自於家人的助力，國家於是能幫忙處理各種關係破裂的損失。火災、水災等全國性災害有公家機關負責因應。這些安排一般為公私合力，由政府負責急難救助，私人保險業者則處理長期善後事宜。

在傑克遜谷研討會舉辦的當下，侵襲美國的颶風卡翠娜正要橫掃紐奧良，之後將造成兩千人罹難，財產損失達一千億美元。然而，當與會者安慰自己風險管理已臻成熟新境界時，他們心裡想的可不是颶風的風險。他們關心的是**證券價格波動起伏的風險**。三年後，「雷曼兄弟」颶風掃蕩華爾街，顯示金融管制的緩衝作用，和密西西比河三角洲的河堤差不多。

說來矛盾，傑克遜谷的與會者，醉心於理性行為的機率模型，但他們自己也是用說服的論述行事。其中最甚者莫過於安·蘭德（Ayn Rand）同事的聯儲會主席葛林斯潘本人。心理學家塔克特早就料到這批人會如何回應拉詹的質問：「必須駁斥他們（懷疑論者）所提出的質疑，以駁斥來嘲笑嘲笑和中傷。」[34] 扒糞高手辛克萊對理想與實務兩個世界間的關係有深刻的洞見：「要是某人賺錢的方式在於他有多不懂某件事，就很難讓他懂。」[35]

我們在下一章將探討金融化另一項核心觀念：**對流動性的需求**。傑克遜谷研討會的與會者討論風險時，有套成功的分析架構為助，在智識上條理驚人地連貫（儘管少有實證）。不過，當他們以及其他人在探究流動性時，整個情境和密西西比河的泥巴一樣混濁。

「3章」

謎一樣的仲介者

中間人的角色

某些人唯一的職責便是扮演中間者；
人們宛如渡橋一樣，穿過他們繼續向前。

——福樓拜，《情感教育》（Sentimental Education），一八六九年

商業活動是基於「交換」而來。但多數都要靠仲介商的服務。消費者沒有組織又分散，而且通常對自己購買的商品或服務特性所知甚少。他們需要超市、醫師、汽車銷售員、旅遊業者、谷歌和亞馬遜，才能買得自信又安心。

這些仲介者有多種功能。他們提供物流，將商品和服務由生產者運送給消費者。他們找出消費者可能想要的商品和服務，然後尋找品質最佳、花費最低的生產者。他們管理供應鏈，幫助避免供貨過剩與短缺。他們或許還提供資訊和建議，幫我們買到好東西。

金融把自己包裝成一套格外複雜的仲介機制。金融奧秘半遮半掩地刊登在報紙內頁和CNBC等商業頻道，誘人想一探究竟。金融法、金融管制、金融（番茄醬）經濟學都是獨特的專科與研究領域。而金融業的報酬大大高出其他任何行業，也絕非巧合。話說回來，我們想要金融仲介提供的服務，和其他仲介商提供的服務相當類似。金融仲介者需要提供物流，將服務由生產者運送給消費者。他們必須辨別出消費者想要的商品和服務，然後尋找品質最佳、成本最低的生產者。他們必須確保供應鏈穩定可靠，使商品免於過剩和短缺。金融仲介商需要提供資訊和建議，讓消

費者能做出好的採買決斷。沃爾瑪做得好的事情，金融仲介者也得要做好。

網路改變了仲介的本質。建立連結比以前容易多了：倫敦克拉珀姆街區的經銷商可以和遠在中國的供應商接上線。建言不虞匱乏，只可惜品質良莠不齊。而且就和音樂及旅遊票據一樣（但和大部分商品不同），金融服務可以用電子遞送與訂購。

某些滿懷激動者聲稱，新科技將抹滅仲介者的功能。但是，因為網路而變得格外容易的聯繫，其實僅僅是仲介者的功能之一。其實，聯繫越容易建立，就越需要監管這種種聯繫。從臉書（Facebook）就可看出，朋友多了，關係的平均品質也會受損。新近的金融創新，如群眾募資和個人對個人的借貸，並不能消除金融仲介。如果存戶想獲得與風險相應的收益，就得判斷自己的錢是怎麼被運用，而以這筆錢購得的資產又受到何種管理。但很少人有那份時間、知識或經驗。想要從眾多樂觀的創業企劃中找到寥寥的可行商機，需要經驗累積出的懷疑態度。從言之鑿鑿的保證和極具說服力的辛酸遭遇中，找出可能會還錢的人也一樣。能和別人面對面，會大有幫助。

並非所有的仲介者都是有用的。比方說，把遊客帶去自家舅舅地毯店的導遊；拿不出有價值的服務，但如果不分他一份就會阻撓雙方買賣的中間人；建議病人進行一連串他根本不知道自己其實不需要的檢測的醫師。**壞心的仲介者會把事情說得很複雜，誇大自身技能和客戶對服務的需求**，像是滿口行話讓客戶似懂非懂的律師；說著買方不懂語言的藝術品經銷商。讓仲介服務有其必要的那些因素，也讓仲介服務的消費者容易受害。我們要是聽得懂律師的建議是好是壞，也許就不需要律師的服務了。

大部分的日常採購都屬於交易（trades）。我們採購雜貨時，超市擁有自供應商買來的存貨，等我們在櫃檯結完帳，貨品所有權就轉移給我們。其他買賣則要透過仲介商。大多數人透過房地產經紀人賣屋、透過保險經紀人購買保險。仲介商並不擁有相關商品和服務，但是可以從促成雙方買賣交易來賺取手續費或佣金。仲介模式常見於高價值、特有的交易。房地產經紀人需要龐大的資本資源，以便保住他們受命銷售的房屋，買方、賣方或雙方可能會看上仲介商的服務，他先探知客戶的獨特需求，並尋找最合適的方式滿足需求。交易模式適合、也多被用於標準化的低價值產品，特別是反覆購買的情形。賣方間的競爭對消費者有利，也不需要仲介者的昂貴服務。要在資訊不完備、商品價值高的場合，仲介者才有戲唱。

藝術市場裡就能勾勒出各式各樣的商業關係。拍賣行是賣方的仲介，畫廊通常替藝術家仲介並收取佣金。畫廊也可能會銷售自身購入的畫作。經驗豐富的收藏家通常會聘僱經紀人代為採購。

交易活動往往是透明的。畫廊鼓勵買家來逛，也會回答提問，但買家必須自行獲取所需資訊，才能選到想要的畫作。仲介機構有人管理，仲介商會承擔與決策相關的一部分責任（或許還包括風險）。仲介可能是直接的，也就是仲介者是買賣雙方的主要聯繫，也可能是間接的，好比一幅畫家林布蘭（Rembrandt）的版畫得幾經轉手才會到買家手上。交易形式的買賣一般都非關個人，仲介關係則一般都是很個人化的。

不管是透過仲介商或直接交易、仲介服務有沒有人管理、是直接還是間接，這些差別都很重要，在本書後續章節也都各有角色。不過，沒有哪種必然是能一刀兩斷的。一段既定的交易買賣，會漸漸像是仲介關係：雙方感到對彼此有義務，賣方會試圖找出自認為對買方格外合適的商品或服務。

買方／賣方交易和仲介關係的差別，有重要的重大的法律及管制意義。一個世紀以前，另一位英國法官亨利．麥卡地爵士（Sir Henry McCardie）闡述了仲介所涉及的繁重責任：「法之所禁，無可置疑。在普通情況下，它不會容許仲介商誘使某人做不符委託人最大利益之事。」[1]

最好的仲介就像是手錶表面，以**單純介面將繁複機制隱藏起來**。谷歌以複雜的運算為基礎，但我們不需要了解它們。在沃爾瑪購物的顧客也想像不到，店中每樣物品的運送與擺放背後有個何等精密的供應鏈。第一台個人電腦需要龐大的程式編碼技巧，而個人電腦革命之所以成功，正是因為技巧高超的軟體工程師創造出簡單介面，這意味著你不需要懂電腦也能用電腦：只要將機器拆箱後，立刻就能連線上網，或進行文書處理。

任何仲介關係都必須有一**定程度的信任**。醫師診間的名牌上若標註「患者當心」，肯定沒有病患願意上門尋求醫囑。如果少了信賴而貨品又複雜，就像是二手車的買賣雙方，市場也不會妥善運作[2]。在我們最看重的仲介關係中，包括找名醫診治、去優質超市購物，或是利用可靠的谷歌搜尋，那份信賴全源於過往體驗。不管是交易模式或仲介模式，都可建立信賴，但在交易數額龐大且不頻繁市場裡，意在保護消費者的法規管制，有助於製造商發展出誠實可靠的商譽。設想完善的管制，能創造出讓管制與商譽雙重機制相輔相成的環境。

在現代金融界，透明運作是金科玉律。可是，要求仲介過程必須透明，只突顯了仲介作用不佳，而非使其健全運作的良方。滿意的駕駛從來就不需要查看引擎蓋下的狀況。好的律師能處理客戶的問題，差勁的律師只會問客戶想怎麼處理。生病時，我們尋求的是治病的建議，而對非病症的詳細描述以及一長串相關參照醫療文獻。要求金融要透明運作，正表示我們對金融信賴崩盤。

傳統上金融都是透過仲介為之。投資人雇用經紀人或資產經理來掌理他們的財富。這些都是仲介關係。那些老派的銀行經理就像家長，出了名的謹小慎微。公司董事對股東和債權有著明確的法律責任。先前所引用麥卡地法官的話，正是他對某位未能盡責服務其醫師雇主的股票經紀人所做的評斷。

依循法規、規範與實務準則來管制和管理的仲介機構，是金融仲介機構的正常模式，這也是麥卡地法官所描述的情況。但不知何時這法律變了，或是它其實沒變。但是任何仲介機構法規的嚴格執行，被規範與實務準則的改變所取代。到了一九八〇年代，經紀人身兼自營商已成常態。面對仲介者可能被誘使做出不符委託人最大利益的情況，解決方法竟然不是避免置身如此境地，而是否認雙方存有仲介關係。管制法規鼓勵金融集團「管理」利益衝突。而我們將看到，金融集團沒盡力做好這件事。

從抵押貸款市場的歷史可看出，**「由仲介轉向交易」**是金融化的核心特色。自一九八〇年代起，存款機構大體上捨棄了本於對資產及借款人的認識所做的主觀評估，改採電腦化信用評分。接著，抵押貸款被包裝成證券，而且一樣會由評比機構運用衍生自歷史資料庫的模式對其進行信用評估。買賣取代了信賴，交易取代了仲介。美國的抵押貸款可能是最廣泛嘗試將面對面審核替

換成機制化評估流程的例子。

這項實驗的結果很糟糕。出借方到借貸顧問、從顧問到借貸方、從借貸方到評比機構、從抵押貸款擔保證券出售者到資本提供者，全都捲入系統性的造假。有鑑於量比質還重要，因此立即影響便是調降價格，並讓人更容易取得信用額度。但長遠來看，卻造成了反效果：價格變高，信用額度更難取得。牽扯其中的借貸機構自廢武功，失去了有效管理抵押貸款供應所必備的信賴、知識和技能。

仲介活動的成本與規模迅速成長，受雇人員的才幹與智識也急劇提升，另外能協助其決策的新科技也出現。但仲介活動的品質卻變得更糟，而且是糟很多。這等矛盾在整個金融部門裡再三出現。原因在於他們所培養的新技能並非著重於用戶的需求，而是仲介程序本身。交易抵押貸款擔保證券的人很懂證券，但對抵押貸款所知有限，對住屋與購屋者的認識更少。交易股票者很清楚股市運作，卻對各公司及其產品一無所悉。交易利率衍生商品者很熟悉衍生商品，卻不怎麼明瞭政治和政府財政。

引發二〇〇七年至二〇〇八年間信用市場大規模破產的種種力量，早在別處已顯明可見。羅伯特．席勒（Robert Shiller）獲頒諾貝爾經濟學獎，因為他在一九八〇年代初期，針對任何觀察股市者都能直覺看出的邏輯提出了第一個精心的解釋：波動程度之大，遠超過任何證券基本價值的變化所能解釋。對任何股市觀察者而言，這一點似乎顯而易見。股市名嘴每晚的解盤和報紙的頭條，都不過是要替股市波動所產生的噪音給一套合理說法。[3]

股票市場中的次級市場活動越趨熱絡，初級市場的發行卻變得越發無足輕重[4]。這些市場的仲介方對所投資的公司瞭解越來越少，而專門只搞懂「市場在想什麼」。

人們常常將市場擬人化，形容說是「**市場的心思**」。但市場並不會思考，而且在其中交易者知道多少，市場就只知道多少。任何金融圈外人踏進交易領域，很可能訝異於交易員的一般知識竟如此淺薄。處理貨幣交易者對各國的認知，常常不脫美國人有創意、德國人勤勞、義大利人好色這等刻板印象。經手政府債券者對財政和政治所知不多，資產擔保證券的買賣背後，缺乏對標的資產的性質一竅不通，更別提資產品質。基金經理人和投資銀行家僅憑著對相關企業或企業策略的概念的粗淺理解，便買賣起股票，或甚至是公司。

很多高階主管私底下聊到追蹤其公司的分析師時，都語帶輕蔑。大型上市公司的財務長和投資人關係部門人員，會在和企業基本業務沒什麼關係的財報和盈餘管理過程中，與這些分析師打交道（他們差一步就成為交易員）。[5]在任何完成大學畢業論文的人看來，金融部門所謂「研究」都算不上是研究，更別提博士會怎麼看。駕駛飛機時憑藉的不是乘客的共識，而是信賴訓練高超、技巧精熟、見多識廣的飛行員。抵押貸款市場的崩盤，只不過是個最明顯的例子，讓我們看到以「群眾智慧」代替知識廣博的仲介商，會帶來何等惡果。[6]

將一大群人擁有的不重要訊息集合起來，並不會得到「群眾的智慧」，而是一堆無關緊要，特別因為這些匯聚的觀點並非獨立形成。起鬨要將耶穌釘上十字架、盯著囚車開到斷頭台看得出神的群眾才不明智，他們只是不斷強調旁邊人無知見解的吵鬧暴徒。證券員通常對自己所買賣的證券基本特性認識不多，對其他交易員和他們的當下思慮卻知之甚詳。所謂「市場的想法」，也許只是其他交易人對同行所思所想的評估總和。凱恩斯有段相當知名的嘲諷，以選美比喻這個過程，說評審的依據不是美醜，而是他人揣想他人認為何者為美、何者為醜[7]。

誤解市場裡資訊處理的本質，正是「葛林斯潘主義」的根本缺失。畢竟，該主義認為風險及證券的交易就像是買賣牛奶及咖啡。金融經濟學錯把基於資訊及資訊解讀差異的買賣，當成是基於偏好與能力差異的買賣。政治決策人士以為交易員是阿爾卑斯山的村民，但其實他們是在勞埃德咖啡館。

「信用評分」和「審慎制定的會計法規」，都是金融仲介的珍貴工具。如果能妥善運用編纂、存取，和分析大型資料庫的能力，就能讓我們更加理解經濟發展，以及個人與公司在發展中的角色。不過，這些資訊來源該用來補足，而非替代有效的金融仲介仍不可或缺的傳統人際技能。我們所需要的現代仲介部門，必須要能綜合專業銀行家與資產經理的經驗和內行判斷，並運用強大的資訊科技。那會是個截然不同的環境，不是只有受過高等教育的年輕白人男性為錢扯開嗓門、祈求天降金錢甘霖。

流動性

而那崇敬之眼必然看懂，
天意隱於流動。

——魯伯特．布魯克（Rupert Brooke），〈天堂〉，摘自《〈一九一四〉及其他詩作》，一九一五年

在五十年前的愛丁堡，鮮奶是每天送到家的，只有耶誕節例外。所以耶誕節前夕，送牛奶的人會把隔天的量一起遞送。我父親每年都會問他，牧場那邊是怎樣說服牛隻讓乳汁產量倍增。這個笑話每年都要在我們家講上一次。

其實，牧場要增加運送量並不難。所謂「鮮奶」，並沒那麼鮮：乳汁並非當早現擠現送。於是，庫存可以增，也可以減。耶誕節前那些天，原本要運去生產其他乳製品的牛奶，轉用於供應一般家庭。

在平常時節，我們對牛奶的需求量很固定。但是偶爾有訪客來，就需要多點牛奶。母親通常會在前一天告知送牛奶的人，要是她忘記了，送牛奶的人車裡也有多放幾瓶，好滿足我們的需要。當然，要是所有顧客都當天才追加，他也沒辦法提供這麼多。不過，這類情形不太可能發生，只有耶誕節除外，而牧場也為此擬好了應變方案。

在這層意義下，每天都能取得農產品現貨，其實是個幻象。但是，「流動性」的概念可從牛奶換到金融上。銀行業者發現，只有一小部分的銀行存款要以隨時可領的現金保存。存款戶會以為自己能隨時隨意提領款項，但要是所有客戶同時提款，就會發現其實沒辦法做到。金融業的「流動性」幻象有很多種形式和名字，像是期限轉換、部分準備金制銀行，乃至於「貨幣創造」。這些外人不明就裡的詞彙，導致許許多多人以為，貨幣、銀行業和金融業自有神秘之處，與其他事物不同。

然而，如果需要隨需服務的人不太多，這個概念其實沒什麼了不起。我母親隨時可以拿到多一罐牛奶。但要是這名運送員路線上的家家戶戶都這樣做，多數人是拿不到的。我相信，不管什麼時候搭車，都能在往愛丁堡的火車上找到空位，實情也如我所料。可是，如果有很多可能搭火車到愛丁堡的乘客都這麼做，月台會擠得水洩不通。如果每位國民同時燒開水，那誰也沒法享用一杯熱茶。現代經濟裡有很多種承諾是一旦有多人選擇便會無從兌現的。「由局部推知整體特質」這項錯謬，便是經濟學的通俗討論中極為常見的失誤。在小規模可行或有利的事項，到了大規模也許就變得不可行或有害。

流動性也是如此。這個詞彙廣泛用於金融市場，程度幾近執迷，但通常都沒有確切或特定意涵。隨便查一下投資辭典或百科全書，就會發現這個詞的定義有百百種。我所使用的「流動性」概念，援引自耶誕節牛乳的家常比擬：流動性，意指供應鏈在不中斷的情況下滿足突發或異常需求的能力。要做到這點就得做到以下一點或兩點：維持庫存量，或暫時挪用作其他用途的供應量，就像牛奶商一樣。當供應鏈缺乏流動性，消費者就得自行維持庫存數量，比如在冰箱留一品脫牛乳備用。在金融上，這備用的一品脫意味著企業與家家戶戶有必要保持貨幣平衡。在無流動資金的極端狀況下，家家戶戶最終會將現金藏在床底下。這類供鏈無效率的情況，對牛奶供應鏈或是貨幣市場來說，可能都會損失慘重。

二〇〇七年九月，各家全國性報紙的頭版刊登了同張照片：英國一家小型抵押貸款機構「北岩銀行」（Northern Rock）門前，排了一長串想提領存款的客戶。這是銀行擠兌，人人試圖在銀行現金耗盡前領出自己的款項。話說回來，並非只有金融服務容易受擠兌之害。人們倘若懷疑牛奶不足，也會排成人龍以取得現有的牛奶。這下子更暫時地坐實了怕牛奶不夠的恐懼。

這情況確實發生在金融類以外的商品，但並不常見。一九七〇年代在英國，日常用品供應鏈曾一度因石油危機和罷工潮而中斷。民眾在恐慌下大肆蒐購，引發供貨短缺。不過，如此脫軌失序十分罕見。畢竟，過去的經驗讓消費者有信心認為，供應鏈存貨足以應付額外需求。但在蘇維埃經濟體中，人民沒有這份信心。大排長龍是家常便飯，而原因不僅是供給真的不足（雖然情況常是這樣），還有每次到貨消費者便會爭先恐後搶購。

銀行也是同樣的狀況。理論上，一家具備償付能力、擁有流動資金、資本充足、管理完善的銀行，是有可能因為存款戶沒來由的恐慌擠兌，而面臨不必要的危機。但在實務上這和牛奶恐慌同等罕見。一九七一年，總部設於德比的勞斯萊斯公司倒閉時，「德比郡建房互助社」（Derbyshire Building Society）出現擠兌，排隊人潮近似於二〇〇七年在北岩銀行各分行聚集的人潮。存款戶擔心，在一家素有聲譽的本地公司倒閉後，會引發骨牌效應。不過，這些空穴來風的恐懼很快會消散。不然的話，具備清償能力的德比郡建房互助社擠兌事件，不用多久就會輕易轉移至別家機構。

就算在金融蕭條的年代，也還是有廣泛的現金和短期信用供給可得——在大眾手上，透過大型金融和非金融公司。傳統上金融危機便是透過調度這種種資源來因應。央行或許會自己跳下來提供資金，充當「終極貸方」，以及／或是組織救援行動，透過其他金融機構來提供資金。然而，隨著金融部門越發激進與競爭，這等合作也越發少見。或許就是最後一次大型聯合救助行動——官方施加不少壓力讓私部門就範——是一九九八年時針對獨樹一格且名稱誇大的避險基金「長期資本管理」援助方案。當時出口成髒的貝爾斯登公司總裁吉米・凱恩（Jimmy Cayne）拒絕參與其事，結果十年後風水輪流轉，聯準會樂得將他的破產公司低價賣給 JP 摩根。

但是，一九三三年讓美國陷入癱瘓，或是二〇〇八年差點使全球金融體系崩盤的銀行顧慮，和上述情事不同。

北岩銀行的擠兌事件，和德比郡建房互助社的擠兌事件是兩碼子事。北岩銀行的業務基本面出了問題。在抵押貸款擔保證券漸趨枯竭的市場中，該行的存續端視能否對不同品質的貸款方案提供再融資。問題出在營運現實，不是存款戶的無端想像，而且是因為銀行的潛在償債能力和資產品質讓人沒有把握所致。

同樣的情形也可套用到雷曼兄弟公司、房利美、哈里法克斯蘇格蘭銀行、蘇格蘭皇家銀行、美國國際集團、花旗集團，和在全球金融危機中受害的其他機構。雷曼兄弟公司在商業房地產（以及很多別的領域）踢到鐵板；房利美捲入了次級抵押貸款；哈里法克斯蘇格蘭銀行和蘇格蘭皇家銀行爭著比誰的地產放貸爛帳最糟；美國國際集團承保了大量注定要崩潰的複合證券；桑迪．威爾遍地開花的花旗集團所涉足的各項活動都出了差錯。這一家家公司經營得亂七八糟，而且資本基礎和其活動規模不成比例，交易遇上一陣小浪就會翻船。

在這每件案例中，出問題的公司主管都聲稱問題出在**流動資金**，而非**償債能力**——公司基本上很穩，只是欠資金。類似的話也曾出現在多數倒閉公司的主管口中——要是債權人和股東有足夠的耐心，我們就能轉危為安。但通常公司會倒閉就是因為債權人或股東失去耐心與信心。而前述金融公司的下場正是如此。

這些公司到底有沒有償債能力？沒有人知道。不只存戶、股東、監管單位，就連管理階層也不曉得。我們在第六章會看到，到了二〇〇八年，各銀行的資產主要是其他銀行的負債，反之亦然。若假定銀行的資產安全無虞，銀行的負債就不會有問題。然則這樣的架構必然是不穩的。一旦銀行的資產無法被認定是安全的，整個架構就會崩盤，就像全球金融危機。

不過，在危機發生前，金融交易員單純假設銀行永遠都會履行義務：而且（按照他們對銀行負債真有的那一絲絲考慮）他們預期政府會擔保債務清償。事實證明後面這個假設大致是對的。其實，正因為人們預料銀行在資產變現與債務償付上有政府當靠山（事實也一如所料），金融市場活動才有今日規模。

但是，如果在牛奶可能供不應求時，政府能夠也願意出手介入，供應商就更沒有理由要維持一定庫存。政府也會因此得時常出手干預，這麼一來牛奶供應看起來就更不穩定。干預的必要性獲得自我合理化，干預政策將無法穩定市況，反而是讓市場更動盪不安。廣泛說來，這恰是銀行體系的遭遇。蓋特納似乎未能看出其中的道德風險。它在二〇〇八年之前已存在，如今更是隨處可見。

牛奶也好，金錢也罷，要是供應鏈的流動性不足，無法應付一下子激增的需求及市場恐慌，就得依靠排隊或價格來分配現有供給量。這兩種機制都可見於多數市場。當存戶領取銀行現金的需求激增，一如北岩銀行的例子，銀行現有的資金便按照排隊來分配：排在前頭的領得到全額；排在後頭的可能得等，或是根本拿不到。當牛奶需求量乍然大增時，也是相同的情形：民眾排成一排購買牛奶，晚來排隊就買不到了。若需求居高不下，牛奶店或許會提高價格，可得的供給量就會用不同方式分配。排隊機制是透過拒絕某些需求為之，市場的價格機制則是讓一部分人打消買或賣的念頭。

有別於收受存款的機構，大多數證券市場訴諸價格機制。太多人想要把對某間公司的投資變現的話，該公司股價就會下跌。由於存戶能自由買賣股票，所以股東不用永遠抱著投資不放，公司也可以籌得永久資本。與銀行體系一樣，其中也有期限轉換的程序和「流動性」幻象：存戶相信（通常也都合理），什麼時候把錢拿回來都行，但如果所有人，或甚至只是許多人想拿回錢，多半會無法兌現。而且，就和牛奶、車票、存款的情況一樣，只要投資人還有信心，而且整個體系還有餘欲能應付短暫暴增的需求，這種肖想的幻象就能持續下去。等到現有的持股人準備好要等久一點再變現，或者找到覺得價格夠低的新的投資者，股價才會止跌。

這時候就需要**投機客**。實質上，他們就像當鋪老闆，暫時保有某資產，好滿足有急迫現金需求者。這等投機作為能使市場穩定，也有利可圖，就像當鋪一樣。投機客可以將耐心資本注入市場，讓被迫出售的賣方以一定代價兌現，直到尋得有意願的永久買方為止。如此一來，短期交易人能為市場提供流動資金。

你若和市場參與者聊起市場運作好壞的議題，那麼要不了幾分鐘（說不定只要幾秒鐘）就會談到市場的流動性。不誇張，不論是評估管制提議、技術創新，還是市場常規的變化，決定性的問題都是：它對市場流動性的影響。

現代金融市場對話本質上都是自我指涉，三句不離流動性正是最好的例子。金融的終端使用者（家庭、非金融企業、政府）都需要流動資金。這正是為什麼他們會持有存款，並辦理透支貸款或信用卡，同時如前所述，這也是為什麼銀行體系必須要能時時滿足他們的需求。

但是，這些終端使用者——家庭、非金融機構、政府——對來自證券市場的流動資金所需甚微。家庭的確為了應付緊急事故或退休生活，必須要能將投資變現；公司有時也需要大筆大批投資；政府必須要能發行新債，以償付即將到期的舊債。可是，即使市場一周（或一年）僅營業一天供小額交易，也夠滿足這些需求。畢竟，就像牛奶商發現的，人對現金需求激增多半只有兩種原因：一是買車、環遊世界等沒啥關連的決策，二是預想得到的事件。耶誕節讓我們存錢的能力少了，對事物的渴望增多（還不只是多喝牛奶而已）。

現代證券市場中的價格起伏相當可觀，讓人不禁大大懷疑，終端使用者對證券市場流動性的實質需求——有信心能夠很快以合適價格在合理時間變現持股——已經被更好的滿足，或是獲得滿足。

需要極大的流動資金，要能毫秒內鉅額交易（或至少是交易），都不是「來自終端使用者的需求」，而是市場參與者創造出或認為應該要有的需求。通常，對交易人員提供市場流動資金的讚揚，其實講的就是交易機制——他們的觀察沒錯，但是不具有一般利益。

高頻交易的交易員，使用電腦向別的電腦出價買賣證券。他們聲稱高頻交易佔了英美股市交易一大部分，說不定還超過一半。交易所花錢吸引這樣的「流動性」，交易員則花錢讓自己的電腦能靠近交易所電腦，以便更快接收與交易及管制政策有關的訊息。「廣布網絡」公司那條貫穿阿帕拉契山脈的線路就是用來服務高頻交易員。對高頻交易員來說，一毫秒已算是漫長時光。

不過，按照本章對「流動性」的定義，這些人對市場流動性全無貢獻。他們並未向市場供應資本，因此無法讓市場更能滿足突發與異常的需求，不至於停擺。多數時候，他們只是在每個交易日結束時「結帳」。

有時候對「流動性」的衡量取決於對進出價差的影響，也就是同時買賣同一份證券所損失的金額。由於不太可能有人做這樣的交易，因此這樣衡量的意義不大。真正要緊的是交易的整體成本，而這一點不僅取決於價差。還取決於價格水平。

當投機客把資本注入市場時，能協助提供流動資金，而且他們的活動規模比長期投資活動要來得小。然而，如果市場裡多半是短期投機客彼此交易時，又是另一回事了。在熱門體育賽事一票難求時，賣黃牛票的小販很管用。不過，要是絕大多數賽票都在黃牛手上，票價就會起伏不定——主要看其他黃牛對未來票價的預期——真正體育迷的需求反倒沒人理。

「流動性」在某種程度上就是個幻象，而且不只對提供流動性的人，對整個社會來說都是個有利的幻象。可是，很多人把**流動儲備**和**市場交易**額混為一談。短線交易提供的明顯流動性其實是一場錯覺，因為它只會在你不需要的時候才拿得到。遇到全球金融危機，恐慌心態導致大家都搶著要安全短期資產，但全體金融交易員無能（也不可能）滿足這等需求。對牛奶商來說，唯有當想要的人不多，他的供給才能隨時補上；滿足需求的能力基本上受限於牛奶的量有多少，換到金融市場的例子，則是耐心資本。

唯有政府介入才能提供這樣的耐心資本。不過，正式介入卻會讓道德風險加劇：唯有靠暗示未來會有進一步的干預，才能讓這麼脆弱的架構能存續。魯伯特．布魯克詩中所指的流動性，歸屬於法蘭德斯戰場，終究也奪走了他和眾多同袍的性命。他們是短期活動的受害者，在決策時看似合適，但是日積月累卻導致有難以預見的後果。政府體系對全球金融危機的應對之道也是相同的情況。撐住了這些未能因應使用者需求的產業結構後，政策制訂者固然保住了金融體系，卻也讓引發動盪的制度得以留存。在後續章節，我會說明這讓企業、家庭、經濟成長及經濟政策承受哪些不良後果。

多元化

你看，愚人會說「別把所有雞蛋放同一個籃子。」但這不過是要你：「把你的錢和注意力都分散開來。」智者會說：「把所有雞蛋放進同一個籃子，然後——看緊籃子。」

——馬克．吐溫，蠢蛋威爾森的日曆（Pudd'nhead Wilson's Calendar），一八九四年

金融仲介可促進多元佈局。多個計畫的一小部分，比起單一計畫一大部分要來得低風險。擲一枚硬幣一次，結果不是贏就是輸。擲三十次，有百分之九十八的機率贏十次以上。和有同樣目標的一群人共享一群資產的風險與報酬，意味著你可用較低的總損失風險來獲得同樣的平均報酬（但同時間也降低了大賺的可能性）。在建立投資組合時，每人都可以，也應該要套用以上原則。

專業仲介人士可以提供現成的多元組合，讓存款人購入共同基金或投資公司的單一證券，買入一部分投資組合。

擲硬幣的遊戲可有效減低風險，是因為連續投擲的結果是獨立的。多元組合要能最有效，組合中各項資產的價值也得要不相關。例如，利率激升的風險，和抗癌用藥未能通過臨床試驗的風險沒關係，也不影響蘋果電腦新系列產品滯銷的風險。只要買入夠多元的投資組合，像我這種保守投資者也投資高風險標的。在統計學上，「相關性」是指兩相異變數（如蘋果電腦的股票價值和長期債券的價值）一起移動的程度。了解並判斷「相關性」是仲介者能否有效管理投資組合風險的關鍵。

如果各自夾帶的風險都不一樣，少量證券便足以提供有效的多元組合。另一方面，性質相近的證券就算有一長串，也沒法做到真正的多元化。投資位於不同經濟產業及國家的公司，曾經是很有效的多元佈局法。但現今的大企業涉足多種生意，規模遍及全球。這些企業有著共通的銷售概況，所以，瑞輝和葛蘭素史克藥商，或是石油業艾克森美孚和殼牌公司的命運其實都非常相似。因此投資組合裡有一堆跨國公司，其實無法成就什麼多元佈局。

第一章提過的那項「扼殺了華爾街」的「高斯關聯相依」公式，是拿來計算在資產擔保證券中，個別違約之間的相關性如何決定了整體違約率。但是，公式得出的答案能有多準，全看填入的數據而定。經濟狀況一變，相關性也跟著變。在經濟蓬勃發展、房價上漲、信用額度容易取得的時候，很少出現抵押貸款違約情事。拖欠貸款的原因，通常是因為身患重症或家庭破碎等悲慘事故。就像作家托爾斯泰的著名觀察：不幸的家庭各有不同的苦，而且這些苦難彼此並無關係。

葛林斯潘在二〇〇八年國會聽證上，解釋信用評比機構用來評估抵押貸款擔保證券的數據，是取自這樣良好的經濟大環境。可是，一旦房價停滯、信用緊縮，這些因素便會影響所有購屋者償付抵押貸款的能力。由於相同的經濟力量在所有地方都起了作用，貸款違約就不再是獨立事件。

「相關性」是數學術語，但是要瞭解關連的來源，除了量化知識外，還需要質化知識。光靠電腦和龐大的資料集（dataset）是不夠的：你還得有在地知識，並理解作用中的經濟流程。在地方分行和高爾夫球場學到的知識，可能和解決數學難題的能力一樣有用。

金融經濟學的基礎是資本資產定價模型。而對資本資產定價模型而言最關鍵的，就在於區別會影響所有公司與家庭的一般經濟風險（像是利率以及房市的狀態），以及屬於個人的特定難題（離婚與疾病）。商業風險有部分屬於特定企業的具體情況，有部分則涉及經濟大局的興衰。資本資產定價模型將這兩部分稱作「獨有風險」與「市場風險」。在重大計畫成本超支，或是公司經營不善市佔率下跌時，就會有獨有風險。經過妥善多元配置的投資組合，會累積各式各樣獨有風險。（資本資產定價模型暗示，建立這等投資組合所承受的風險固然較低，但收益也較低：不過，我建議讀者別理會這個建議，建立多元投資組合就對了。）市場風險通常以β係數來衡量。此係數衡量的是，特定股票的價值與整體股價指數走勢的關聯。我會在第七章回頭談談這難懂的資本資產定價模型。

然而，要選擇互不相關的投資並非易事。雪上加霜的是，**在交易文化裡，價格變成是代表其他交易人的共識**，和底層的基本價值不太相關。各國央行推動的一波波信用擴張，特別是美國聯準會、歐洲央行、英國央行、日本央行在全球金融危機後採行的方案，使各式資產的價值水漲船高。證券價格因此常有波動，引發投資人尋求與現有投資組合脫勾的「另類資產」

傳統上的「另類」投資標的是像黃金、藝術品、骨董車、美酒等投資：但這些商品數量相當有限。隨著投資人的興趣越來越高，這些資產的價格也漸漸與主流資產的價格連動。自一九九〇年代起，投資多元化新興企業的私募股權基金，和施行跳脫常規投資策略的避險基金，成了投資人用來分散投資的「另類資產」最愛。

一開始，避險基金經營者是索羅斯、朱利恩．羅伯森（Julian Robertson）等傳奇人物：「長期資本管理」公司是其中最出名者。但是在二〇〇〇年新經濟泡沫破滅後，退休基金和投資大戶將資金投入所謂的「另類資產」。隨著「另類資產」的需求上升，隨之增加的「另類資產」供給卻也越來越像是現有資產的重新包裝。避險基金建立衍生性商品投資組合（也就是一組組的證券化貸款），會隨著一般經濟發展而行；私募股權基金則投資於既有大型公司，和公開上市公司沒什麼兩樣。其實，較晚成立的避險基金，差不多就是收費高昂的交易基金：一般會收取資產的百分之二作管理費，再外加獲利的百分之二十。某些搶手的基金收更多。整體而言，雖說少數避險基金表現卓越，但從避險基金裡賺到錢的是基金經理人，而非投資人[8]。

藉由金融仲介者來進行多元佈局，對投資人而言仍是有價值且較為便宜的辦法。集合投資基金一開始便是推出這個理由來說服投資人，說小散戶可以藉此購入他們無法自行打造的多元基金。要建構多元化投資組合，有個簡單、偷懶，並因此便宜的方法，就是把所有買得到的股票都買下來。一九七〇年代，仲介者有了電腦，很容易就能推出擁有成比例各種證券的基金。針對效率市場假說的學術研究（鼓勵質疑經理人技巧技能的真實情況），催生了指數型基金，或稱被動型基金。幾年內，單純持有標準普爾等指數裡所有股票的被動型基金在仲介市場紅了起來，不只股市，就連債券，甚至是地產投資人都趨之若鶩。在第七章，我會進一步討論被動型基金的成長。

等到**指數型股票基金**出現後，局面又更為複雜，這樣的指數化證券本身也是可以買賣的。接下來則是合成式指數型股票基金，它實際上並未持有價值與指數型股票基金連動的資產。如今，指數型股票基金達數百種；某些指數型股票基金的市場價值及交易量，還勝過其標的證券的市場價值與交易量。果然，金融界的好東西永遠不嫌多。

最重要的是，利益也不嫌多。在下一章，我會檢視金融化一關鍵特點：金融部門的帳面利潤及從業人士的報酬都見上揚。不過，讓我們先看看，讓兩者得以上揚的一項關鍵工具：金融槓桿。

金融槓桿

無知加上金融槓桿，結果耐人尋味。

——巴菲特論全球金融危機，二〇〇八年

不論是決定要儲蓄或投資，都牽涉到**資本供給與風險承擔**。把錢存在銀行，你要冒的風險是銀行不還錢。投資一家公司時，你把資金提供給公司，但你不能確定會在什麼時候以什麼方式獲得報酬。當你買股票時，你也不確定公司何時會發放股息，或是萬一你要出售股票時股價會如何。

金融槓桿可調節風險與存款的搭配，滿足特定借款方和放款方的需求。需要投資資金的企業，一般會想要用貸款搭配股權融資。放款方提供資本給企業，但擔負較小的風險。擁有股權的股東提供的資本較少，但擔負較大的風險。房地產抵押貸款也是以同樣方式運作：放款方提供多數所需資金，握有產權的屋主則必須自籌餘款，並擔負大部分風險。大體而言，報酬高者風險也高，反之亦然。

要將風險承擔與資本供應徹底分開是可能做到的，但並非上策。勞埃德保險社的傳統架構正是這麼做。按慣例，保險公司留有儲備金，以支付理賠。但勞埃德保險社的「名人」們（亦即，出錢支撐保險社的富裕社員）單純就是同意接受因承保而起的損失與收益。抵押貸款擔保證券的交易試圖讓風險承擔獨立於抵押貸款市場的資本儲備。信用違約交換看似能有效將貸款風險和資本儲備區隔開來。上述發展都沒有好下場。了解箇中原由，可以說十分重要。

一九八〇年代證券化剛開始的時候，只是想把一堆貸款包成一包。但在接下來的十年隨著擔保債權憑證的漸次開展，套裝方案也隨著切割為幾個優先順序不同的小包。借款人支付貸款方案的利息或本金時，款項會首先償付擔保債權憑證的優先部分。接著，是次順位和中層順位券次。最後，若所有標的貸款都清償完畢，才輪到最低順位（或稱「權益分券」）的持有人。任何證券在這層級體系裡的位置越低，風險越高，因此被承諾的報酬也越高，只是未必拿得到。套用唐．科恩形容「葛林斯潘主義」的話：左切右切，好讓金融機構可「更加精準地選定其風險概況」。

然而，就像比較簡單的槓桿機制，重新包裝並無法改變貸款投資組合的總體風險。一批貸款沒怎麼審查就貸給不可靠的借款人，是不可能化腐朽為神奇的[9]。光是看到買賣這些證券的幾乎是同一批銀行，就該有所警覺：葛林斯潘主義並非實情全貌，甚至只占其中一小部分。

資產抵押證券和後續擔保債權憑證的進展，大幅擴展了信用評比市場。不久，夠格獲評「三A」最高等級的債券，不再如以往是出自艾克森美孚和德國政府債券，而是資產擔保證券的各分券。至於信用違約交換（和其所擔保的債券）的價值全取決於保證人的信用評等。因此，美國國際集團遭降等，就使得債券投資組合的安全性大受傷害。

那麼，這一切所為何來？想說明各式金融槓桿對投資人吸引力、何以這般盛行，最好跳脫標準金融理論的窠臼。金融槓桿讓適度風險得以分割成「債務」與「權益」兩項構成要素。前者可提供可預測的報酬，承受巨額損失的機率較低。後者的報酬則變化無常。但兩者都大有問題，會招致估價錯誤。

許多組織與個人都不善於應付不太可能出現巨額損失的情況。我常開車上法國的高速公路，那裡很常出現「逼車」的情況。高速行駛的車輛緊貼著你的後保險桿，閃大燈要你讓路。大多數時候逼車者都能成功：這些不耐煩的駕駛人（通常是男性，但也不是每次都是）抵達目的地的時間會稍微提早了一點。當然，有時這樣開車的人根本沒能抵達目的地。

逼車行駛，能讓人持續有小收穫，偶爾才會碰上大災難。開車跟得近的人說服自己（或許還包括其他人）：成功是因為技術好。車禍總會發生（法國的交通事故率高到連交通部長都出面喊話，要國人學「英國人那樣開車」。）但是在車禍事故原因裡確有著「認知失調」的成分在內。車禍受害者把自己的不幸怪罪於別人，而且通常都振振有詞。他們說逼車行駛所導致的車禍，都是因為近因引發的，比如路上有障礙物，或者別的駕駛人出了差錯。同樣的認知失調讓銀行業者說服自己和他人：全球金融危機並非他們的魯莽行徑所引起。

就報酬分布來看，逼車行駛得到小利的機會很高，承受大災大難的機率很低。金融經濟學者將此類交易形容成「大賣特賣價外期權」。這等報酬分布不易評估與管理。會計在寫財務報表的時候，一直很難妥善呈報有可能出現卻多半不會發生的事件。在傑克遜谷研討會，拉詹便是向會眾述說此「逼車」現象，但聽者藐藐[10]。

大多數交通當局都認為，逼車導致的意外其成本與後果遠過逼車成功得到的好處。然而，唯有經過長時間的多次觀察才能確立此一命題。再說，這樣的調查大概也阻止不了眾多逼車者的愚蠢行為。他們會繼續假定，不管整體開車人口的統計結果如何，都不適用於他們這種駕駛好手身上。話說回來，他們說不定還真沒想錯。

說起讓人們覺得很難妥善估價的證券，「價外期權」只是其中一個例子。套裝方案去除了債務要素後，就剩下反覆多變的權益部分。這種種分布情形，本身就說不清的。如此估價，難免教人錯判。有時，人們高估了資產對自己的價值，有時則是低估。但是，要把假的林布蘭特畫作賣給誤以為是真畫的人，要比賣給誤以為是假畫的人容易。所以，錯誤不會彼此抵消。資產所有人比較可能是那些高估其價值的人，而不是低估價值者。這個問題，就是學者說的「贏家的詛咒」[11]。

但只要物品的性質或價值有不確定性，很多買家會買下都是因為錯誤。而證券市場向來充滿不確定性。這就是為什麼會有這麼多交易。沒人說得準某張股票的價值。沒人打包某筆貸款能得清償。貨品或貨幣的價值，向來都很難斷定。

你每買一張股票，都是購自某位想出售的賣方。但這也表示，有很多其他的人選擇不以你同意付出的價格買入股票。光這點，就足以讓你在每次買股前三思。蘇格蘭皇家銀行就是因為願意給出比其他任何銀行都要高的價碼，才得以收購荷蘭銀行。而幾個月內，贏家的詛咒重創該行，還賠上執行長的名聲。贏家的詛咒是很普遍的一般問題，但是在金融槓桿興起所造成的結果分布高度波動的情況下會特別重要。對獲益大小及附帶的機率，即使只是小小判斷失準，都可能使交易人對價值的基本誤判。

逼車行駛和贏家的詛咒能解釋許多金融槓桿所產生的愚行。但其他的愚行，則出於因為有機會拿他人錢財來下注。雖然在金融業，許多報酬機制都具備不確定性——這應該是為了讓委託人與代理人的利益一致——不過，其中卻壓倒性地獎勵賺錢的交易而非賠錢的交易。而這也連帶使得大家會採取結果極難捉摸的交易行為。

還有別的因素能說明為何進行金融槓桿是有利的。由於利息與資本利得的稅制不同，有些人會想要扣除利息，採計資本利得，有些人則否。這麼一來就創造了值錢的交易機會。不過，對這些人的好處整體而言也被對納稅人帶來的壞處所抵銷了（可能還得倒貼）。

幾乎在所有現代金融危機裡，**問題都在於金融槓桿**。使用金融槓桿，能更有效率地持有並管理風險，從而提升金融效率。然而，但是使用金融槓桿也讓愛逼車者和用他人錢財下注的賭徒有機可乘，同時創造出很多受贏家詛咒所害的機會。這些機會在「大穩健」時期被用到極致。等全球金融危機發生，德意志銀行的負債是股本的五十倍以上。而我在第六章會提到，就連此數字都低估了金融槓桿的影響程度。

在銀行體系的風險逐步升高之際，柏南克、葛林斯潘、蓋特納等人到底有何想法？也許，辛克萊給了我們答案：不管在政治或意識形態上，別太仔細察看或分析才好辦事。但即使是現在，政治人物及大眾也準備好相信，那些聰明而高薪的金融人士從事繁複難懂的交易時，完全知道自己在做些什麼，並非無知與糊塗之舉。各種細密的數學演算肯定是用上了吧。

然而，這份信心從以前到現在都沒有合理依據。大型金融機構的事務無從探知。交易中的金融工具讓人一頭霧水，而且通常無從評價。各機構使用的風險模型，基本上無助於理解極端事件的衝擊（當然風險模型本該要考量到的）。二〇〇七年爆發全球金融危機的時候，高盛財務長大衛．維尼亞（David Viniar）宣稱該行數天來接連遭遇「二十五標準差」的事件。但懂統計的人（維尼亞肯定是其中之一）都知道，不可能在短時間內發生多起二十五標準差事件。他想說的其實是，自家公司的風險模型無法描述發生了什麼事。

一般而言，極端觀測值是超脫理論模型的事件所造成的。假如投擲一枚硬幣一百次，每次都擲出正面，你很可能是碰到統計學上的反常現象。

不過，請先找找看是否有更簡單的解釋。那些自視為世界主宰的金融界人士，表面上莫測高深，實則對眼前的事情完全不懂。

「4章」

利潤從何而來？

聰明人

雖然銀行交易的原理看似深奧，但其實務可簡化成嚴格的規定。背離這些規矩，以投機賺取暴利，幾乎永遠是極度危險，對於嘗試這麼做的銀行企業而言更是致命。

——亞當．史密斯，《國富論》，一七七六年

一九九五年，我坐在西約克郡哈里法克斯鎮中心摩登大樓頂樓的八角大桌前，目睹哈里法克斯建房互助社董事會開會實況。互助社的規模遠過於昔，但卻沒離開發源地多遠。一百五十年前，當這間全球最大的抵押借貸機構還只是個互助社團時，開會地點就在對面酒吧樓上一間小很多的房間裡。

董事會當天討論的提案是，管理互助社日常持有現金的財務部門，不該只單純服務業務需求，也就是將存款戶的錢借貸給有意買房的人。財務部門應該積極主動參與金融市場，成為另一處利潤中心。幾年前，互助社在英國最主要的競爭對手「艾比」（Abbey）已不再是互助公司，而且其資金活動獲利甚豐。互助社何不比照辦理？董事會規劃拿「債務工具」來交易：通常是指政府公債或其他金融機構的債務。互助社充分利用拉涅利在推銷定息證券市場上的革新。尼克．卡拉威讓位給了薛曼．麥考伊，而哈里法克斯建房互助社等不及要大做一筆。

此後，許多金融機構持續因交易活動而有帳面收益。近年來，投資銀行的利潤主要源於買賣**固定收益、貨幣和商品**（FICC）。然而，債務證券和貨幣的總值是固定的，商品價格固然起起落

落，長期趨勢卻是向下。個別企業和交易人能因為別人虧損而賺到錢，但從整體來考量交易活動時，卻不能是這樣。

這就讓我想問：資金交易的利潤從何而來？我們所預期的收益，來自誰的損失？這一問之後，其他董事的回答很不客氣，把我送去再教育，讓交易員替我解惑。但我並不覺得茅塞頓開。據說，公司能得利，是因為雇用的交易員比較聰明。但我遇過的交易員，看上去並不特別出色。而且，也不是每個人都比其餘的人聰明。

不過，在很多方面，某些人確實是比較聰明。有人就是能看穿證券的基本價值；有的交易員擅長預料同行的心態和情緒變化；有的人擅長解析證券市場產生的大量數據。這三大金融仲介類別可分別稱作投資、交易和分析，而從事這些活動者是投資人、交易員，和量化分析師。在金融化年代裡，這三大類活動情況，以及金融仲介在本質上的轉變，從股市裡是最能看出，或許也是最重要的例子。

巴菲特是史上最成功的投資客，靠著少少本金，錢滾錢成了全球鉅富。而他的「波克夏海瑟威」公司如今是美國最大的公司之一，擁有全球最大再保公司「政府雇員保險公司」（Government Employee Insurance Corporation，GEICO），業務更多元到包括利捷航空（Netjets，商務客機出租）、衡平（Equitas，為了替勞埃德保險社收拾爛攤子而創設的保險公司）、以及喜思糖果公司（See's Candies）。波克夏海瑟威同時也持有可口可樂、寶僑家品等重要上市公司的大量股份。巴菲特與眾不同之處，在於其手法極為單純，看不起金融業的傳統觀念，且不願意投資難以理解的事項。

巴菲特每年都在致公司股東信裡娓娓道出他的投資哲學，由老牌商業報導記者卡羅．魯米斯（Carol Loomis）共同執筆。他說過，永久持股最合他的心意[1]。

在歐洲不乏與波克夏海瑟威可相提並論的企業。瑞典的銀瑞達集團（Investor AB）負責替華倫堡家族（the Wallenberg family）操作投資，同樣擁有相當多元的業務，包括多數發跡於瑞典的全球公司，如阿斯特捷利康（AstraZeneca）、愛立信（Ericsson）、艾波比（ABB）的大量股份，但令人意外的是就連那斯達克交易所都有很大一部份歸銀瑞達所有。不過，巴菲特的成功並未在英美颳起效法之風。

在著重基本價值的投資人中，最有成就的都像巴菲特這樣，對自身投資的公司知之甚深。選股投資者雖無此般企圖，卻也是精心評估公司前景後才下手。常有人稱安東尼．波頓（Anthony Bolton）是「英國版」或「歐洲版」巴菲特[2]。在美國，同樣聲譽卓越者，還有靠著善於選股讓投資成效持續優於市場指數的比爾．米勒（Bill Miller）和彼得．林區（Peter Lynch）。然而，這些人全在最近退休，巴菲特本人更是年逾八旬。縱使仍有少數人以選股有成著稱，如英國的尼爾．伍德福德（Neil Woodford）和美國的丹尼斯．林區（Dennis Lynch），但選股巨星的年代似乎已走到盡頭。

不過，選股少有能持續有成者，基金經理人數量多少數幾人似乎只靠運氣便能迭有成果。即便是彼得．林區、米勒、波頓，等他們從投資場退下時，名聲也不若以往響亮。分析指出，讓小額投資人能有多元股票投資組合的共同基金，其績效不僅一般低於市況，而且能持續超越大盤的程度也非常小。

在以經濟基本面為決斷重點的傳奇避險基金經理人裡，幾乎只有索羅斯一直能維持成功。朱利恩·羅伯森、維克多·尼德霍夫（Victor Niederhoffer）在一九九〇年代讓自己和客戶大賺特賺，最終卻虧損殆盡。約翰·包爾森預料到次級房貸會在全球金融危機中崩盤，憑藉出了名的「大賣空」賺進天文數字，但後來在金價的豪賭上損失慘重。

巴菲特說，他買股的準則是，即使股市休市十年他也會開心[3]。老先生在投資場打滾這麼久，成果這麼傲人，說這種話自然無妨，但後生晚輩不能。證券的長期收益固然取決於基本價值，短期收益卻端賴其他交易人的評估。

企業越趨複雜，價值水平也隨之變長（也就是某事件要更久才能正確反映在企業價值上），但同時間表現水平（也就是資產經理人績效衡量的時間）卻變短了。因此，才會有第一章所說的「交易員的興起」：獲得獎勵的「聰明」，是能夠善於預料同行的心態和情緒變化者的聰明。同時，代理人／交易人、經紀人／自營商的差別也逐漸消彌。此新型態的「聰明才智」，不在於以資產管理公司為仲介所提供的投資者服務，像是聘僱了安東尼·波頓和彼得·林區的富達（Fidelity），和聘僱比爾·米勒的美盛集團，而在於讓主導造市的投資銀行獲利。

這樣的轉變也影響了公司行為。對交易員而言，企業在競爭上的優點與缺點無關緊要，即將公布的財務報表會帶來的市場衝擊才是重點。公司被季報與營收管理卡死，得「**達到預定績效**」：財報結果必須略微超出市場預期。財報與管理的循環也越來越與企業的實際狀況脫節。

投資人著眼於經濟基本面，交易員緊盯著彼此的舉動，量化分析師鑽研數據。依循歷史價格序列來交易，一度稱作「技術分析」或「圖表分析」。如今，（現在仍有「圖表分析師」）。這些專家從價格數據的圖表中找出模式，並取了引人注意的名稱，比如「頭肩部」、「雙底部」。這是偽科學的假話，金融版的占星術。不過，自一九七〇年代人們創設金融衍生性商品市場和相關數學演算法以來，比較複雜的量化手法證實的確能讓某些人從中獲利。

從「套利」可以帶來些許獲利機會，亦即觀察相關證券的價格變動有何規律。例如，衍生性商品的價格，顯然會追隨標的股票的價格。想套利，就得持有對應部位，在差價超出常態範圍時買入一證券，售出另一證券。於一九九八年轟然倒閉的「長期資本管理」公司，便廣泛使用套利手法。這家避險基金扛著兩位諾貝爾經濟學獎得主——羅伯特．莫頓（Robert Merton）與麥倫．休爾斯的招牌，創辦人約翰．麥里維瑟（John Meriwether）則在一九八〇年代領導所羅門兄弟公司的交易運作（也就如麥可．路易士《老千騙局》一書的描述），開啟日後 FICC 爆炸性成長的先河。「長期資本管理」公司的雇員，多半是麥里維瑟的老同事，內行人通常把「長期資本管理公司」稱為「北方所羅門」。最終，接管該公司的投資銀行進行清算後還有獲利，替凱恩斯的名言下了最好詮釋：**「市場不理性時間，有可能比你保有清償能力的時間還長。」**[4]（不過，這話也許不是凱恩斯說的。）

更近期，對交易模式的數學分析，讓精於演算的交易員能藉證券價格的微小變動獲利。這些走量化分析路數的基金中，以吉姆．西蒙斯的「文藝復興科技」基金（Renaissance Technologies）最能持續有成。二十多年來，這家基金為投資人賺進驚人收益，也收取同樣驚人的費用。在投身金融界前，西蒙斯原本就是傑出數學家。

很早就以量化分析路數走出一片天的金融從業人士，運用細密方式找出數據中反覆出現的模式，再用「長期資本管理」公司那樣的手法，藉反常情況套利。高頻交易利用電腦在極短間隔內接連交易或出價。若交易前確實曉得其他投資人有意出售或購入，便有違法之虞。如果僅出於猜測，或是以電腦由另一方對我方出價的回應推敲出其意圖，則不算違法。

仿效「文藝復興科技」基金的做法而成功的案例，包括大衛·哈定（David Harding）於英國設立的「元盛資產」基金（Winton Capital）。這些基金的交易全以電腦進行，獲聘的交易員一般都是數學或物理學博士，他們專精於設計出電腦演算法。

單靠分析價格數據，無法產出任何交易證券相關的資訊，不知道它是什麼外幣、貨品、公司，而衍生性商品也是依據這些證券價格而來。將芝加哥與紐約間的資訊傳輸時間縮短至少於一毫秒，或許能賺錢，前提是，這份網路進用權可以選擇性地出售，讓某些交易員能受惠於專屬傳輸，但微乎其微的毫秒之差，基本上對世人是無益的。

整個來看，既然 FICC 交易算不上有利可圖，接收到資訊的交易人之所以得利，必然是因為其他市場的人士承受到損失：實質上，這種種利潤代表一種稅，其他使用者若想規避，最好把交易降到最低限度。所以，資金交易的獲利到底從何而來？

競爭

「我和推逗弟非打場小架不可，我不介意打久一點。」推逗哥說。

——路易斯．卡羅，《愛麗絲鏡中奇緣》（Through the Looking Glass），一八七一年

世上確實有聰明的交易人，但為數不多：巴菲特、索羅斯、西蒙斯、哈定，便是其中犖犖大者。他們善用聰明才智，在證券市場進帳滿滿。至於其他人，不少純粹是運氣好。眼看成功投資客坐擁驚人收益，鼓舞了許多才能平庸者躍躍欲試。這下就出現了矛盾。聰明人獲利，是因為沒那麼聰明的人虧損。不過，金融界能有些聰慧之士，或許可使人人都口袋滿滿、無論賢愚。

購物時，你會想買最好的。手術時，等外科醫生準備動刀時，你才後悔先前不該貪小便宜找收費便宜醫生。要是打算賣房，多花點錢請人幫你交涉個好價格，絕對划得來。要是可能被判多年徒刑，你當然想找最好的律師。

你其實不敢肯定，多花錢就能讓自己挨過手術、以最好的價格出售房屋，或是躲避牢獄之災。但你猜測這樣贏面會大一些。對許多這類產品而言，很多時候討價還價不僅不得體，而且不智，暗示著買方其實不想要優質產品或服務。在這些活動上，主打廉價的商業策略多半難以成功。如果某些人才值得花錢聘雇，但我們又很難斷定哪些人是人才，那大家都可以收取高價[5]。此機制多少也說明金融界何以有高利潤和高報酬。

另外，若該項目只占整體交易支出的一小部分，也常會讓價格競爭徒勞無功。人們會為了省

小錢，開車到別的店購買雜貨，但不會為了同樣數目的錢而開車到別的店買家具。想想其實沒什麼道理，卻肯定是很多人的感受。然而，非常「大筆金額」的「一小部分」，也是一筆大數目。基金管理費每年抽成百分之一，感覺或許不高，而且就當下標準來說也的確如此。但十萬英鎊的百分之一就是一千英鎊。換成總值五百億的競標，相當於抽成四百分之一的費用看似很少，卻也有一億兩千五百萬之譜。這等高收費並不罕見：執行長拿最多，而且一般說來他們花的正是別人的錢。

話說回來，企業顧問最教人意外的金雞母，在新發行市場，因為抽成比例不，而且這筆錢多半來自於各家公司的創辦人和早期股東。在美國，初次公開發行（IPO）的費用標準是百分之七，很少打折（在歐洲，費用普遍較低，變動也較大）[6]。不過，沒有證據顯示個別企業聯合起來壟斷局面，實際上也多半沒這回事。一切全奠基於強烈共識，覺得維持現狀對全體都有好處。

通常，**「管制」是「競爭」之敵**。當管制把商業行為寫得一清二楚時，各家公司肯定會做出類似的行為：管理方和受管制者都會採取「最佳做法」的概念。與管制單位關係密切的現有公司，或許會利用管制來抗拒創新，阻撓新興公司進場。我會在第八章詳細述說此「管制俘虜」（regulatory capture）現象。在這裡還得指出一點：在管理這些管制規範時，也可看到規模經濟。現有公司會聘僱管制專才：一家大銀行雇用的管制專才可能數以萬計（根據JP摩根的報表，光是二〇〇三年就增聘了一萬一千名「合規與監管」人員），較小的公司只能聘請顧問，在有限範

圍內借助其管制長才。在遊說管制單位和立法機關上，也能見到類似的規模經濟。

但是，單是消費者不願更換供應商，便是零售金融服務的一大競爭阻礙。業界有句很出名的玩笑話：消費者更換配偶的頻率，還高過換銀行的頻率。每家銀行看上去都一樣：做推逗哥的忠實客戶就好了，何必換成推逗弟？不管哪種金融產品，都會遇到零售買家的內在慣性。在零售銀行的產品中，信用卡向來利潤極高。儘管競爭者積極拉攏新客戶，但先卡位的銀行，尤其是美國銀行（Bank of America）和巴克萊銀行，仍舊佔有相當地位。無論如何，很多人就是不想購買金融服務，因此將花在這方面的時間和金錢降至最低。

就當今金融服務來看，當個忠實的零售顧客早就沒什麼好處。當以交易為本的文化取代了以人際關係為本的文化時，就表示想談成對自己最有利的買賣，就得貨比三家斤斤計較，而非靠信任。顧客卻還沒認知到這項嚴峻的現實。

然而，靠顧客慣性和對價格的遲鈍來獲利還不夠，也不足以說明，高階金融雇員為何領取高報酬。大多數金融公司的目標，是在批發金融市場中確立「優勢」，進而提振獲利。哈里法克斯建房互助社的董事們談的，就是這一點。

優勢

會下金蛋的鵝一直被認為是最有價值的資產。但是現在更賺的是有權拿走別家的鵝生的金蛋。投資銀行業者及相關人等，如今便享有此種特權。他們以人民自己的錢財來控制人民。

——路易斯．布蘭岱斯（Louis Brandeis），《他人的錢財》（Other People's Money），一九一四年

參議員柯林斯：你是否認為自己有義務按客戶的最佳利益辦事？

史巴克斯先生：我的義務是和客戶往來時直截了當、開誠布公。實務操作上，我們在提供投資建議時是造市者。但作為謹慎、負責的市場參與者，我們的確有義務按客戶最佳利益辦事。

參議員柯林斯：（……）公司是否期望你按客戶最佳利益辦事，而不是按公司最佳利益？

史巴克斯先生：嗯，我在高盛的時候，客戶一向很重要，所以說……

參議員柯林斯：你是否能用是或不是回來我，你到底有沒有義務按客戶最佳利益辦事？

史巴克斯先生：（……）據信，我們有義務好好服務客戶。

——國會聽證，二〇〇〇年四月二十七日，

參議員柯林斯（S.M. Collins）是共和黨員，來自緬因州，

史巴克斯先生（D.L. Sparks）曾為高盛合夥人及抵押貸款部門主管

按照前投資銀行業者、眼光獨到的評論員菲利普．奧加（Philip Augar）的說法，「優勢」是投資銀行因位於金融體系中心而取得的有利條件：「**大型投資銀行比任何其他機構或組織都更知道世界經濟的情況**，超過客戶、小型競爭者、中央銀行、英國和美國的國會、財政大臣和美國財政部長。」[7]

這個說法很驚人，**但是真的嗎？**這些機構我多半去過，也和這些人聊過，聽過他們的報告，讀過他們的研究。投資銀行或許真的比國會或議會更懂世界經濟——不過英國下議院的圖書館有些簡報文件做得很好，我猜想美國國會圖書館也是一樣。至於奧加提到的其他機構，像是《經濟學人》及《金融時報》的新聞編輯部、「麥肯錫」一類顧問公司、頂尖的資產經理人，和許多學術研究機構的研究員，我不認為投資銀行對世界經濟的知識會強過他們。

奧加接著引了一位基金經理人的話：「投資銀行縱然擁有一切資訊，卻不連點成線。」儘管奧加對這些機構處理資訊的能力仍表讚嘆，但我認為這份懷疑是對的。即便投資銀行有能力連點成線，他們也不需要這麼做。在現今市場，不懂經濟發展、商業交易、全球政治也不打緊，只要能通曉其他市場參與者的動向就夠了。而這正是投資銀行擁有的知識，因此給了他們優勢。

「優勢」是個賭博術語。瑞士村民投保，英國紳士則是聚賭。包爾森和購買資產擔保證券的高盛顧客，是對賭同一事件的相異結果。「傳奇法柏」圖爾兄則荷包滿滿。

一般說來，只有賭博公司和莊家認為賭博長遠來看是有賺頭的。業者構思出種種產品，來迎合人對風險的特定態度（有人會說，是特定「弱點」）。吃角子老虎機閃閃亮亮發亮，賭場雇用俊男美女擔任荷官。轉輪盤、翻賭牌、掀起一波戲劇高潮。賭客受到鼓舞，以為自己具備高超知識與賭技，占盡優勢。經營賭博的專業人士收受賭注。他們設計遊戲裡的數學運算，好讓他們不管輸贏都會賺。在賭場賽馬場如此，在金融市場亦然。

要是投注在所有出賽的馬匹，或輪盤上的所有數字，鐵定會輸錢。賭博公司的目標，在於創造出「荷蘭賭」的局面，也就是設定賠率，讓他們不管怎樣都會賺。做法是調整機率以反映投注在每匹馬上的金額。原本，賭博公司得腦中快速演算繁複數學公式，但如今，電腦的運算速度遠超過人類。

賽馬莊家的優勢，來自於了解賭客。這批人對馬匹的判斷會有失誤，會為了各式各樣誤解而煩惱。他們會挑中意的名字下注，或是聽從朋友的小道消息。有些人從《賽馬郵報》（Racing Post）裡隨便勾一個，或許他們應該用飛鏢來射。結果是，太多錢押寶在獲勝無望的馬匹上，真有勝算者卻少有人投注。明白這點，賽馬莊家就會隨之調整賠率，在冷門馬脫穎而出時賠錢，而在熱門馬一如預期得勝時大撈一筆。

所以，這並不是因為賽馬莊家比別人更懂馬匹。或許他真的比較懂，但這種錯覺對賽馬莊家的危害，不下於一般賭客。在賽馬商心中，懂不懂馬匹不重要，能了解賭客心思，以及設定賠率所需的數學運算，才真正可貴。據說，亨利．霍金斯爵士是真正的賽馬行家。有少數人甚至能靠賭馬為生，但他們是例外。知識豐富的賭客是賽馬莊家大敵，但原因不在於他們能智勝過按賭注調控賠率的賽馬商，而是賽馬商害怕這些聰明人會把對賭馬認識不清的賭客嚇跑。因此，「招睞賭客」與「認識賭博風險的內在特質」這兩件事本質上是衝突的。

在金融化之前，報價商握有向來歸於莊家的「優勢」。他們藉買賣的價差獲利，受惠於對客戶習性的廣泛理解，而且只拿出少少的自家資本來承擔風險。當然，有時就連謹慎的報價商也會遭受意外事件打擊。這就如同賽馬商碰上大爆冷門的賽馬結果。

但是，「**經紀人兼自營商**」的興起，讓報價商對客戶的立場和意圖，有了既廣泛又具體的認識。隨著經紀人兼自營商及傳統報價商被納入金融集團之中，造市者可拿到的資訊還是變多了。現代投資銀行所取得的可觀優勢，不是來自對全球經濟的廣博知識，而是源於對金融市場的廣泛理解：亦即，通曉市場要角的身分、立場、意圖。這些正是銀行能夠連串的「片段訊息」，他們也真這麼做了。

運用此等資訊使投資銀行及其交易員得利，會產生內在的利益衝突。但這衝突並不限於問題重重的「經紀人兼自營商」關係。現代投資銀行的業務一般包括：在初級市場發行證券、替證券次級市場造市、提供企業建言、代表投資散戶及投資機構管理資產、從事自營交易。這些活動中每項都可能互起衝突。舉例來說，對高盛大加撻伐的，不只參議員柯林斯而已。德拉瓦州是美國企業訴訟主要戰場，其首席法官李奧·斯特瓦恩（Leo Strine）抨擊了高盛在金德摩根公司（Kinder Morgan）收購艾爾帕索（El Paso）石油業務一案中的多重利益衝突[8]。簡單說，高盛建議客戶艾爾帕索公司接受金德摩根公司大幅調降的開價，但高盛本身其實持有金德摩根公司大量股份，高盛合夥人因此能從中獲益。

高盛的業務行為準則與倫理的第一條是「永遠將客戶利益擺第一」[9]，也許以前真有過這樣的時期。畢竟，在一九七〇年代，該公司的資深合夥人葛斯·列維（Gus Levy）喊出了句口號，叫「**長線的貪婪**」。這意思是：高盛的成功繫於維持客戶的信心[10]。但是，合夥公司的架構瓦解後，「長線的貪婪」變得沒那麼吸引人。在「傳奇法伯」圖爾施行「智識層面的自瀆」時，在意的是自己的分紅，而非高盛的長期健全。

拉哥斯市的網咖是詐騙集團的大本營。他們引誘你來助長違法交易，賺取巨額傭金。按這些罪犯的說法，受請託所騙的人叫「穆谷」（mugu）。「穆谷」們自以為從非法行徑中取利，其實卻是受害。而「穆谷」不虞匱乏。伯納德．梅道夫有些客戶曾懷疑他有不法勾當。但他們猜想，梅道夫是不當利用得自於其他活動的資訊來獲取驚人收益。於是，投資銀行的客戶往往相信，銀行的「優勢」（亦即由廣泛的金融服務取得的市場內線資訊）會用來增進客戶利益。

但話說回來，就算懷疑「優勢」是讓內情人士受惠而非讓客戶受益的人，除了繼續和有巨大利益衝突的公司打交道，也找不到第二條路可走。又或者，他們會被造市規模的有利條件吸引過去。要知道，買家和賣家會被吸引到有最多賣家與買家的地方。這一點，在跳蚤市場或製片人與電影明星相會的好萊塢是如此，在金融期貨市場也是如此。結果，「**造市**」在本質上就成了寡佔行為，而且既存的有利條件很難取代。為首的那些投資銀行，順利在FICC的造市中確立主導地位，從而能盡情利用「優勢」。此外，金融機構在應對管制單位時佔了上風，也是另一項獲利「優勢」。

管制套利

仕女晚袍越見華美；
國庫官吏穿行於鄉城汙水溝渠，

要把欠稅逃犯追回。

——奧登（W.H. Auden），《羅馬的衰亡》（The Fall of Rome）

一九九七年，國際掉期與衍生工具協會請帕茲律師評估信用違約交換的法律地位。而帕茲也寫出了該協會想聽的法律意見：這些工具既非保險，也非賭注。畢竟，若是前者，就該當成保單來課稅並管制；若是後者，則該當作賭金來課稅並管制。總之，如果符合其中一種情況，那麼按照二〇〇五年前的英國律法，這類帶有賭博性質的契約便不能執行。

御用大律師的見解並不具備法院判決的效力。但管制與財政兩方面的權威都沒人挑戰帕茲的看法。此後，信用違約交換的契約大多按英國法簽訂，讓倫敦的律師從中賺了一筆。至於美國居民從事信用違約交換是否合法，則仍有疑慮。但在二〇〇〇年，由桑默斯和時任聯儲會主席的葛林斯潘所推動的《商品期貨現代化法》（the Commodities Futures Modernization Act of 2000）解決了這個問題[11]。

在帕茲的有利見解和美國決策者的熱切促成下，信用證券市場萬事俱備，如火如荼發展起來。這裡所指的「信用證券」，是**信用違約交換**和**擔保債務憑證**，而此二者正是金融危機的核心因素。不過，如果信用違約交換既非保險，又非賭注，那到底該算是什麼呢？帕茲在一九九七年提出過解答。但可以想見，他不打算死守這個答案。現代金融服務的複雜之處，有很大一部分出於管制套利。這等套利程序，讓人在更為優渥的管制境遇下產生與過往買賣約略相當的效益。這麼一來，就能規避管制規範，或將受到的限制降至最低。而信用違約交換的起源與最初目的便在於此。

之所以會有信用違約交換，是想利用銀行與保險公司所受管制的差異。銀行必須針對貸款設置儲備金，計算方式是此儲備金須佔貸款特定比例。而保險公司也須設置儲備金，但比例的計算是根據保單的預期損失。以艾克森美孚為例。該公司既是企業貸款方，又有穩健的信用。就前者而論，貸給企業的款項在計算銀行儲備金時佔很高的風險加權。而由後者來看，貸款的預期損失可略去不計。因此，銀行與保險公司的交易，就有了獲利空間。

然而，世事總可能物極而反。二〇〇八年時，信用違約交換市場的範疇，早就遠遠不限於貸款給艾克森美孚一類公司，還包括擔保沒人實際了解底細的繁複證券方案。美國最大的保險公司「美國國際集團」，在該年已承保了五千億美元的信用違約交換。此中多數無關艾克森美孚這類公司的倒閉，而是為資產擔保證券的分券作保。「美國國際集團」金融產品分支的主管喬．卡沙諾（Joe Cassano）到了二〇〇七年八月還跟投資人說：「理性評估起來，我們很難看出有什麼情形會讓公司承受交易損失，哪怕只是損失一美元。」[12]

但卡沙諾說錯了。二〇〇八年九月，大規模貸款違約迫在眉睫，美國國際集團有可能得支付高盛這家美國首屈一指的投資銀行約一百二十九億美元。這筆錢，不只美國國際集團付不出來，就連要高盛不收，高盛都力有未逮。後來，美國政府伸出援手，雙方才脫離困境。高達八百五十億美元的政府融資，讓面臨破產的美國國際集團得以全額清償。值得注意的是，高盛另外有項投保正是為了預防美國國際集團倒閉[13]。

然而，早在JP摩根一名主管布魯克．麥斯特斯（Brooke Masters）發明信用違約交換前，就已經有管制套利的情況。早期的管制套利如，透過歐洲美元市場來規避「Q管制」對帳戶利率的設限。而零售顧客則有另一項管制套利的機制：貨幣市場基金。舉例來說，美國貨幣市場基金的投資人持有債務組合的股份，而基金經理人應以固定價格贖回股份，投資組合的收益也會支付給投資人（實際上就是存款戶）。貨幣市場基金能以支票付款，因此在存款戶眼中，這類基金等同於銀行帳戶，但管制單位有別的看法。在美國，貨幣市場基金的規模可比美傳統的銀行存款。貨幣基金市場能起作用的國家，幾乎全數在以往或當下對帳戶利率設有重大限制。在英國，並沒有相當於Q管制的政策，貨幣市場基金的市場占比便不值一顧。

既然貨幣市場基金嚴格來說不是存款，也就不夠格享有存款保障。但是，當規模龐大、握有雷曼兄弟公司部分債務的「儲備首選基金」（Reserve Primary Fund）於二〇〇八年「跌破一美元」，不再有能力以固定價格贖回股份，來自受害投資者的壓力，以及人們對其他基金發生擠兌的恐懼，導致政府將存款保障延伸至這類投資。自二〇〇八年以來，各方多次討論該以何種新架構來管制貨幣基金市場才合適，但漫長的討論迄今仍無定案。

一九八〇年之後，Q管制遭逐步削弱，乃至毫無效用，但要到二〇一一年才終於廢除。話說回來，管制機關很少會移除無用的規範。比較常見的反應是，讓規範變得更複雜，試圖去除或縮減管制套利。就這樣，開始了一場貓捉老鼠的遊戲。而金融服務公司一般都會領先管制機關一步以上。結果，規範日益繁複，卻又罕能完全發揮功效、達到預期目標。

歐洲美元市場和信用違約交換市場都源於管制套利，卻又各自發展。而這也是種重複出現的模式。以回購市場為例便可看出，金融投資如何由管制套利的機制起步，進而繁盛壯大。縱然外界有大規模舉動，想要拔除套利的利潤，金融投資仍撐了過來。許多大公司藉由回購協議將款項存入銀行及其他金融機構。存款戶自銀行「購入」政府債券一類證券，而銀行簽署協議，會在隔天將證券加價買回。這添加上去的些許金額，等於是一天的利息。而雙方都有意讓此交易每日周而復始。

那麼，這一切所為何來？問問公司的財務主管，財務主管會說，這麼一來，收益會比單純存款稍微高一點。可是，為什麼要這樣做呢？原因之一是管制套利：會計財報和法定資本的計算會以不同方式來呈現回購交易。在我們熟悉的「貓捉老鼠」遊戲裡，一方以更嚴密的規定來反制套利，另一方則開展出更細密的套利手段。雷曼兄弟公司破產案的調查報告便強調，這家關門大吉的銀行如何使用稱作「**回購一〇五**」的複雜套利手法，來粉飾管制單位與顧客見到的帳面利潤。

此外，企業還會趁機進行**財務套利**和**會計套利**。前者是指，商業效益相當的交易有可能適用不同的課稅算法。後者則意謂公司以不同的會計做法來處理商業效益相當的兩項交易。正如管制單位會發展出更繁複的規定來應對管制套利，稅務機關和會計準則機構也分別制訂更詳盡的規範來應付財務套利和會計套利。可以說，管制規定、稅務法規，和會計準則之所以日趨複雜，正是出於「套利」與「反制套利」的交相作用。

「回購一〇五」得益於司法裁量上的套利空間。如果一項交易在某國遭禁，或者交易人不滿該國的管制規範、稅務規章，或會計條例，那麼交易人可至他國交易。雷曼兄弟公司便是在挑選後發現，相較於紐約法官，倫敦法官的見解更有利於該公司運用各式套利工具，這才讓相關交易取道倫敦，以便受英國法管轄。

而國家本身也可能大開司法裁量的套利之門。在金融危機發生前的年頭，英美決策者都十分清楚，英國以寬鬆的管制措施幫倫敦搶紐約的生意。而開曼群島等地甚至更為通融。這一處處境外之地宛如「金銀島」[14]，時常享有「租稅天堂」之稱。不過，稱這些地方是「法規天堂」也同樣合適。一百五十年前，摩納哥的格利馬迪家族率先察覺了這等套利行為的潛在利潤，於是設立了蒙地卡羅賭場。自此，司法裁量的套利空間，便成了許多小國的重要稅收來源。

管制套利、財務套利，和會計套利都得花錢。由非金融經濟的角度來看，**將資源浪費在套利上**，讓人看了心都沉了。一國之內最富才智的人士，有好些投身於各種活動，蓄意破壞管制措施的效用和課稅制度的效率，並使會計做法欠缺誠實透明。而除了付費給擘劃出這種種手段的律師和會計師，公司也付錢讓交易員施展點石成金的手腕，在管制面、財務面，或會計面謀求更有利的處置。於是，套利手法大有功於金融機構的交易獲利。

可是，這些利潤從何而來？這問題不易解答。想找出最清楚的答案，看起來得從財務套利著手。若省下來的稅金大於避稅交易的支出，那麼施行套利手法就很划算。節省稅金的公司有所得、企業顧問有所得、交易員有所得，稅務單位卻損失相應金額。換言之，財務套利從大眾的口袋淘出錢來，移交給企業顧問、交易員，和雇用這批人的公司。

換成管制套利，吃虧的是管制措施的潛在受益人。在實際情況下，常可見管制措施失效。此時，管制套利造成的損失，純粹等同於企業有一部分營業利益移轉至使套利有可能成真的金融從業人士。若管制措施本可讓顧客得益，或者保護納稅人、其他公司免受損失，那麼規避管制措施的行動便會讓這些顧客或納稅人成為輸家。

至於會計套利之所以有利可圖，是因為仰賴完善會計做法的人承受損失。恩隆公司（Enron）廣泛運用了會計套利手法，而安達信會計事務所（Arthur Anderson）便是因為替恩隆審計而倒閉。另外，恩隆的投資人指稱JP摩根和花旗集團經手的交易為某些說詞助勢，害他們受騙上當。兩家銀行最終各自賠償了約二十億美元。

金融服務業在詳盡的管制規範下，勢必會催生管制套利。想避免這種情況，不二法門是確保**經濟效益相近的交易不受差別待遇**。一般來說，管制機關普遍致力於此。但現今的金融及管制體系如此複雜，這樣的目標根本無從實現。若尋求替代之道，自然能讓管制人員有較大的裁量空間，從而較有把握落實法規精神，而非嚴格遵守條文。但這麼一來，管制人員的素質，以及管制者與受管制活動在政治影響力上的均勢，都必然有劇烈的長遠轉變。比較好的應對方式是，找出較為健全且容易推行的管制原則。我在後續章節會回頭談此議題。

到時，我不在，你也不在了

「我們是投資銀行業者，才不管五年後發生什麼事。」

——文森．達恩頓（Vincent Dahinden），任職於蘇格蘭皇家銀行，主管全球結構產品，原文載於《機構投資人》雜誌，二〇〇四年二月十二日

此語後為伊恩．佛雷瑟（Ian Fraser）引用於

《分崩離析：內幕揭密，一窺使英國破產的蘇格蘭皇家銀行》，頁二二二，二〇一四年

達恩頓說完這段話後過了四年又八個月，蘇格蘭皇家銀行接受英國政府融資紓困

金融界中有巴菲特、索羅斯、西蒙斯、哈定這樣的人物，要說「我們的人比較聰明」，實在說不出口。但接下來的事件給了我一條線索，好解答因哈里法克斯建房互助社而起的疑惑。那場爭論之後沒多久，董事會做了一項在他們看來甚至更為重大的決定（也許，他們看走眼了）。互助社將終止有一百五十年歷史的互助公司型態，改為公開上市。又經過四年（鄭重聲明一下，這時我早就退出了董事會），互助社接手蘇格蘭銀行，合併後稱作「蘇格蘭哈里法克斯銀行」。二〇〇八年，該銀行破產，有勞英國政府出手相救。

談到 FICC 何以有利可圖，答案的一環是：獲利並不如表面豐厚。二十一世紀頭十年，銀行宣稱進帳頗豐，而且將很大部分的利潤支付給高階雇員。但這利潤是子虛烏有。在股東差不多被吃乾抹淨下，銀行得倚靠政府來資助債權人，並重整資本。

用財經作家塔雷伯（Nassim Taleb）的話說：「他們的獲利根本是向命運借了一筆償還日期不定的款項。」[15] 到了還款的時候，很多主事者已不在其位：主導哈里法克斯建房互助社與蘇格蘭銀行合併的詹姆斯．克羅斯比爵士於二〇〇六年退休，時年五十五歲；日後，他因合併案丟

掉了爵位。利潤的衡量，以年度或季度為計。然而貸款或抵押等商業計畫的時程常常比一年或一季長得多。往往計畫還沒結束，負責人的任期已經滿了。交易廳裡有個說法：「到時，我不在，你也不在了。」像這樣時程難以銜接，是會計員一大挑戰。

我那些沒有繼續讀大學的同代人，也不是每個都在當年作風保守的蘇格蘭銀行找到安穩工作。有些便進了會計這行。他們通常善於應付數字，不擅長和人打交道。會計員是出了名地沉悶單調，也如銀行經理那般謹慎。他們將價值奠基於成本，但資產價值低於資產成本時另當別論，必須減記資產。他們促使銀行少報獲利、創造隱藏儲備金。一鳥在手，比眾鳥在林有價值。那年頭，要等「鳥兒」從林裡飛出來，才准算有幾隻。

和金融業一樣，會計業也出於相近理由，變得比過往高明，也比過往糟糕。英國從來不像美國那樣廣設商學院。除了少數幾家全球企業，英國公司也欠缺日本或德國公司特有的內部管理訓練。最晚到一九八〇年代，有志從商的英國畢業生已將會計業當成主要踏板。很多人歷經一番培訓，於金融界覓得一席之地；有些則在非金融企業謀職。由於天資聰穎，有不少都升遷至高階職位。年輕一輩的會計員，聰明得多，也貪婪得多。這批人少學了幾分謹慎，對經濟學倒多出幾分認識。「**公允價值**」日益取代保守心態，成了指導原則。「真實公允反映」公司情況，是會計員的傳統標竿。但走「公允價值」這條路，往往通向全然不公允的結局。起初，逐日按市價結算的會計方式，顯而易見十分合情合理。歷史價格就只是歷史——市場看的是當下實情。二十八年前，

我與人合寫了一本書，談經濟學和會計[16]。那時，我毫不質疑「逐日按市價結算」的會計程序所具備的優勢。可是，二十八年是一段漫長光陰。

一九九〇年，麥肯錫有位年輕合夥人杰夫．史基林（Jeff Skilling）在挖角下離開了這間舉世最受推崇的顧問公司，來到德州一家並不活躍的小型能源企業。當時，哈里法克斯等機構正學著交易固定利息、貨幣，和商品。而史基林與同事認為，瓦斯合約也適用相同的交易方式。露西．布蕾波（Lucy Prebble）的音樂劇《恩隆》將逐日按市價結算的會計做法搬上西區劇院的舞台，教人嘆為觀止。該劇一開場，便是一九九二年一月三十日。史基林在辦公室和同事開派對喝香檳，慶祝美國證券交易委員會來信，表明管制單位同意讓逐日按市價結算的會計做法套用至瓦斯合約。布蕾波這齣戲，有著莎士比亞式的悲劇架構。在第三幕，史基林爬升至執行長的位置，成為美國備受尊崇的商界人士，幾乎可以匹敵傑克．威爾許。到了第五幕，他鋃鐺入獄，刑期二十四年。

長期的瓦斯合約，以協議供應瓦斯二十四年為例，應該能在合約存續期限內讓利潤源源不絕。正如一筆穩妥的銀行貸款會在貸款期間產生源源不絕的利潤。而傳統的會計程序會將這些利潤逐年呈報。但是，若合約或貸款可供交易，處理方式就可能有所不同。假如想出售合約，賣方的出價會反映預期將孳生的一切利潤。逐日按市價結算的做法讓人能將此利潤的總值立即計入損益表。按恩隆公司對證券交易委員會的說明，箇中道理是「在敲定交易時創造價值，並完成賺取利潤的流程」[17]。自此，恩隆不再是間能源公司，而是「瓦斯銀行」。

半個多世紀前，經濟學家高伯瑞（J.K. Galbraith）以文筆簡練的薄薄一冊著作為一九二九年的華爾街崩盤定調。他觀察到，侵吞款項的特性是「犯下此罪後，會等上好幾周、好幾個月，或是好幾年，才會東窗事發。附帶一提，在這段期間，侵吞款項者得享其利，而款項遭侵吞者絲毫不覺其損失。就心理層面而論，這是財富的淨增。」按高伯瑞的用語，此增加的財富是「**未經揭露的侵吞金額**」（the bezzle）[18]。

巴菲特的合夥人查理．孟格曾有篇妙文指出，高伯瑞的概念可以再廣加延伸。要在心理層面創造此財富，不必涉及非法行徑，只要人為疏失或自我欺騙就夠了。為了形容在錯覺的興起與破滅間所存在的財富，孟格創了個新詞叫「**等價侵吞**」（febezzle），意指「作用相當的未揭露侵吞金額」[19]。

在金融界，指出新經濟泡沫或全球金融危機前的信用擴張造成龐大的「等價侵吞」，並不會受到好評。這就如同揭發林布蘭特偽作的畫評家對世人沒什麼好處：擁有偽畫的人有所損失，可能看到偽畫的人或許也有所損失，擁有真畫的人則所得無幾。管制單位和市場參與者都很容易被群眾牽著走。只有勇者才敢阻擋打算憑交易網路股票致富的人。也只有勇者才敢不讓買不起房的民眾有機會擁有自家住屋。

談到「未經揭露的侵吞金額」，妙就妙在**不清楚彼此存在與作用的雙方都能享有同一筆財富**。史基林喝的香檳，是拿恩隆股東與債權人的錢買的，但這些股東與債權人要到十年後才知道這件事；甚至於，當時他們大多數沒聽過恩隆這家公司。美國家庭於二〇〇六年收到的金錢，一輩子也別想償還得起，而納稅人作夢都沒想到，最後會被要求支付這筆錢。銀行股東也不明白，收受的股息其實是向自己借來的錢財。哈里法克斯的股東倒了大楣，股份帶來的意外之財最終一文不值。將持股換成哈里法克斯股票的蘇格蘭銀行股東也同樣遭殃。網路股票的投資人沾沾自喜，以為藉眩目的股價大賺了一筆。他們不曉得，賺來的錢會有如春雪消融。財富轉瞬即逝，但在創造出財富的當口，種種款項卻又顯得相當真實。真實到能用於花費。真實到讓有還款義務的人備受煎熬。

高伯瑞或孟格所指的侵吞狀況，有許多途徑可行。過去，金融機構的帳目既保守又不透明。如今，帳目仍舊不透明，卻與過往「保守」之風恰恰相反。對未來獲利的估算（「逐日按市價結算」），在帳面上記成當前的交易獲利[20]。不過，要是根本沒市場呢？那就按如果有市場的情形來推估。也就是說，「依據理論模型來結算」。

讓史基林舉杯慶賀的是，有機會看出未來利潤所在。而這些利潤或許成真，或許落空。這般由「保守」改為「絕不保守」的體制轉換，開創了一段過渡年代。在這段過渡期，帳面收益比過去還高，可能也比將來還高。而此時恰巧在投資場上的人，便深蒙其利。

以逐日按市價結算的方式衡量利潤，反映的是市場預期。業務帳目所包含的資訊來自市場本身，應有助於闡明市場看法[21]。而市場很容易有一陣陣一窩蜂現象：群起熱衷於新興市場債券、網路股票、住房抵押擔保證券、希臘政府債券。交易員無須觀望利潤會否成真。反正，「到時，我不在，你也不在了」[22]。

但凡有行為結合小利潤的高機率和大損失的低機率，就會出現「**貼尾**」的問題。但這便是「放款」的本質。大多數貸款都很穩當，讓銀行適度獲利。想抵銷偶爾發生的貸款呆帳，需要很多這類的交易。和貼尾行駛的情況一樣，要評估放款是否有利可圖，得將眼光放長，且並非易事。核算損失，向來讓銀行頭大。針對覺得很妥當的貸款，如果要從現今的利潤提撥儲備金以應付不測，又該提撥多少？

假設一筆一百英鎊的貸款有百分之一的機率未得償還，照市價或理論模型來結算，貸款的價值會是九十九英鎊。但實情有別於此。正如「薛丁格的貓」非生即死，這筆貸款也非優即劣：不是價值一百英鎊，就是一文不值。談及「薛丁格的貓」這類問題，愛因斯坦說：「上帝不會和宇宙玩骰子。」然而，在這金融宇宙，銀行業者是會擲骰子的。歷來，銀行在預料到將有苦日子的時候，會把利潤儲存起來。但晚近，銀行高階管理階層有了相反考量。他們盡可能誇大利潤，好讓自己有理由分紅。

想解決核算貸款損失的窘境，方式之一是靜觀其變。「蘇格蘭銀行」和「蘇格蘭皇家銀行」的職務之所以是職涯，而不僅是份工作，一大原因正是衡量銀行能否獲利時須著眼長期發展。銀行的管理職是終身職，而且一大部分的報酬會延遲到從職位退下來才給付：銀行經理可望領取豐厚退休金，在過去與客戶閒聊拉近關係的高爾夫球場上享受銀髮歲月。因為銀行與雇員對彼此有這樣的長期託付，放款決策者會關注貸款與否的整體結果，而不只是立即衝擊。

在一九九〇年代初，這種風氣仍盛行於哈里法克斯。這家機構應對時代變遷的步調雖較其他機構緩慢，終究是有所因應。在承受著交易員再教育、接觸他們「到時，我不在，你也不在」的文化時，我了解到「貼尾」對他們的成功（或者說表面上的成功）是何等重要。哈里法克斯的財務部門想賺取的利潤，有很大部分來自「利差交易」。這種交易指的是，沖銷不同到期日或不同利率的貸款，又或是配對良好的信用與較差的信用，藉以取得利率溢價。

幾年後，歐元區成立帶來的契機造就了極大規模的利差交易，而且影響所及，不僅經濟面，連政治面也不可免。金融機構能以在北歐籌募的資金購買南歐的資產。法、德兩國銀行的交易員廣泛利用此機會，使得德國債券和希臘債券的利率幾無差別。相當於貼尾行駛所省秒數的經常性利潤，歸於銀行、歸於交易員的紅利，而這後一項尤為重要。再者，就像貼尾行駛那般，利差交易招致的損失，果如猜測是很久以後才得面對。

賭博中，有種「加倍下注」手法，每次賭輸都下更大賭注。設想，在場「公平」的賭局，你以五英鎊為注，硬幣擲出正面可得十英鎊，擲出反面則一無所得。贏了，便帶著賺來的五英鎊走人。而「加倍下注」的做法要你輸了就下注十英鎊再玩一局。賭贏，得二十英鎊。收回十五英鎊賭注（第一局的五英鎊加上第二局的十英鎊），拿著五英鎊獲利離開。沒贏，重複逢輸加碼。這種玩法的矛盾，在於兩項看似不相容的特性。好幾世紀以來，統計學者對此大感興趣，賭徒也大受吸引。一方面，玩得夠久，賭局誠然有利可圖；二方面，週而復始下去，終究要傾家蕩產。

「惡棍交易員」一詞，偶爾會登上媒體頭條。這個詞彙之所以家喻戶曉，是尼克·里森（Nick Leeson）一案的緣故。

當時，里森二十八歲，任職於倫敦霸菱銀行的新加坡辦事處。一夜之間，他自辦公桌前消失無蹤，而由他引起的損失，使這家聲譽卓著的投資銀行破產，自己後來也因此入獄服刑。晚近，「惡棍交易人」的例子有，曾受雇於法國興業銀行的熱羅姆·柯維耶和JP摩根的「倫敦之鯨」布魯諾·伊科西爾。柯維耶獲判須償還四十九億歐元，現人在獄中。伊科西爾的反常交易據說害美國合眾銀行（the US bank）損失六十億美元。

而以不法交易行徑危害最甚的，也許要算是在摩根史坦利擔任交易員的「霍伊」·哈伯樂（"Howie" Hubler）。哈伯樂一度頗受推崇，但他在二〇〇七年的交易行為據報引發了九十億美元的損失[23]。所謂「惡棍交易員」，可以說是沒來得及走運就用完了錢財，或是讓雇主驚慌失措。哈伯樂和別的惡棍交易員沒有兩樣，都採用加倍下注的手法：在即將解體的市場裡，他把更多的錢投注於以抵押擔保證券為基礎的擔保債務憑證。

惡棍交易員一般會提出異議：**假如銀行沒有平倉，他們的交易終究能獲利**。這就好比賭徒被人從賭場拉回家後，會跟太太和其他所有人說：要是讓他在賭場待久點，他就會反敗為勝。這些說法，常常還說對了。銀行在接手了「長期資本管理」基金的倉盤後，最終從此交易裡獲益。

擔保債務憑證的架構通常是，發行商保證會「補滿」擔保品的不足，以維繫價值。「實物支付」證券也運用相近的方式，以同類的額外債券來支撐其價值：其實，很多第三世界的債券也有類似情形；這些債券會把保證的償還日期往將來延伸。正如採用「加倍下注」手法的賭徒在賭場裡總是輸了再玩一局，借款方會在還款日到期時往後延期。針對這類架構，巴菲特有句評語很出名：「允諾『什麼都不還』，就不可能有拖欠這回事。」[24]

龐氏騙局和「加倍下注」手法有密切關係。這種自認為富有的手段，是以查爾斯·龐茲

(Charles Ponzi)為名。一九二〇年代，龐茲跟投資人說(而且還說對了)：全球郵務機關使用的國際回郵券定價有誤。從一國買入回郵券，再於另一國售出，就能夠得利。不幸，回郵券供應量不足以滿足投資人需求。

於是，龐茲訴諸詐欺行騙。而他的騙術並不複雜：投資人的高收益來自於以新投資人挹注的資金支付投資回贖。看到一開始就陷身局中的投資人有豐碩成果，新投資人也受到引誘而入局。等新投資人的數目不足以因應舊投資人的資金回贖，龐氏騙局便宣告破局。

史上最龐大的龐氏騙局則出自馬多夫之手。他宣稱有一種運用衍生性證券的投資手段能享有高收益、低波動。但實際上，他並未從事任何的投資[25]。在全球金融危機期間，贖回投資的需求增加，投入的資金萎縮。馬多夫無力應對資金的回贖，便向聯邦調查局自首，其後遭法院判刑一百四十年，真可謂罪有應得。在龐茲和馬多夫的騙局裡，若干投資人仍有錢可賺。就算你知道(或疑心)自己深陷龐氏騙局，還是有望及時脫出，順帶撈上一筆。反正，到時，我不在，你也不在了。

龐茲和馬多夫由於說謊而入獄。但一九九九年至二〇〇〇年間的新經濟泡沫或許可說是合法的龐氏騙局。早期的投資人進帳頗豐，但這是因為後進的投資人受能有相似收益的前景吸引而注入資金，才使他們得以享有這等利潤。之所以有人再三買賣不具內在價值的證券，動機是在曉得這些證券產生的收益後，期盼自己以更高的價格賣出證券，來賺取相近利潤(很多時候，這樣的期盼都能實現)。最終，一如其他所有龐氏騙局，新買方無以為繼，泡沫破滅，網路股票價格崩盤。騙局、欺詐、自欺、失誤，界線十分模糊。

在新經濟泡沫裡，有些早期投資人賺到了錢。不過大多數並未抽身，想要讓利潤多多益善。就連聰穎睿智的人士也高估自身能力，沒抓準市場錯誤定價矯正過來的時間。羅伯森、索羅斯等投資界傳奇人物都對新經濟泡沫看走了眼，致使名聲受損。巴菲特堅持不進場投資，被笑說是「搞不清楚狀況」。而古人如牛頓在初期的龐氏騙局「南海泡沫」賠錢，也是出了名的。

隨著新經濟泡沫越鼓越大，我常會自問：「**那些在金融集團銷售金融產品的人，是真相信這些玩意有好處，還是有意行騙，認為全天下沒個好人？**」後來我才明白，真相介於兩者之間：幼稚無知或心懷欺詐都無法完整解釋局面。只要照著組織內或同事公認的見解再說一遍，既省時又省力。在以自身為參照對象的金融界，這種種見解多說幾次彷彿就成了真理。

高伯瑞和孟格說的侵吞現象連綿不斷。而這源自於對真理的輕忽。當我提出因哈里法克斯互助社而起的疑問：「利潤從何而來？」，多數金融界人士的回應都有項顯著特點：並不覺得這問題很有意思，或很重要。

他們的心態，並不是公然詐欺的人那種全面性的道德淪喪，而是曉得問題的答案會使人困窘或為難，所以避而不問，刻意視若無睹。辛克萊的評語再次切中要害：「要是一個人靠弄不清某件事的道理謀生，就很難讓這人把整件事弄明白。」

金融界的利潤有多龐大？

幸運的蠢蛋一點也不懷疑自己是幸運的蠢蛋。

——納西姆・尼可拉斯・塔雷伯，《隨機騙局》（Fooled by Randomness）[26]

群居本能和相關的競爭壓力，會使企業模仿起競爭對手荒腔走板的營運策略。查克・普林斯將這問題概括成一句話：「音樂沒停，你就得站起來跳舞。」金融業以自身為參照對象的價值觀與做法，強化了錯誤的信念。汲汲營營追求自利，以及「到時，我不在，你也不在」的文化，取代了對顧客利益的投入，和對機構的忠誠。支撐這一切的，是虛幻的獲利：業界人士誤以為金融創新正在增添巨大價值，並帶來非同凡響的收益，而實情卻是交易員向未來借錢，好放進自己的口袋。

人們很難理解，金融機構其實可能並未賺大錢。畢竟，看看那些薪資、紅利、大理石迎賓台、企業專機……凡此種種，無不彰顯產業的獲益驚人。這樣的產業，難道實際上真沒有驚人利潤？

在銀行集團看來，旗下零售業務的利潤相對淡薄。但集團運作允許（甚至鼓勵）不同活動的交叉補貼。當集團各方爭奪整體企業的主控權，這等交叉補貼往往有利於當時主持大局的一方。金融集團內，零售部門對交易業務的交叉補貼相當可觀——補貼規模之大，使得交易業務少了零售銀行的支援便無力競爭。

而金融化一大核心，便是銀行集團認識到了這一點。大力催生交易文化的所羅門兄弟公司，成了花旗集團一員。倫敦市最具創新作為的投資銀行「沃伯格」（Warburg）遭瑞士聯合銀行

圖三：各主要銀行的股東年收益（年百分比）

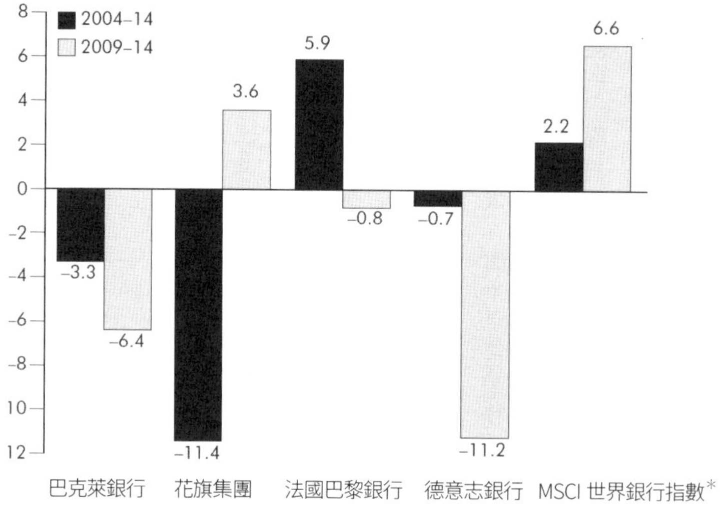

股東收益總額（含股息）
* 由二十三個已開發市場的大型及中型股票組成。美元計價收益。
資料來源：Morningstar, MSCI

收購。巴克萊銀行和JP摩根等零售銀行紛紛開展投資銀行活動。如瑞德銀行（Lazards）這般較小型的投資銀行，便退回到專門的利基領域。而拉涅利在所羅門兄弟公司時的老闆約翰·麥里維瑟則自立門戶，創設「長期資本管理」公司。

集團運作的內情頗為複雜，讓利潤評估難上加難。二〇〇五年，花旗集團宣布獲利兩百五十億美元。如此名列前茅的營收，在美國僅次於艾克森美孚和蘋果電腦。但這只是假象。二〇〇八年，花旗集團實已破產，得靠美國政府供應的資本和聯邦儲備理事會供應的現金才存活下來。就近來的十年期而論，該集團的股東每一期都賠錢。要是把錢存進集團下的銀行，情況還會好一點。但這也是因為美國政府擔保存款戶能獲全額

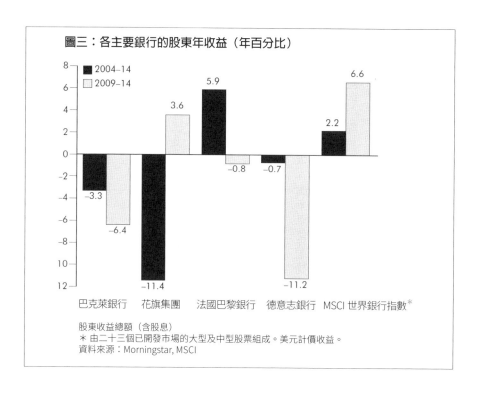

償付。

世人多以為，在全球金融危機發生前，政府（嚴格來說是政府資助的存款保護方案）一定程度上是存款戶的後盾，而大額存款戶和其他的銀行債權人原則上得自負風險。不過，這並非實情。事實證明，二〇〇七年至二〇〇八年間，零售存款基礎所提供的交易擔保至關緊要。五家各自獨立的重要投資銀行有三家垮台、兩家撐了下來：雷曼兄弟公司破產；貝爾斯登公司和美林證券投向大型零售銀行的懷抱；高盛和摩根史坦利的生存之道，端賴轉型為銀行控股公司，才能像經營不善的零售銀行那樣，接觸聯邦儲備銀行的流動資金管道。先前，政府多少並未挑明一定會出手相助，到了二〇〇八年後才差不多有了明確保證。

存款保護方案並沒有上場發揮重大作用。（好吧，這得看你認為怎樣才叫「重大」。英國的方案收了央行一筆約兩百三十億英鎊的「貸款」。會有這筆款項，主要是因為B&B銀行破產。）蘇格蘭哈里法克斯銀行和蘇格蘭皇家銀行出事的時候，由於有英國財政部與央行直接金援，並不需要另做賠償。同樣地，在美國，聯邦存款保險公司所應付的最大宗倒閉案，牽涉到的是華盛頓互惠銀行。而全球最大的銀行「花旗集團」，則在存亡關口得政府以臨時的「不良資產救助計劃」相助。

花旗集團是極端案例。但放在全球金融危機裡，極端也成了常態。在蘇格蘭銀行、蘇格蘭皇家銀行、貝爾斯登公司、雷曼兄弟公司，以及愛爾蘭與冰島兩國所有銀行，股東都幾乎賠光了一切。美國國際集團、花旗集團、房利美、房地美的巨額虧損，在美國政府援助下，不至於讓股東一無所有。美國銀行和巴克萊銀行的股東，則是大部分的投資都付諸東流。至二〇一四年八月二十九日為止，十五年來「MSCI世界銀行指數」的年複合總收益是百分之三。

二十一世紀頭十年的經濟起落，讓金融公司的股東受害，而非得益。這段時期，多元佈局的金融集團有許多活動獲利，如造市、證券發行、資產管理，及某些零售產品。這些利潤，很大部分付給了高階雇員。剩下的，拿來抵批發金融市場活動的整體損失都還不夠。高伯瑞和孟格所說的各種侵吞所得、那些向命運借來的款項，都歸於銀行高階雇員之手。那年頭，大型金融集團的營運，主要是讓經營者得利[27]。基本上，現在仍是如此。

當然，有些人辯稱：全球金融危機是畢生僅見的動盪亂局。這話的意思是：貼尾行駛的人一輩子也就出事那麼一次；加倍下注的賭徒一輩子也就認輸那麼一次；龐氏騙局的設局者一輩子也就被揭發那麼一次。但危機是先前事件的產物，而危機招致的損失和早期的利潤密不可分。

全球金融危機前那些年，銀行執行長像學童那樣，爭著展現「**我的權益報酬率比你的大**」。而帶頭者約瑟夫．艾克曼（Josef Ackermann）於二〇〇六年至二〇一二年間任德意志銀行總裁兼執行長（執行長一職自二〇〇二年起）。艾克曼宣稱，以權益報酬率百分之二十五為目標。二〇〇八年，置身全球金融危機之中，他還很自豪地宣布達標。

「權益報酬率」是利潤與股東資金的比率，有兩種提升方式：一是增加分子（利潤），二是減少分母（權益資本），而後者較為容易。用權益報酬率來衡量獲利，會使人嚴重誤判。資產管理、會計一類資本並不密集的專門服務公司能衝高權益報酬率，是因為資本需求小。至於現代經濟裡以銀行、公共事業、資源公司為主的資本密集企業，唯有借助極端的槓桿，才能有極高的權益報酬率；德意志銀行便是一例。

這就如資本微薄的德意志銀行一邊得益於國家擔保其債務，一邊又買回自家股份，以縮小資本基礎。不論該行的金融職員聲稱有多少權益報酬率，股東的收益都呈現另一番景象，讓人把情勢看得更透徹：（在股息再投資下以美元計價）二〇〇二年五月至二〇一二年五月的年均總收益約為負百分之二，而這段期間正值艾克曼擔任執行長職位。權益報酬率不適合用來評估公司績效；就銀行而言，特別是如此。但說來奇怪，自稱對金融和風險管理學有專精的人士，偏偏支持這種做法。

如今，銀行仍對外公布權益報酬率的預定目標。這些目標少了幾分雄心，卻依然流於空想。近來，討論到要銀行擔負更大資本需求的後果如何，有人贊成以百分之十五為度，來計量銀行集團的權益資本支出[28]。這些集團若真可能為股東掙來百分之十五的獲利，該會引來投資人大排長龍。但實務上，歐洲大多數銀行及美國多家銀行都無力籌募投資者資本。經歷二〇〇八年的虧損，銀行重獲損益平衡所需的新資本，主要來自政府或顧客。與其說現代金融機構造就龐大利潤，不如說是靠公共補貼才支撐了過來。

各家重要銀行的帳目，都是既冗長，又讓人看不清底細。沒人真能弄清楚，銀行年復一年的利潤為何。也沒人曉得，銀行就各業務環節或整體來看，有多少獲利。金融部門日趨複雜，教人如墮五里霧中，而這是有意為之的結果：複雜的產品是利潤的泉源；買方對產品的理解深了，賣方的報酬就跟著少了。然而，複雜的局面終究使金融機構的管理階層難以應付。受託監督金融運作的公司主管及管制單位，再怎麼提升能力，都趕不上對金融監督的要求。

想衝高權益報酬率，關鍵是資本基礎中的較少股本（有極高的槓桿）。這一點，德意志銀行做得比史上任何大型公司更教人眼界一開。全球金融危機之初，這家德國最大銀行的股本還不到債務的百分之二。那時誰也想不到，在債務是資本的二十倍、三十倍，乃至於五十倍的情況下，交易實體可維持穩定。更想不到的是，這個交易實體還適合寄託個人的儲蓄與國家的信用體系。**別的產業絕不會依靠這等稀薄的資本基礎來運作**，金融機構也絕不會放款給財務如此岌岌可危的非金融機構。但是，世人咸認為德意志銀行八風吹不動，可比花旗集團與美國國際集團。而多虧了德國政府與歐洲央行，德意志銀行果真八風不動。有了政府當靠山，就沒必要藉豐厚獲利在政治與經濟上舉足輕重。就算處境不利、無法支付高階雇員可觀報酬也不要緊。

政府宛如貼尾行駛那般，冒險援助有可能清償債務的金融體系。然而，一旦事與願違，勢必得付出巨大代價。日後，某些政府宣稱，二〇〇八年時的措施並未造成損失，也許甚至還帶來利潤。美國政府早已主張，不良資產救助計劃有利無弊。而英國政府則於事務管理下了一番決心，使紓困蘇格蘭皇家銀行及勞埃德保險社等事看上去讓納稅人小賺一筆。但天下沒有白吃的午餐。

不管作保的那方是貸款人的親屬、企業創辦人、還是政府，為貸款擔保都是很基本的貼尾手段。作保者多半無須兌現擔保，於是表面上並無成本，反而還有小小的好處。但到了得兌現擔保的時候，成本可能十分龐大。愛爾蘭政府還明白保證要替實際上已無清償能力的銀行償還債務

（其中以盎格魯愛爾蘭銀行最是回天乏術）。這件蠢事使愛爾蘭背負十年以上的經濟重擔。可是，愛爾蘭的慘況還不是我們能想到最慘的。該國銀行的規模不大，有可觀比例的損失得歸咎於國內的貸款呆帳；為銀行紓困，基本上是愛爾蘭內部的資金重分配，把納稅人的錢挪移給奸商、投機客，和某些趁勢得利的一般民眾（借款給愛爾蘭各家銀行的外國貸方也得免損失）。

假如蘇格蘭是獨立國家，那麼對破產的蘇格蘭銀行及皇家銀行做類似的擔保，便會是一場大難；畢竟，兩家銀行的債務是國民所得的十倍有餘。即使在英國，巴克萊銀行、勞氏銀行、蘇格蘭皇家銀行這三家有政府明令擔保的機構，每一家的欠債都大過政府的債務總值。

歐洲央行擔保歐元區金融體系的債務，是史上最龐大的加倍下注手法。官方每次介入都遭遇市場反彈，而每次也都在數月之後以更大規模再度介入。最終，新任歐洲央行總裁馬里奧．德拉吉保證會出手「不遺餘力」[29]：要待多久才能使事情順遂，歐洲央行就會待多久。他這番話，或許會成真也說不定。

學者試過要衡量，銀行部門明裡暗裡由納稅人買單的公共補貼有多大規模。目前，有兩種相近的衡量方式：其一，探究若無國家支助，銀行的借款成本有多少；其二，運用信用違約交換市場來評估，若以私營名義購買原由國家提供的保障，會有多少支出（當然，我們很難相信會有規模這麼大的市場）。

「英國銀行業獨立委員會」（Independent Commission on Banking）估計，如按其建議，把投資銀行業與其他面向的銀行業務隔開，那麼銀行的財務成本將介於每年四十億英鎊至七十億英鎊[30]。英國央行的安德魯．霍丹（Andrew Haldane）評估起整體跨國銀行部門所收的補貼，則更多出了幾分推測。依照他得出的總額，在全球金融危機前的二〇〇七年是三百七十億美元，到了金融危機後的二〇〇九年則為兩千五百億美元[31]。國際貨幣基金組織也針對二〇一一至二〇一二會計年度做過相似估算，結果最低為一千五百億美元，最高則達五千億美元（後者有一大部分與歐元區有關）[32]。

各方得出的補貼規模相當龐大。獨立來看是如此，與銀行帳面利潤相比也是如此[33]。但拘泥於細節只是徒勞。實際上，公眾因援助金融部門而擔負的成本，可能大大低於這些數額，也可能遠遠過之。而結果差異極大，正是貼尾手段的本質。

重點是，如果銀行必須付錢才能獲取原本由「大到不能倒」的信條所提供的保障，那就根本不會產生以私營名義進行的種種交易活動。至少，這些活動不會具備現今的規模。說到底，這一家家機構的獲利，很大部分（也許全部）來自於包括其他金融機構在內的借款方願意以風險極高的條件融資。少了政府援助的話，各家金融機構該會認為風險太高而罷手才是。

在哈里法克斯建房互助社那場董事會，沒人懷疑會中的提案實質上是想利用例行存款及借貸業務所確立的健全損益平衡，好好在充斥爛信譽的個人與機構的市場裡一較長短。但當時誰也沒料到，這類交易活動會使自己的核心事業徹底失色（詳見第六章）。

「要是事情美好到不像是真的，那大概就不是真的。」這句投資者的座右銘，同樣適用於金融部門的獲利。

PART II

金融的功能

THE FUNCTIONS OF FINANCE

第一部我們談論了現代金融體系的作用，以及金融化對它與對非金融體系經濟的影響。在第二部，我們要關注現代金融體系必要的基礎功能。經濟需要金融來促進支付，將個人儲蓄轉化為新鮮投資，並使家庭能夠藉此管理人生財富，以及進行世代間的財富轉移。

接下來這些章節將描述為了追求這些金融核心目的實現，如何在現有成果上持續發展與積累。第五章回顧了資本主義經濟的中心機制——將家庭財富轉化為生產性資產。第六至七章檢視促進這一進程的兩個主要機制：存款和投資。

「5章」

資本配置

實體資產

商品的價格或金錢形式就像其價值形式一樣，大體上是一種與其可觸知的實體形式有相當區別的形式。

——卡爾．馬克斯，《資本論》，一八六七年，第一卷第三章

高盛公司的執行長布蘭克芬在二〇〇九年一次接受《週日泰晤士報》的訪談中，有欠思考地宣稱，他的公司正在從事「上帝的工作」。[1]神存在的目的是要「幫助公司募集資金，協助它們成長。成長的公司能夠創造現金，進而讓人們有工作，而這些工作會創造更多的成長及更多的財富。這是良性循環。」如果你詢問華爾街或倫敦市辦公大樓商務樓層的使用者，要他們解釋金融產業對實質經濟有何貢獻，他們的回答會呼應布蘭克凡先生的說法（雖然他們可能沒有神的賜福）。金融部門募集並配置資本。

金融市場的核心功能之一，是要將金錢從儲蓄者導向企業、住宅所有人及政府，這些人或組織接著會使用這些儲蓄金來興建、擁有和經營住宅、商店、辦公室、倉庫和工廠，購買設備和機器，以及開發國家的基礎建設和土木工程、道路、橋樑、電線和電話線、水管及下水道。或者，這項核心功能應當如此。

每一個世代都會從在前面的世代繼承一定的資產存量，且每一個世代都會利用這些資產存量，並且看著它們貶值。每一個世代都會增加資產存量，然後將增大的資本存量傳遞給接下來的

世代。有效的金融制度能夠協助企業、家庭及政府達到這些目標，讓它們能夠留下一個比它們創建者更美好的國家。或者，這項核心功能應當如此。

我會將金融制度的這兩種關鍵功能描述成「**搜尋**」和「**管理**」。「搜尋」是指追求新的投資機會，而「管理」是指管理已創造的長期資產。本章主要闡述「搜尋」功能，而第七章主要解釋「管理」功能。資本配置的「搜尋」與「管理」在商業房地產的區別很明確。房地產開發商尋找地點以及整修和重建的可能性，投資者則以長期投資目的持有房地產，他們各有不同的技能、專業，且經常有著不同的公司結構。當然，有些公司同時實現開發與投資兩種角色，因此這兩個成對的功能永遠不會完全區隔，但採用這種二分法是常見且有用的。

如果我們抱持這種區別法來觀察當今的金融部門，在這個部門中工作的許多人似乎不是真的在從事搜尋或管理。本章講述的核心悖論是馬克斯描述的「實體資產本身」與「代表實體資產的證券」之間的二分法進一步被強化。金融化將越來越多資源導向所謂「資本配置」的過程，但這個專業主要不是投入促進新有形投資的「搜尋」，或照料和經營資產的「管理」：新住宅的興建、基礎建設的創造和維持、企業的發展和有機成長。擴大的部分是從事現有住宅、基礎建設和企業的相關證券交易。關於用於住宿的住宅需求、促成日常商業和社會生活的公用事業、新舊企業的競爭優勢和公司策略，新一代金融從業人員對這些東西的瞭解不如其行業前輩，而非勝於其前輩。他們活在自己的世界中，交談和交易的對象大部分是圈內人。

但是要了解資本市場的角色，一開始必須先了解資本的本質。如果你想要衡量國家資產的價值，有兩種方法可使用。你可能觀察資產本身——使用馬克斯在十九世紀的德國術語來說就是可觸知的實體形式，或者你可以觀察代表這些資產的證券——**「商品的價格或金錢形式」**。

要評估資產本身，你會需要到那個國家，在街道上行走，挖掘地底下來找出管路和纜線，造訪辦公室、商店和工廠，橫越道路和鐵路。在每個階段，你會需要估計你已確認的資產之價值。你會從你能夠看見的資產開始：住宅、倉庫架上的商品、電線。但是你也會想要納入有價值甚至可以交易，但是你無法輕易觸摸和感覺的許多資產：著作權、無線電頻譜的一部分，以及穿越某人土地、排放煙霧或汲水的權利。諸如軟體等某些資產，處於有形與無形資產之間的界線上，許多商品和服務也已經去實體化，擁有知識就像擁有實體財產一樣重要。在今天，這些無形資產遠比馬克思所想像的還要來得重要許多（具有更廣泛的含義）。

但是**資本概念的這種延伸不應做得太過火**——至少以現今的目的來看。經濟學家談論源自於教育和訓練的「人力資本」，這雖然不能交易，但顯然有價值。其他經濟學家已使用「社會資本」一詞來描述信賴與社會連結的價值。[2]有非常多評論員覺得需要使用金融語言來描述距離金融世界非常遙遠的其他社會制度，這或許是金融化的一個小副作用。但是對金融市場而言，重要的實體資產是你可以或至少可能買賣的有形或無形事物。

要衡量資本，另一個相當不同的方法是評估家庭財富——用馬克思的話來說，這個方法要檢查商品的價格或金錢形式，而非其實體形式。要衡量家庭財富，你會需要敲某人的門，問他們有多富有，然後將結果加總在一起。應答者可能告訴你有關他們的住宅、抵押借款或其他負債、他

圖四：各國到 2012 年底的實體資產（單位：兆／該國貨幣）

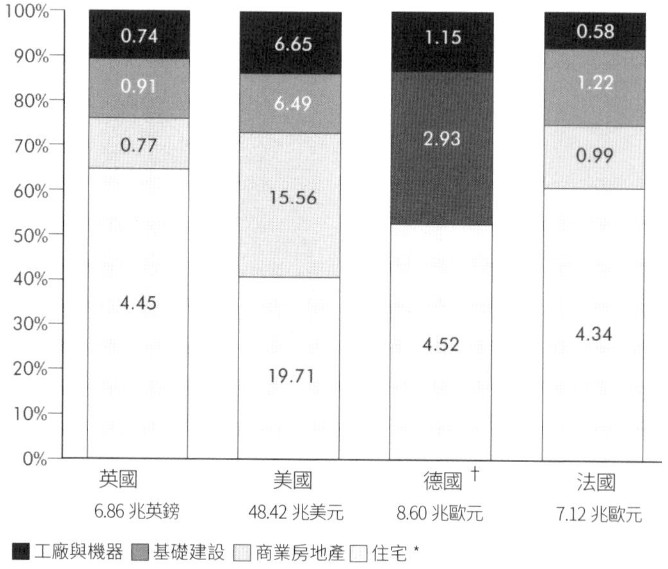

* 在法國及德國僅結構物（不包括下面的土地）。
† 在德國部分，商業房地產與基礎建設是合併的。
資料來源：OECD、美國聯邦儲備理事會（美國房地產數據）

們持有的證券、他們皮夾和錢包裡的現金，以及銀行帳款。有些人可能重視自己的退休金預期，有些人則否。

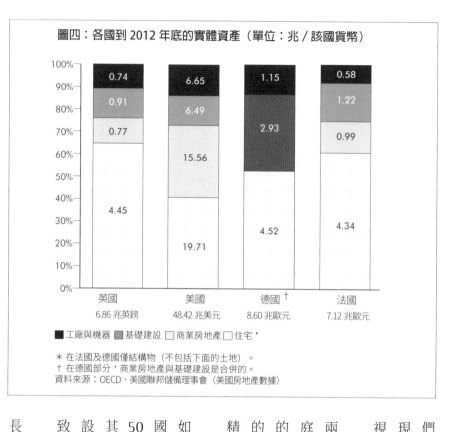

已開發國家的統計局正會進行這兩項活動——評估實體資產與衡量家庭財富，不過當然不是用我剛才描述的方法。這兩種程序都有主觀、武斷的成份。衡量資本和財富並不是一種精確的活動。[3]

國家的實體資產大體上是住宅。如圖四所示，住宅房地產佔英國和法國資本存量價值的大約60%、德國的50%，在美國則是實體資產的40%。其餘部分則是由商業房地產、基礎建設和企業資產構成，這三者的金額大致相等。[4]

既然住宅的存續時間比其他資產長許多，相較於存量本身，新投資的

圖五：1990—2010 年按資產類別區分的英國投資 *

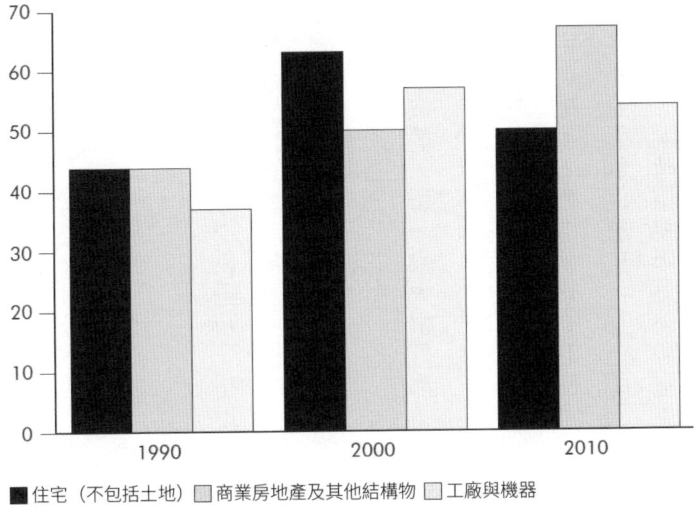

* 固定資本形成總值。單位為 2010 年物價計的 10 億英鎊
資料來源：英國國家統計局（Office for National Statistics）

組成在這三個廣泛類別較為均等平衡（見圖五）。投資的型態每年有相當大差異，這反映了住宅市場的興衰、公共支出的消長及企業信心。

國家的實體資產是由該國的家庭財富來提供資金。資源還可能來自於其他哪些地方？金融市場的複雜度有時模糊了**「所有資本皆源自於個人儲蓄」**的核心重點。

當人們談論「新融資來源」時，他們的意思是引導現有融資來源的新方法，這是因為他們將仲介管道與資金來源混淆在一起。本章其餘部分將說明資本如何被部署來建造國家實體資產的方式。第六章和第七章則敘述仲介機構為這些目的引導家庭財富流向的兩種管道──存款管道與投資管道。

住宅金融

我知道你們會瞭解我在追隨偉人腳步時所感受到的謙卑，……這些偉人為我們設定了財產所有民主制的目標——這是我們時至今日仍在追求的目標。

——前英國首相柴契爾於一九七五年在黑潭（Blackpool）首次以黨魁身份對保守黨發表演說

為購買住宅房地產提供融資，是現在經濟資本配置機制的最大部分。在金融化時代之前，華爾街、倫敦市及其他躉售金融中心在住宅融資僅扮演無足輕重的角色，但這種情況從一九八〇年代開始改變，並造成了災難性的結果。住宅融資的錯誤配置是導致全球金融危機的核心原因。曾有一時，抵押貸款確實變得較便宜，後來又變得較昂貴。許多輕率涉入住宅市場的人遭逢財務困難或回贖權被取消，每一家大銀行都遭受重大損失，諸如華盛頓互惠銀行等專門經營住宅融資的某些銀行，更是聯袂倒閉，主宰美國住宅融資的「房利美」與「房地美」兩大半國營機構也崩解。住宅存量的屋主自用佔有率，在一個世紀以來首度下滑。

在二十世紀初，大部分家庭的住家都是承租來的，而不是只有低收入戶家庭，但是房東向來不受歡迎。租金管制的歷史，加上縮限房東權利並擴大其義務的法律，造成投資住宅的經濟和政治吸引力降低，同時租稅優惠使得屋主自用成為吸引人的投資方法，且所有人因此會傾向於好好利用其住宅。到了二十世紀末，屋主自用已成為常態。

因此在今天，大部分的住宅是由住在其中的人所擁有。首次購屋族會為房地產的相當大部分安排抵押貸款，通常介於60％到100％之間，這就是一種運用高度槓桿的交易，但是如果房價上漲，屬於總價一部分的負載就會減少，且所有人的權益——房地產的價值與負債差額會增加。在英國和法國，住宅存量的大部分價值——大約有三分之二是所有人的權益，在這些國家，這種住宅權益的累積是家庭儲蓄的主要工具。在美國等其他國家，繳稅時可將抵押貸款的利息從所得扣除，或許基於此緣故，在這些國家的家庭傾向於取得相對於其房地產價值較多的抵押貸款，以及較多的金融資產——股票、基金、保險及年金保單。在美國，次級抵押貸款暴增的威脅，也解釋了該國非常高的「負債—價值比」。

德國的情況就不同。多數的家庭是承租而非擁有他們居住的房地產，擁有相當大比例住宅存量的是投資機構——通常是大型保險公司。這種機構所有權在其他國家也曾經很普遍，但是隨著屋主自用率成長，私人租用部門在今天是由公家和半公家機關主導，這些機關為低收入戶家庭提供社會住宅。有些個別的私營房東將長期儲蓄導入房地產或小型房地產組合。

隨著屋主自用在整個二十世紀逐漸成長，專業機構透過提供住宅抵押貸款迅速成長，這些機構在美國是互助儲蓄銀行，在英國是建築貸款協會，在德國則是「建築信貸社」（Bausparkassen）。但是隨著英國和美國的金融化，已經順暢運作數十載的結構已然瓦解。解除管制的措施是在通用原則的各種考量動機下產生，而非因為管制結果的特定不良經驗。野心勃勃的金融家，將創新的技術和富於想像力的結構帶進他們所知甚少的部門，身為住宅融資機構能

幹經理的人，想像自己是偉大的國際金融家。妄自尊大就像貪婪一樣，在金融化時代扮演著幾乎一樣大的角色，諸如佛瑞德．古德溫（Fred Goodwin）和桑迪．威爾以及羅伯特．坎佩（Robert Campeau）和傑夫．史基林等人正是最佳的寫照。美國的儲蓄和貸款解除管制被少數騙子操縱。住宅融資制度並未崩壞，但我們修理它時，接著就真的崩壞了。

住宅融資的新方法如同舊方法，大體上仰賴地方代表人，但這些代表人只是銷售員，而非貸款主管，他們經常與借款人勾結，利用設計更聰明的結構但對他們正在從事的工作背後的基本原理所知甚少的人所經營的中央系統。住宅抵押貸款擔保證券市場的成長並未促成住宅市場知識的增長，反而導致知識消散。互助儲蓄銀行和建築貸款協會消失了，而且如同在美國次級抵押貸款部門，當新的機構進入這個產業時，它們基本上是販賣抵押貸款的事業，而不是專業的貸款機構。自相矛盾的情況是，當被導入住宅市場金融仲介機構的資源增加時，住宅的專業知識反而減少。

互助儲蓄銀行業於一九八〇年解除管制。在美國抵押貸款市場的結構下，借款人支付的利率在抵押貸款期間是固定的，基於這個原因，互助儲蓄銀行受到在保羅．沃克（Paul Volcker）下的聯邦儲備理事會精心設計的突然升息所重創。解除管制不負眾望地讓這些銀行透過有利可圖的擴張，贏得安然度過財務困難的途徑。相反的情況最後證明也是如此。緊接著改革的是互助儲蓄銀行廣泛地多元經營，但很快地接著是廣泛地倒閉。「資產清理信託公司」在一九八九年成立，目的是要管理破產的互助儲蓄銀行。這次聯邦政府資助的救援配套計劃，是全球金融危機之前最昂貴的財務紓困計劃。

互助儲蓄銀行崩解所留下的缺口，部分是由老字號銀行填補，但同時是由發展新的專業借貸機構來補救。到了二〇〇六年，最大且最終是最惡名昭彰的信貸機構「美國國家金融服務公司」（Countrywide Financial），在急功近利且人脈廣闊的執行長安傑羅．莫西洛（Angelo Mozilo）下，包辦了美國所有抵押貸款的20%。北岩銀行也不遑多讓，二〇〇七年在英國新抵押貸款的佔有率達到19%。後來國家金融服務公司於二〇〇八年七月，在有史以來最糟糕的公司收購案之一中，被美國銀行買下。

在英國，《一九八六年建築貸款協會法》去除了對這類協會各種活動的限制，允許它們多元化經營，並促進它們轉型成在證券交易所掛牌的有限公司。到了全球金融危機時，主要協會除了一家以外全都倒閉，或被併入大型金融財團。諷刺的是，全國房貸協會（Nationwide）存活了下來，而原因是它在一九九〇年代太弱，吸引不到更廣大的金融界的注意。

伴隨著解除管制和新產業結構出現的是金融創新。互助儲蓄銀行、建築貸款協會及類似的組織將存款與貸款配對，但有些很擅長提高存款，而有些更擅長銷售抵押貸款。躉售市場可彌補差異，但抵押貸款的證券化創造了新機會。

自一九八七年起，證券化因為對銀行管制的巴塞爾協議而呈現爆炸性成長。被包裹成債券且被信評機構評比的抵押貸款，被有效當作比背後的抵押貸款較不具風險的商品來對待。抵押貸款可以進一步分割或重新捆束成更複雜的組合，然後信評機構也會評估這些組合。**證券化、包裹和重新包裹、分割和再分割，以越來越失控的速度成長**。對抵押貸款擔保證券的需求是如此龐大，以致於靠佣金過活的美國銷售人員對可能在申請書上簽名的任何人強迫推銷抵押貸款。

修正式社會主義者對全球金融危機的看法是，過度的抵押貸款證券化是美國政府為了擴大屋主自用的措施所造成的結果。[5]這番解釋有些道理，但也不是非常有理。屋主自用的大幅擴張是發生在幾乎沒有二次抵押貸款交易時——借款機構保留抵押品，以及房地產的擔保品，直到貸款被償還。在美國，從租屋到屋主自用的轉變大約是在一九六〇年代完成，而在英國，由於柴契爾政府推行將許多社會住宅存量銷售給承租人的政策，該國也已經在一九八〇年代將房屋所有權推升到60％以上。

世界各地的經驗暗示，70％可能是合乎情理的屋主自用比例自然極限，超過了這個點，被吸引到住宅市場的人，其財務狀況或財務能力可能太不穩定，無法支撐涉及的義務。美國持續推動屋主自用，有時超過了這個極限，而對抵押貸款擔保證券看似貪得無厭的需求，導致借款機構降低評估標準。

美國國家金融服務公司和北岩公司等組織努力銷售抵押貸款，但低品質抵押貸款的數量仍不足以滿足想要交易抵押貸款擔保證券者的需求，因而導致「合成抵押貸款擔保證券」市場發展出來，這些證券只是對已經被其他人買賣的抵押貸款組合價值的賭注。

有些人在這個過程中大發其財。第一個銷售住宅抵押貸款擔保證券的拉涅利（Lewis Ranieri），以及利用信用違約交換來打賭許多這些工具會失敗的約翰．保爾森，都成了億萬富翁。美國國家金融服務公司的執行長安傑羅．莫西洛是全世界最惡劣的抵押貸款人，而房利美公司的執行長法蘭克林．雷恩斯（Franklin Raines）則是全世界最惡劣的抵押貸款保險人，也雙雙因為他們的努力而賺得數億美元。雖然沒有那麼多，但諸如李．法卡斯（Lee Farkas）等「財務顧問」也賺得不少財富，此人在第十章將再度出現，他說服貧窮的借款人接受他們可能永遠無法償還的抵押貸款，還有兜售抵押貸款擔保證券分割商品的債券銷售員，以及對複雜的證券化產品背書的信評機構，也獲利頗豐。到最後，損失的大部分都是他人財富。到了二〇〇七至〇〇八年，即使是最高級的抵押貸款組合分割商品，顯然很可能價值極低，因為購買這些商品的人已經違約，而且他們的住宅很難出售。

這個崩解的故事已經在許多地方被詳述。[6] 莫西洛最後支付了六千七百萬美元，對美國證券交易委員會對他提起的指控達成和解。由於這位追尾跟車者的認知失調，他大可解釋說他因為擔任美國國家金融服務公司執行長提供服務所獲得的報酬，有相當大部分是來自於他的公司在借款人無法償債之前所報告的銷售抵押貸款獲利，因此是正當的。到時我已經賺到佣金，而你也已經賣給下一個人。

隨著互助儲蓄銀行衰落，銀行檢查機關承擔了「互助儲蓄銀行監管局」（Office of Thrift Supervision）先前扮演的角色（不過這個著名的無能管制機關仍繼續存在，而信用違約交換的保險商 AIG 金融商品公司發現了一個法律漏洞，讓它可以在該監管局無能的監督下營運）。但隨著在英國和美國的抵押貸款焦點轉移到銀行，監督（如果有的話）變得較密切，且當然是由比先前已經做這項工作二三十年的機構來得強大的管制機構來管理。如果權益資本不足以支撐住宅貸款，這是因為產業的重組已導致股份化橫財的資本消散，以及不明智的多元化。

住宅融資危機的根本原因，可以在住宅融資部門的結構改變中發現。仲介鏈的延長以及次級市場活動的成長，並未改善資本配置的效率。資本配置變得很糟——糟多了。貸款人與借款人之間的界線變模糊，導致品質低劣的承銷，以及對拖欠抵押貸款的不良管理。貸款機構損失金錢，而借款人損失房屋。對借款機構的資本適足要求設計不良，鼓勵了證券化及資產負債表外的活動。信評機構被管制機關賦予監督角色，但它們沒有相關能力來實踐這個角色，而且它們也沒有動機要好好實踐。

美國住宅的傳奇故事是全球金融系統如何誤入歧途的好例子，也是需要做哪些事來導正的範例。問題源自於產業結構改變，而這些改變是在金融創新（最著名的是證券化）以及金融機構多元經營的限制被去除後發生——這些措施的立意良好，但是在實務上最後證明具有破壞性。個人和企業的獎勵措施變成是獎賞交易量，而非具有生產力的長期商業關係，這些相關的改變使得問題加劇。

任何住宅融資制度是成功或失敗，判斷的依據應該是我們是否擁有我們需要的房屋、房屋是否位在需要的地點，以及房屋是否非常符合居住在其中者的需求。要回答我們的居住是否改善的問題，可能需要一整本書，而本書不是。然而，對本書重要的是，「我們的居住是否改善」的問題，不是個會發生在當今大部分從事住宅融資的人身上的問題。有些涉入其中的人——例如莫西洛，嘴巴說得很動聽，宣稱他們是在為國家解決住宅問題，即使他們正在為自己大興豪宅。但是大部分參與住宅抵押貸款擔保證券交易的人對住宅毫無所知，也沒有興趣瞭解，他們只憑直覺認為房價通常會上漲。

在住宅融資屬於建築貸款協會、互助儲蓄銀行和建築信貸社的領域的時代，經營這些組織的人瞭解他們的角色是協助滿足他們營運所在社區的住宅需求。從仲介目的轉變為仲介過程的這種焦點改變，在資本配置的其他領域也很明顯。

房地產與基礎建設

「桑莫斯部長，您的演說很精彩，我完全同意您的看法，只有一件事例外——學生教室牆上的漆都剝落了，為什麼學生應該相信您說的話？……銀行可沒有剝落的漆。」

——一名匿名教師與桑莫斯對話時的發言（桑莫斯於二〇一四年四月十四日接受《赫芬頓郵報》訪談的報導）

商店、辦公室和倉庫都是主要的商業（投資）房地產形式，其他的非住宅建築物包括工廠、學校和醫院。大部分的商業房地產是由私人擁有和佔用，但政府佔用了相當多的辦公室空間，且公共機關在衛生與教育方面扮演著重要的角色。基礎建設包括道路和橋樑、機場和鐵路線、水管和下水道，以及電話線和電線。在過去，大部分的基礎建設都是由政府直接擁有和經營，但如今有一大部分是由私人「擁有」，雖然這個「所有權」基本上在管制機關決定的期限內經營該基礎建設的特許權。

房地產和基礎建設是長期資產，能夠長時間提供相當可預測且穩定的報酬。企業必須承受競爭壓力，且可能因為技術的快速變化而遭受損失或獲利。這些企業的權益是有風險的，它們的貸款可能無法償付。但是商店和辦公室、工廠和倉庫、橋樑和下水道以及學校和醫院永遠存在，且永遠是需要的。人口會遷移，購物區會流行和退流行，且新技術已改變辦公室空間的設計，但是這種改變大體上是漸進的。

這兩種資產類別都因為特定的相關專業知識而獲益。許多房地產經紀人知道如何管理建築物，以及如何為投資人提供有關財務報酬的建議。建築師、勘測員及建商具有營建經驗。基礎建設比較特殊，但顧問會在世界各地提供專案管理能力，且許多工程師非常清楚如何發展和利用基礎建設資產。

房地產和基礎建設是家庭長期儲蓄的自然流向，尤其是退休金基金。在金融化之前，基礎建設大體上是以這種方式提供資金，其中保險公司和退休金基金會代表長期儲蓄者購買政府債券。有些商業房地產過去——以及現在——都是透過這些機構直接擁有建築物，以類似的方式提供資金。但是金融化已經改變這些結構，且讓這些結構變得複雜化。機構投資人直接投資房地產，在整體顯著性上已經下降，且基礎建設融資的過程已經因為許多公用事業私有化，以及採用各種形式的公民營合作，而產生了實質改變。

房地產相對穩定的潛在收益型態會因為槓桿原理的運用而改變，因為槓桿原理會將整體投資報酬率區分為負債部分和權益部分。這種槓桿運用已是房地產開發和購買的普遍融資方法。在房地產擔保的基礎上借貸，發生重大損失的機率是小的，同時它會反過來要求較高的收益——這是典型的「追尾」結構。但是既然美好時代的房地產借貸似乎提供了沒有明顯損失風險的增高報酬，每當經濟快速成長且價格上漲時，競爭仿效便會出現。銀行及其他貸款機構看著對手偷走它們的交易量且報告獲利，於是便放寬借貸標準。傳統智慧認為，房地產的價值永遠會上漲——長期而言確實是如此，傳統智慧經常是對的。但是金融部門的時距較短：到時我已經賺到佣金，而你也已經賣給下一個人。

槓桿房地產交易的權益部分波動很劇烈，上漲空間可能很大，下跌則限於損失權益投資，進一步的損失則是由債務提供者來負擔。當經濟景氣良好時，幾乎每個在有高負債權益的房地產市場下賭注的人都會獲利，而且如同所有的賭徒，他們會將自己的成功解釋為他們技能高超的證明。在發展到全球金融危機的過程中，許多人說服自己，他們從上漲的房價賺取的獲利，是他們有理財頭腦的證據：許多談論「如何利用翻新後轉手房地產來致富」的著作列在亞馬遜網站上。甚至在金融危機發生且產生後果後，有些著作還在印刷。

房地產投機已經創造大財富，但也製造了驚人的損失。在二〇〇八年，尚恩·奎因（Sean Quinn）被《週日泰晤士報》「富人榜」報導為愛爾蘭的首富，且擠進全世界兩百大富豪，財富達到四十億歐元左右，但他在二〇一一年即被宣告破產。房地產的權益投資人以及提供負債給他們的機構，都是贏家詛咒的潛在受害者。房地產是獨特的，因此購買商店或辦公室的權益投資人會出比其他同樣資訊充足的投資人高的價錢。**為購買房地產提供融資的金融機構，已經以類似的方式破壞其他貸款機構的交易融資特權**。

對於借款將近三十億歐元給奎因的盎格魯愛爾蘭銀行（Anglo Irish Bank）來說，贏家詛咒真的是個詛咒（該銀行的執行長尚恩·費茲派屈克〔Sean FitzPatrick〕輕鬆地勝過佛瑞德·古德溫，贏得「全世界最糟糕銀行家」的稱號，而現在屬於愛爾蘭政府的盎格魯愛爾蘭銀行仍在清盤過程中）。

商業房地產的價值彼此互有關聯，且與經濟景氣以及其他許多資產的價格有關。暴漲暴跌的潛力是明顯的，而且會規律地每隔一段時間實現。有節制地運用槓桿原理的過程，或許能夠讓投資人集合和分散商業房地產投資固有的適度風險，但事實是，房地產風險的包裝已經將商業房地產變成重大且頻繁的經濟不穩定來源。

大部分的基礎建設都是由政府或其機關建造。在過去有些例外——鐵路和鐵道、美國電話網，甚至是某些地鐵幹線，是由民營公司興建和經營。但是政治干擾的歷史、遲遲無法獲利、績效不佳以及戰爭的破壞等，導致到了一九五〇年，私人融資的基礎建設已落入國家所有。公共基礎建設的資金是政府整體借貸的一部分，雖然國有化的產業及其他機關有時也能夠靠自己借款。這個借款往往是由政府明確擔保，即便不是如此，也會被認定是有政府擔保。

柴契爾在一九七九年成為英國首相後，基礎建設的政府管制受到重新安排，包括出售國營產業、將政府服務委外、公民營合作，以及透過民間融資計劃來為基礎建設投資提供資金。英國率先進行這些改革，但其他國家也廣泛起而效尤。隨著一大群律師、會計師和其他顧問在世界各地提供建議，這些複雜金融交易的專業在英國變成是一個專家產業。

這些各式各樣的私有化措施背後的動機在過去和現在都很多，且令人摸不著頭緒。公營事業大體而言都有管理不善的問題，不過有些國家的績效優於其他國家，前者如法國，後者如英國。私有化已經讓航空和電力等先前的國營產業因為效率提升而省下大筆成本，或許更重要的是，這創造了可建立更大的管理自治，且在日常少受政治干擾的結構。[7] 私有化和委外也降低了公共部門工會的影響力；這些經常達成慷慨的薪酬和條件以及人力配置水平，且扮演著工作實務改良的煞車角色。在某些產業，私有化與邁向更競爭市場結構的行動有關。

公共部門對大型基礎建設案的管理向來績效不彰，經常大幅超支和延遲。波士頓的「大挖掘案」（Big Dig）是要為波士頓中心的九十三號州際公路建造一條長三點五英里的隧道，最初計劃的成本是二十八億美元，且預計七年內完成，但實際的造價高達一四六億美元，且這個建案耗時十五年才完成。在英格蘭最北方有個哈特爾浦市（Hartlepool），它的核能發電廠在一九六八年開始興建，但一直到一九八三年才開始（有限地）進行商業營運，且要再過十年才實現額定產能。新蘇格蘭國會大樓的原始預算是四千萬英鎊，最後花了四點一四億英鎊才建造完成。重大專案的管理不善非僅限於公共部門，但是「英法海底隧道」（Channel Tunnel）的成本是預計金額的兩倍。[8]

然而，改善公共基礎建設管理的迫切需求，已經與越來越複雜的融資機制結合在一起。去除公共部門資產負債表的負債，是私有化打從一開始的目標。英國電信公司的股權在一九八四年被出售51%，便是想要促進一個投資數位交換能力的大型計劃，同時將報告的公共借款維持在政府目標內的結果。

但是會計操縱是個**滑坡謬誤**（slippery slope）。資產負債表外的融資是安隆詐欺案的核心。高盛公司管理的複雜交易吹捧希臘的國家帳目，好讓該國順利進入歐元區。巧妙命名的SIV——結構式投資工具，是銀行在二〇〇八年之前的數年內隱藏其曝險規模的主要機制。

英國財政部在「國會廣場」的角落所使用的那棟醜陋但具有代表性的建築物，是從財源合夥（Exchequer Partnerships）這家私人公司承租而來的，這家公司靠高槓桿成立，且未從事其他活動。這個「特殊目的工具」是由波維士（Bovis，一家建設公司）、史坦霍伯（Stanhope）和卻爾斯菲爾德（Chelsfield，兩者皆為房地產公司）、卻斯特頓（Chesterton，一家房地產仲介）及漢布羅斯銀行（Hambros Bank）共同創立的一個財團所擁有，資金則是在一場「融資競賽」中，以政府自己的借款利率加每年1.63％的溢價借貸而來的。這一切究竟為何？

這麼做具有潛在的效率增益：經由競爭篩選的民營公司，很可能為這種整修提供較佳的專案管理，且當建築物開始運作時，也可能改善設施管理。但相較於任何民營部門的借款人，英國政府借款會比較容易、借款成本相對便宜，且利率較低。這不僅不需要將興建、設施和融資結合在單一合約中——如同在財源合夥公司及大部分類似的交易所為，而且這麼做有許多缺點，尤其是將政府結合在長期的安排中，相關細節是事先指定的——大體上是無效的，因此會產生重大成本。改變是無可避免的，且很難預期，修改合約的代價也很高昂。

為了將倫敦的地鐵網現代化所落實的公民營合作，在複雜度和僵化程度都達到了荒謬的程度。與承包商協商的結果產生了數千頁冗長文件，且必須支付數億英鎊的費用給律師和顧問。據稱合約還載明了列車司機需要的上洗手間休息時間。[9]可預期的是，當兩家主要公司其中之一的「地鐵網公司」（Metronet），因為不同意合約更改的支付款項而倒閉時，這些安排很快就分崩離析。地鐵網公司的龐大借款是由一家美國的債權保險商來擔保——條件是任何款項的95％將由當地的交通機關——倫敦交通局（TfL）來支付。英國政府一直是真正的借款人。這一切究竟為何？

這些融資機制的目的之一是要**掩飾公共部門負債的程度**，只是我們不清楚這是要對何人掩飾。或許是政治反對人士，但所有性質的政府都一直在從事這種欺騙。債券交易員和信評機構是否也被捲入這種顯而易見的詐術？或許吧。或者目的也可能是讓政客和官員能夠欺騙自己。

不論如何，世界各地的納稅人為這類安排所付出的淨成本可以用數十億來計算。持平而論，這個超支大部分是要提高我們的年金和其他長期儲蓄的報酬率，但是在過程中，有一大部分已經被民間融資業拿走，只要繼續將提高政府及其機關融資的這個基本上簡單的事務複雜化，他們便有利可圖。

在近期的公共基礎建設歷史上，大型專案被金融、法務和會計利益掠奪，而我們已經看到試圖更專業地規劃和管理這些大型專案的必要嘗試，以支持越來越——且不必要的——複雜融資安排。如今，諸如英國、法國、德國和美國等國家的政府，都能用比以往任何時候更低廉的成本借貸。

這些市場條件提供了前所未見的機會來整修學校及銀行的油漆，並且更廣泛地翻新在英國和美國尤其明顯的搖搖欲墜公共基礎建設。然而，政府不是以有利許多的條件來進行借貸，反而是激進地買回自己的長期負債，並以回歸儉樸之名大幅削減資本支出。國家財政因為昂貴的短期資產負債表外融資而短缺。我將在第九章進一步解釋這種緊急危機，但是比起滿佈 PPP（公民營合作）、PFI（民間融資提案）、QE（量化寬鬆）及 SIV（結構式投資工具）等縮寫字的技術解釋，認為這種結果很荒謬的常識含有更多的智慧。

大企業

如果你可以證明你不需要錢，銀行便是個會借錢給你的地方。

高盛的布蘭克芬曾解釋說，他的公司從事的是「幫助公司募集資金，協助它們成長」的工作。這句話有兩個錯誤。「幫助公司募集資金，協助它們成長」事實上並不是高盛公司的重要業務，透過承銷和發行新債和新股權來為公司募集資金，總共只佔了該公司近五年內淨營收的不到10%，高盛的獲利主要來自於交易證券及固定收益、外匯與大宗商品（FICC）的次級市場。[10]

另一個錯誤是認為身為高盛典型客戶的公司是靠著對外募集資金來成長。雖然大企業曾經利用倫敦和紐約的證券交易所及其他資本市場來募集資金，以擴大業務，但已經有很多年不是如此。

埃克森美孚曾經是美國最賺錢的公司，也是最大的私人投資者。為了開採新的能源資源，並將石油產品帶到市場，每年都需要對探勘和開發以及基礎建設投入龐大的支出。在二〇一三年，埃克森美孚投資了兩百億美元，這個數字本身是就佔了美國企業總投資的一大部分。這全部的資金都是埃克森從自己內部的資源取得的。在二〇一三年，埃克森美孚花了一六〇億美元買回自己的股份，此外，公司還支付了一一〇億美元的股利給股東，而公司的長短期負債水準幾乎未改變，它沒有募集一分一毫的淨新資本。

二〇一三年並不是例外。包括該年在內的過去五年，這家公司的活動產生了將近兩千五百億美元的現金，大約是投資金額的兩倍。埃克森美孚在這五年間也未募集任何任何新資本，反而花了花了一千億美元左右買回了先前已發行的證券。

石油探勘、生產和分配是資本密集的事業。反觀許多現代公司只需要非常少的資本。蘋果公司在股票市場募集的資本——公司股份的總市值——超過七千億美元。雖然該公司有大筆的現金餘額——目前大約是一千五百億美元，但其他有形資產很少。它的製造業務都是發包的。本書原版出版時，蘋果正在加州庫帕提諾興建一座新總部大樓，估計造價為五十億美元，這將成為它的主要實體資產。這家公司目前在該鎮使用了各種房地產，其中有些是自己的，有些是租來的。在倫敦攝政街的英國蘋果零售旗艦店，則是與皇后與挪威主權財富基金（Queen and the Norwegian sovereign wealth fund）聯合擁有的。因此，營運資產僅佔蘋果事業估價的3%左右。

蘋果股票從一九八〇年開始便在那斯達克交易所掛牌，當年該公司從投資人募集了工億美元。自彼時起，發行的目的便不是為了要促進業務成長而獲得資金。如同科技公司的大部分掛牌上市，將公司帶進市場的理由是要讓公司的早期投資人和員工有機會實現價值。當時蘋果的四十名員工在當天都成了（紙上）百萬富翁，而史帝夫．賈伯斯的財富估計超過兩億美元。麥克．馬庫拉（Mike Markkula）當初投資了八萬美元，賈伯斯和他的合夥人史帝夫．沃茲尼克（Steve Wozniak）才得以開始製造電腦，他也因此致富。股票市場不是個將錢交給公司的方法，而是將錢取出來的方法。

實現投資報酬的機會對馬庫拉等早期投資人是必要的。為他們的持股賦予價值的能力，讓賈伯斯以及他們的同事和繼任者有了動機。一旦事業穩固，長期機構投資人會付錢購買產生獲利流的股票。這個機會讓馬庫拉等天使投資人，以及賈伯斯等創業家。能夠將他們的努力化做金錢。

實現獲利的機會造就了一項重要的經濟功能，但這不是股票市場最初發展的功能，且滿足當初各種功能所需的交易量很小。

在現代市場掛牌上市的第一批公司都是鐵路和釀酒廠等公司，它們是為了非常具體的目的而需要大筆的資本。建造鐵路的成本高昂，且一旦建造了鐵路，你唯一可以做的事就是經營火車。除了釀啤酒外，釀酒廠別無其他用途。早期的公用事業及製造公司是從私人的小口袋募集大筆的資金。

但化學世界和金融世界已然改變。在今天，大部分的營業場所都是辦公室、商店，或可用於許多目的的倉庫。在這些建築物中營業的公司不需要也通常未擁有這些建築物。如同蘋果，對這些業務重要的資產大部分是無形的：公司的品牌和商譽，以及為公司工作的人的技能和能力。雖然鐵路公司、汽車製造商和釀酒廠在擴充時，需要額外的資金來建造新廠，但是蘋果或谷歌等當今的新企業，在公司的生命週期早期普遍成了現金產生者，而非現金使用者。當臉書在首次公開發行時，罕見地募集了一六〇億美元的新資金時，這家公司卻在公開說明書中說道，它對如何運用這筆錢沒有確實的想法。

再者，股份所有權的性質也已改變。公司的外部股東不再是需要一個公開市場來為他們的持股找到流通途徑和公平價格的分散私人。如同我將在第七章所述，股東如今集中於大機構，且是由專業的資產管理機構來控制。金融化的弔詭現象是，對有效股票市場的需求逐漸消失，但同一時間交易量卻呈指數成長。

在大企業主導的經濟中，分配給投資案的資本不是由投資人或金融機構來決定，也不應該是。股東或投資銀行都沒有能力決定埃克森美孚資本支出計劃的規模和內容。關於要投資多少、錢要花在哪裡，都是由公司本身來決定：這是公司的高階主管接受訓練且被挑選來執行的工作。

股票市場藉由支持或不支持現任的管理階層，在資本配置以及更廣泛地判斷經營管理和公司策略的效率中，扮演著間接的角色。如果埃克森美孚投資計劃的結果未滿足事業的長期需求，那麼它的管理階層應該會感覺到外部來的壓力，且最終可能有丟差的風險。那種經常被稱為「監管」的東西——享有充份資訊的投資人監督管理階層，不是股權投資附帶的產物，而是其主要的現代角色。我將在第七章進一步討論股份所有權的這個面向。

大企業也會發行債務。一般而言，**這不是因為它們需要資金來投資**：用於投資目的的債務大體上侷限於公共基礎建設。在二〇一二年，埃克森美孚及少數幾家同樣強大的公司支付其債券所需的利率，實際上下跌到低於美國政府可取得的利率。商業票據也受到廣泛使用，這是一種短期借款工具，最初被創造的目的是要為在海上的貨物融資，後來也被用來為存貨以及在製品提供資金。在歐洲，大企業對銀行債務的依賴勝於可交易的債務證券——雖然貸款證券化已模糊了這兩者的差異。

為什麼這些大企業要在根本不需要資金時借錢呢？在過去，公司的財務主管是支付公司帳單費用的人，但他的地位越來越擴張，到了一九八〇年代更致力於讓自己成為金融家，在信用市場和外匯交易搶佔位置，並且利用利率和到期差異，為公司掙錢。這就是哈里法克斯（Halifax）決定遵循的路徑，雖然晚了些。在如埃克森美孚等的企業中，財務部事實上是財團公司的銀行部門，公司的石油資產建立的強大資產負債表，代表著這項業務的評等比任何銀行還來得高。

蘋果在二〇一三年發行債券時募集了一百七十億美元，這筆資金不是為了投資新產品或事業線，而是要支付股利給股東。這家公司現金多的是，但很多現金都在海外，如果將這些錢匯回到美國，會需要繳稅。對其他許多公司來說，債務相對於股權的稅賦優勢地位促進了財務工程。大部分的大型跨國企業都有著複雜度令人吃驚的法人和財務結構。這些安排主要指向避稅或監管套利，其中的機制只有少數專家瞭解。高盛公司從事的許多證券發行不是要「協助公司成長」，而是代表著在蘋果公司從事的這種財務工程。

回到伯瑞與赫萊爾提出的問題——這種資本市場活動究竟與事業有何關聯？它是怎麼跟抽取石油或銷售 iPad 扯上關係的？其實沒有什麼關係。公司想滿足其投資需求，卻幾乎不需要它，因為這些需求可完全從其潛在的現金產生來提供資金。大企業在當今對資本市場的利用，主要的驅動原因是稅負和監管套利，且是由公司的財務主管用他人財富來進行。

中小企業融資

「商業信用不是主要以金錢或財產為決定的依據嗎？」

「不是的，先生。第一件事是人格。⋯因為只要是我不信任的人，哪怕是他有基督教國家的所有債券，也不能從我這借到錢。」

——JP摩根，一九一二年十二月十九日，於眾議院銀行與貨幣委員會（亦稱普由委員會〔Pujo Committee〕）上的證詞

在現代經濟中，大型企業是透過營運產生的現金來提供投資所需的資金。中小型企業也需要資本來成長。一開始，它們必須承租場地和建立設備、購買材料庫存，並安裝設備器具。但是資產已變得較可取代，公司也變得較不需要密集的資本。商業本質的這些改變對新事業以及存在已久的中小企業同樣重要。在中小企業成長的過程中，對資金的主要需求是應付產生的營運損失，因為新事業需要制定和開發產品，並建立市場地位。

為小企業取得融資從來就不容易。借貸銀行會要求擔保，而房地產是較受歡迎的擔保品——公司的資產可能比較能達到這個目的，但銀行經常會要求提供創辦人的住家來擔保。相較於需要花錢來開發產品，或在市場中測試產品的新公司，對需要購買廠房並為場地建立設備的企業來說，銀行融資在過去且現在仍是較適當的管道。

但是隨著金融化的腳步越來越快速，加上傳統的銀行經理人退休或被視為冗員而遭到解雇，企業借貸部門從銀行分行被裁去，並轉移到地區辦公室。更專業的商業計劃分析取代了與客戶打高爾夫球時獲得的資訊。《魔球》現象——統計方法取代了直覺本能及傳統智慧——已改善了不打棒球的醫療等領域的結果，相較於強調經驗價值但對其他價值所知甚少者的傳統智慧，冷靜的數字分析往往比較可靠。[11]

但是JP摩根所體認到的，小企業的融資不只是或非主要是判斷數字的問題。新事業的成敗在

很大程度上取決於經營事業的個人的性格和能耐，而這些是電腦難以評估的。但是最重要的改變來源是銀行的優先順序。傳統的銀行是取出零售客戶的存款，然後借給企業以及政府和個人（後兩者較少）。今天的金融集團仍是以下機構的名字——巴克萊「銀行」、花旗「銀行」、德意志「銀行」，但是傳統的銀行功能僅佔這些現代金融集團所作所為的一小部分，尤其是對中小企業的支援。

隨著銀行越來越不重視中小企業事業投資的融資，資金透過了風險資本被導向小型的新創公司，這些風險資本是由富有的個人及少數想像力豐富的資產管理機構領頭的。在資訊科技的某些早期投資——例如馬庫拉對蘋果的支持——享有巨大可觀的成功。假如他保留持股，單單這筆投資便能讓他成為世界首富。在馬庫拉投資蘋果後，紅杉資本（Sequoia Capital）等專業的風險資本基金繼之而來。到了一九九〇年代，許多機構投資人看到這等非凡的報酬，都為未上市的公司保留一定的投資資金。

但結果是，曾經的所謂「風險資本」已經轉變成私募股權。風險資本當初是為一九七〇年代的蘋果等新創企業和早期階段事業而設計，而在過去，私募股權的焦點在於從大公司買斷現有的事業，或以增加的槓桿為成熟公司再融資。小規模的投資需要謹慎的監督，適合於這些投資的高費用水平被用於財務工程部署的大許多資金。這個產業已偏離最初的目的，且其方式會為中間人產生較多的收入，但經濟價值卻是降低的。

蘋果以及其他許多轉型的新公司，是在加州現今稱為「矽谷」的小地區創建的，諸如臉書等某些其他公司是在草創初期時搬到那裡。然而，亞馬遜和微軟等其他新公司，是以西雅圖或西岸的其他地點為基地。

在「矽谷」出現的新事業強烈（雖非單獨）聚焦於資訊科技和生物科技，這些產業受益於美國政府在戰後時代的大手筆基本研究投資。這些資金的責任是由各種機構分別承擔──國家科學基金會、國立衛生研究院以及美國國防部的眾機構。產生的（且非預定的）多元方法很有生產力，且可複製。為這些活動選擇的地點，似乎是在太平洋的戰爭餘波加上宜人天候的結果。鄰近史丹福的一所主要以研究為本的大學，也是重要因素，且許多成功的創業家都是史丹福的校友。[12]

早年成功的一些風險事業，造就了一群個人財富可觀且具有將新技術應用於初生事業經驗的個人，這些人支持新鮮的新創事業。馬庫拉在三十二歲從英特爾退休時已是百萬富翁，另一位英特爾的老將約翰．杜爾（John Doerr）是亞馬遜和谷歌的早期支持者，PayPal 的創辦人之一彼得．提爾（Peter Thiel）則是臉書的第一位外部投資人。

這些和其他創業家融資者的活動，有著來自小型財務顧問公司的助益（即所謂的「四騎士」：Alex Brown、Hambrecht & Quist、Montgomery Securities、Robertson Stephens」），它們扮演著機構投資人以及商業天使投資的管道。既然資金資助了新創公司的虧損，涉及的融資必然取得股權形式，且一開始投資銀行和零售銀行都未涉入其中。

當新經濟泡沫在一九九〇年代膨脹時，投資銀行激進地尋找要求矽谷公司公開上市的理由。摩根士丹利的「網路女神」瑪麗．米克（Mary Meeker）是這個領域的先驅，而「瑞士信貸第一波士頓」的法蘭克．奎特隆（Frank Quattrone）則是另一號顯赫人物。當「新經濟」泡沫在二〇〇〇年破滅時，奎特隆忙於到法院出庭的時間，比出席投資人說明會的時間更多。「四騎士」

的業務已被納入收購它們的銀行的其他部門。

但是到了此時，「矽谷」已經有了自己的生命，即使是在華爾街的興趣已從高科技轉向抵押貸款擔保證券，它仍然朝氣蓬勃。新興的創投公司取代了四騎士，持續出現的新事業仍主要聚焦於資訊科技和生物科技，但這個模式擴散到某些其他部門。「特斯拉汽車」這家創新的電動車製造商，是由PayPal的另一位共同創辦人伊隆．馬斯克（Elon Musk）所創辦。

但眾人對矽谷的著迷，不應引導任何人相信所有成功的中小企業都是加州製造。商業作家赫爾曼．西門（Hermann Simon）已找到大約兩百家他稱之為「隱形冠軍」的公司，其特色是規模不大（營收低於四十億美元），加上在利基市場佔有世界主導地位。[13] 它們的大部分產品都銷售給其他工業公司，且這些產品都是大部分讀者從未想像可以購買的物品。代表性的例子包括：位於維吉尼亞州黑堡的「德彩」（Tetra），它是觀賞魚飼料的全球領導者；位於米蘭西北的拉伊納泰的「塞斯」（Saes），它在世界銀收集器（可協助維持真空的化學反應物質）市場擁有85%的佔有率；以及「濱松光子學」（Hamamatsu Photonics），這家日本公司是醫療應用光源的世界領導者。在這些公司經營的部門中，顧客對品質的重視通常遠勝於價格。

雖然在美國、義大利和日本有上述這些利基生產者，但三分之二的「隱形冠軍」來自於德國以及瑞士和奧地利說德語的地區。這些「隱形冠軍」是「中堅企業」（Mittelstand）的明星，而身為「中堅企業」的中小企業是德國卓越的製造出口優勢的基礎。德國的人均出口產值是美國的四倍，更是中國的十倍以上。「中堅企業」的事業主要是由家族擁有。「隱身冠軍」不像上市公司，它們不太需要外部資本，且從自己的內部資源產生的現金用於投資需求通常是綽綽有餘。但所有公司都曾經是新興公司，因此需要早期階段的融資。

相較於說英語的世界，公開股權市場在歐洲大陸國家扮演的角色較有限。德國企業的股票市場價值大約是德國國家稅收的40%，相較之下，英國和美國超過100%。在德國的商業融資主要是透過其獨特的銀行體系來提供，這個系統有三個部分，它們在德國國內的規模大體上是相似的。全球金融集團（德意志銀行無疑是其中最大者）如今在結構和行為上與其他國家的金融集團雷同。儲蓄銀行是由市政府和地區政府所擁有。在儲蓄銀行部門內，由各邦擁有的邦立銀行（Landesbanken），事實上一開始是地區儲蓄銀行的地方中央銀行，但是在多角化經營後，變成了商業和國際銀行。合作銀行是地方的合作社，它們是德國銀行體系的第三個部分。

金融化並未略過德國。德意志銀行懷抱全球野心，這將在下一章完整討論，而二〇〇三到〇七年的信用擴張在邦立銀行造成大浩劫。德國有太多如佛瑞德·古德溫的人才，他們都是有著名過其實英雄形象的成功邦銀行家。德國的銀行體系是美國次級抵押貸款證券化和分割所製造紙張的主要垃圾傾倒場之一。北萊茵─西發利亞的邦立「西德意志銀行」是全球金融危機的歐洲主要災難之一，此外，聯邦政府接管了德國第二大銀行的德國商業銀行（Commerzbank）。然而，提供大約三分之一貸款給中堅企業的合作銀行和儲蓄銀行部門，大體上毫髮無傷，這個部門願意提供某種長期債務融資，且給予的條件幾乎是英國和美國的小企業望塵莫及的。

在整個金融化的過程中，全球投資銀行一直在努力促進德國債務和權益資本市場的發展，且經常發現對這個目標的支持來自歐洲委員會（European Commission）。德國銀行的零碎本質，以及德國低程度的資本市場活動，向來是批評甚至嘲弄的對象。然而，歐洲的銀行體系資助了確實是歐洲甚至可能是全世界最有效的中小企業部門。

「單一歐洲資本市場」和「資本市場聯盟」等名詞很有吸引力，尤其是如果你不對這些名詞實際上可能代表的意義三思。一九六四年的《羅馬條約》（Treaty of Rome）宣告：「所有限制資本在成員國之間以及成員國與第三國之間移動的規定，均應受到禁止。」金融化花了五十年時間，加上其背後的知識分子和政治說客的力量，才得以將這項要求重新解釋成要進證券次級市場，勝過歐洲傳統直接的、以關係為基礎的投資基金仲介管道。此處的討論有多處突顯德國企業相對於美國企業的低市場資本化比率，這可不證自明地體現問題。[14]

但或許在德國，對較高度資本市場活動的需求是反而會製造問題的解決方法。被稱為「歐洲版那斯達克」的「新市場交易所」（Neue Markt）在一九九七年成立，但旋即在二〇〇二年便關門大吉，因為當時在這個交易所掛牌的大部分歐洲資訊科技公司都變得一文不名。位於柏林的火箭網路公司（Rocket Internet）同時培育也資助新興市場的新創科技公司，其執行長奧利弗．桑威爾（Oliver Samwer）發現了美國和德國中小企業活動的基本差異：「世界上有開創的創業家，也有執行的創業家，或許我們比較屬於執行的創業家。」[15]「中堅企業」對於在公開市場掛牌上市向來不太感興趣，常態一直是家族持續擁有所有權，而創辦人及其家人會有專業的管理階層繼任，這樣的結構符合德國對監督委員會與執行委員會的區分。

這樣的型態甚至延伸到了較大的公司。BMW 汽車公司在今天之所以仍然存在，乃是因為主要的世襲股東赫伯特．科萬特（Herbert Quandt）在一九五九年決定拒絕將搖搖欲墜的事業拱手納入賓士汽車，並給予新的管理權限來重新打造其產品範圍。行事低調的家族以及他們的科萬特基金會（Quandt Foundation）因此獲利數十億歐元。如同在第一章所指出，這種集中的所有權和治理結構，以及家族控制的中堅企業的成功，所造成的結果就是德國的所得和財富分配相較於歐洲大陸其他國家較不平等。

德國公司的股權普遍被銀行持有。與交易活動程度高的國家的風險資本家及私募股權投資人不同的是，銀行願意持續持有這些股權數十載。在英國和美國，成功的中型企業靠著收購成長，或者自己被收購，但是這種**企業規模分佈中間地帶**「被掏空」的現象，尚未在德國發生。

帕羅奧圖與德國工業心臟地帶之間的距離比地理的實際距離長許多，但這兩個地方提供了成功小企業融資的兩種主要典範。但是世界各地的政府試圖仿效的是矽谷，雖然它們不太成功。

矽谷得天獨厚的結合了有想像力的國家對核心研究的支持，以及資格條件優異者的後天訓練，加上活力十足的私人部門創新和創業——明顯未受大型成熟企業或傳統融資機制所影響，這些尚未被有效模仿。或許最相似的成品可以在以色列的高科技新創事業部門發展的過程中找到，這個部門聚焦於（雖非局限於）電子業。這些成就似乎大體上仰賴人脈，以及以色列國防軍取得的技術技能。

説德語的歐洲、加州與以色列特拉維夫有著非常不同的環境，這證明了要成功培育中小企業，並提供必要的融資，沒有單一公式可茲遵循。這些工業集團——中堅企業、矽谷、以色列的電子聚落——每一個都在全球競爭中證明是有效的，但每一個都是歷史、文化和環境特殊條件下的產物，這些恐怕在他處無法複製。

儘管如此，它們還是有些共同的特徵。政府、創新的金融家，以及有相關產業經驗的富人，全都扮演一定的角色。地理集中度及人脈也很重要。證券化是滿足中小企業融資需求的有用方法——這個觀念是以下這個錯誤觀念的另一個好例子：大部分問題的解決方法可以在複雜的融資工具中找到。中小企業的融資無法用電腦有效評比。金融財團的成長犧牲了專注於地方的機構的利益，而這些機構對德國的中堅企業仍具有關鍵重要性，且在矽谷的演進上也扮演了同樣關鍵的角色。

以政府而言，或許在最初最重要的角色是促進新金融機構的創建，其方向是要結合提供貸款和股權融資以及所需的建議，以協助中小企業成長。這樣的發展應搭配較不關注公開市場的資產管理機構所為的簡報。我將在第七章進一步討論這些議題。

在整個資本配置的過程中，**投資專業已被金融仲介技術的專業所取代**，仲介活動需要更大的智識能力，以及從事複雜數學計算的能力，而不再重視與客戶在高爾夫球場交誼的對話。在住宅放貸部門，對當地房地產和人的認識，已被模型建立和證券化產品的設計所取代。在供證券掛牌的市場，對公司的知識已逐漸消失，最大的報酬如今是由設計和實行精密交易演算法的人所獲。銀行已將小企業借貸集中化，而風險資本投資人已將關注焦點轉向**成熟企業的再融資**。

這些都是金融化藉以創造一個世界的方法，在這個世界中的人彼此交談並彼此交易、在他們自己創造的現實中營運、為真正但大體上無用的技能慷慨地犒賞自己，但比起較無才能的同業前輩，他們能夠提供來滿足實質經濟真實需求的內容卻較少。

「6章」

存款管道

家庭財富

如果我們能支配自己的財富，應該是富有且自由的；
如果我們的財富支配我們，我們實際上是貧窮的。

——愛爾蘭政治哲學家 愛德蒙・伯克（Edmund Burke），《Letters on a Regicide Peace》，一七九六年

資本與財富是令人十分難以理解的概念。

我們在最後一章將敘述衡量國家資本的兩種方法：家庭財富的累計以及實體資產的估價。本章則談論這兩者的中間管道——**家庭儲蓄成為國家實體資產的方式**。這些管道曾經清楚又直接，但如今變得複雜又阻礙重重。

有些家庭財富與實體資產直接相關。大部分家庭都擁有自己的住宅，有些小事業業主也擁有自己的辦公室、商店及其他交易資產。有些統計局在計算實體資產的價值時，納入了某些家庭耐久財，例如汽車。家庭也會彼此借貸，大體上是透過仲介機構——節約者的儲蓄為有需求者的抵押貸款和信用卡債務提供資金。然而，總計而言，個人之間的這些交易會互相抵銷。

但直接擁有的資產僅佔個人財富的大約一半。大部分的個人儲蓄會交付仲介。家庭把它們的資金託付給公司、金融機構及政府，這些單位反過來代表家庭持有資產。國家的所有實體資產在法律上都是由某個人擁有——自然人或機構法人。但是如果所有權屬於機構，我們原則上永遠可以依循著仲介鏈到達其末端，然後找到身為受益人的個人和家庭。機構的所有資產和權益都代表

圖六：2012 年底按資產類別的家庭財富[1]（按購買力平價的人均千美元）

	英國	美國	德國	法國
住宅財富（房地產價值扣除房屋貸款）	63.7*	32.7*	43.7	51.0
淨現金與存款	25.2	16.9	30.6	23.8
淨長期儲蓄保險與退休金直接持有的證券	**64.0** 52.9 11.1	**159.2** 64.2 95.0	**38.6** 27.6 11.0	**44.0** 28.8 15.2
總計	152.9	208.8	112.9	118.8
人口（百萬）	63.7	313.9	81.9	63.5
家庭財富價值總計（按購買力平價的兆美元）	9.74	65.54	9.25	7.54
實體資產價值總計（按購買力平價的兆美元）	9.29	45.32	10.95	8.34

＊包括土地
資料來源：OECD 經濟合作暨發展組織、作者的計算

著他人財富。

假如我是在金融化之前撰寫這本書，要解釋家庭儲蓄如何經由仲介變成實體資產，會容易許多。透過銀行和互助儲蓄機構運作的存款管道，將在受到要求或突然通知時可償還的儲蓄，導向購買住宅融資以及商業借貸。一個投資管道便提供了企業股權融資，以及商業房地產的開發和購買。基礎建設大體上是由政府或其機關來建造，而建造活動的資金來源是透過發行債券：這些證券接著是由銀行持有，並間接由投資人持有。在這種簡短、簡單的仲介鏈下，儲蓄者和投資人都能辨識他們的儲蓄為哪一類的資產提供資金，且這個資產往往是具體的建案。

在今天，仲介管道比較長，也比較複雜，且其中有許多障礙、旁通分支和繞道，以及資金的流進和流出，還有徵收通行費的仲介機構。但是如圖六所示，國家實體資產的總價值以及全國家庭財富的總值——必然——是相近的。家庭平均財富介於十萬美元到二十萬美元之間；德國（住宅所有權較低）在這個範

圍的底部，而美國在頂端。當然，這些平均值隱藏了每個國家各個家庭分佈非常廣泛的差異；比爾。蓋茨坐擁八百億美元——是這個平均值的五十萬倍，而有些人除了所穿的衣服外，擁有的東西甚少。

美國和歐洲有著顯然不同的儲蓄文化，這是歷史以及仲介機構結構的差異所致。在英國、法國和德國，住宅投資（扣除抵押貸款）佔家庭財富的40％左右。美國的這個數字較低，這部分反映了房價及利息稅負可扣除額的水準較低，但也反應了抵押貸款債務相對於房地產價值的水平較高，這是全球金融危機之前無節度地放款所造成的遺害。美國是唯一個人直接持有的證券佔家庭資產相當大比例的國家，在其他國家，大部分的長期儲蓄是透過仲介被導向他處。

在美國，投資管道中的長期儲蓄產品是存款管道中的資產的將近十倍，而在德國，這兩個數字幾乎相等，英國和法國則居於兩者之間。美國的消費者負債比其他地方高出許多，英國家庭欠債少了許多，而法國和德國的消費者負債是微乎其微。相較於英國和美國，在法國和德國，退休金基金的重要性似乎低許多，但這會造成誤導。退休金給付在這些歐洲大陸國家比在盎格魯薩克遜國家來得慷慨，但這些退休金給付大體上是沒有資金基礎的，而是從目前的營收來支付。再者，如同下一章將解釋的，唯一有經費基礎的退休金承諾，已被納入為家庭財富報告的數據中。

仲介機構可以發揮仲介功能，但它們無法創造財富，因此我們會需要解釋為什麼實體資產的價值應該與家庭財富的總值接近相等。理由可區分為三大類。

最基本的理由是金融化的影響——金融化創造了廣泛的**金融債權連結**，這些權益的價值僅大略與作為基礎的實體資產之價值相符。第二個理由是**政府資產和負債的特殊地位**。第三是**資本流**

動全球化。接下來，我將個別探討每個理由。

半個世紀前，為一家公司估價的關鍵在於「看透」作為公司基礎的實體資產之價值，這就是華倫．巴菲特的導師葛拉罕建立其投資策略的做法。但如同巴菲特已徹底瞭解的，證券的估價如今可以用不同的方法來處理，這個轉變部分是現代企業（蘋果）的本質改變所致，而部分是因為現代金融家為自身及其食客（安隆）的利益刻意讓複雜度激增所造成。

在本書最後一章，我將敘述蘋果股票的價值如何未反映其營運資產（也就是讓葛拉罕真正感興趣的帳面價值）的微不足道價值，而是反映其未來獲利的預期，而且這個預期是企業活動和記錄所創造的實質資產，即使它是個價值不確定的資產。然而，蘋果的未來顧客並未報告任何相對的負債，或許他們不應該報告，因為只有在他們高興時，才會購買這家公司的產品。蘋果身為一家公司的價值與其實體資產價值之間的差距，可能被量化為一種「無形資產」，那就是「蘋果品牌」的價值。但是這個推理基本上是循環的。「蘋果品牌」不多不少就是這家公司、其產品，還有它的營運。「品牌價值」只是為了造就公司在股票市場的價值所計算的數字，資產的帳面價值也是。[2]

要對蘋果的股票賦予遠超過葛拉罕帳面價值的價值，必須承認現代經濟仰賴的是設計和構想，而非實際活動。蘋果公司會繼續獲利成功，這個預期似乎有確切的基礎，但是預期必然是主觀的。同樣的推理據稱也適用於安隆公司將能源合約的預期未來盈餘資本化，也適用於抵押貸款擔保證券潛在報酬的樂觀評估。奠基於相信未來的金融債權估價，提供了未被發現的資產利益侵吞（bezzle）與功能性等價侵吞（febezzle）的機會，且這種可交易的權益數量越大，侵吞與功能性等價侵吞的可能數量也越大。關於安隆公司持有的金融債權價值，相關的虛偽權益透過安隆高漲的股票，被轉換成家庭財富。

但是這個高漲的股價卻被用來評估股票投資組合的價值，以及持有安隆股票的退休金基金和投資公司的價值。如果統計官員要求馬多夫的客戶公告他們的財富，他的受害者會報告列印在馬多夫發給他們的報表上的金額。當金融資產的價值上漲，家庭金融資產的價值也會跟著增加。只有時間會告訴我們，這些證券價值的移動究竟代表著實體資產實際價值的上漲、有憑有據的未來獲利預期，或者如在安隆和馬多夫的證券，只是一種侵吞與功能性等價侵吞。

許多人已經批評過在全球金融危機之前數年公共和民間債務的增加，但是這個批評雖非不重要，卻未直指問題核心。

金融化已創造了金融債權的龐然大物，但這個龐大載物是建立在實體資產的薄弱基礎上：這就是為什麼未結算的衍生性商品風險暴露價值遠超過世界所有資產價值的原因。總括來看，這些金融債權會互相抵銷，但是它們的存在讓這些債權的所有個別持有人，**同時暴露於市場風險**（債權市場價值的變動）以及**信用風險**（交易對方沒有能力支付）。這些風險暴露遠遠超過部位的淨價值。成為百萬富翁的目的是要享有安逸自在的財務狀況，但是如果一方面擁有一億美元的資產，同時又積欠九千九百萬美元的債務，那完全是另外一回事。如果關於那一億美元的價值有著不確定性，且透過贏家詛咒以及侵吞與功能性等價侵吞的其他機制，價值可能被偏頗地高估，那就更糟糕。

破壞金融債權與實體資產之間的相等性，還有好幾個其他因素。大部分的金融債權基本上都會有另一個人的支付義務來配對，但有時這個義務落在何人身上並不清楚。公債以及某些退休金權利代表的金融債權尤其是如此，這兩者都是規模龐大的債權。在公債和國家年金到期時，用來贖回和支付它們的稅收，是未來納稅人的負債，但最終必須履行這些義務的納稅人，並不會將這個義務當作債務，這些負債的個人有許多還沒出生。

機構和家庭當然會將它們持有的政府債券當作資產，但是在家庭預算編列和官方統計中，退休金權利的處理是較不確定的。年屆六十五歲、每年可領一萬美元退休金的人，實際上擁有的金融資產的目前價值介於一萬五千美元到兩萬美元之間。如果退休金在支付的過程中可能增加，或許是反應的通貨膨脹，退休金權利的價值會高出許多。但是家庭未必會這麼想。

統計官員也不會。大部分的家庭財富調查會在退休金福利有金融資產相配的程度下納入退休金權利，但也僅止於這個程度。因此，如果你有自己的個人退休金基金，它的價值會被納入家庭財富計算。如果你是某個公司退休金計劃的成員，且退休金計劃有投資作為後盾的信託基金，你在這個基金的持分也會被納入報告的家庭財富，即使你很可能從未停止思考它的價值有多少。但是國家年金是從未來的課稅取得資金，其價值未被納入財富。報告的家庭財富也不包括雇主未來支付退休金的無基礎承諾，而這是法國和德國退休金給付的主要機制。

雖然未來的納稅人基本上不會將政府的債務視為自己的個人負債，但同樣的推論是，人們也不會認為政府擁有的資產是自己個人財富的一部分。身為個人和家庭，我們享有道路網、國家畫廊中的畫作以及國家公園，並從中受益，但我們在被要求報告自己有多少財富時，並不會報告這個利益。政府的資產和負債是全體每個人的資產和負債，但不是任何特定人的資產和負債。

我們住在一個全球資本的世界中。政府積欠海外的債務比例越來越高，尤其是美國政府的債務。跨國企業無所不在。有些國內的資產屬於外國人，而家庭也直接和間接擁有海外資產。大國就像大企業一樣，基本上是要資金自給的。在二〇一二年，海外的居民、企業和政府在英國擁有的資產價值達到一千六百億英鎊，超過英國居民、企業及政府所擁有的海外資產。雖然一千六百億英鎊是個大數字，但它代表著十點四七兆英鎊的海外資產與十點六三兆英鎊的海外負債之間的小差距。

許多其他大國也有非常龐大且整體規模大體相近的外國資產和負債（參照下頁圖七）。國際收支持續順差的德國在海外的資產高於負債，美國的情況則恰好相反。諸如瑞士和盧森堡等少數富有的小國，以及波斯灣的石油富國，在海外的淨資產相對於其國家大小是相當多的。貧窮國家大部分是負債的：它們的政府已經舉債，金額經常很龐大，而且它們的事業很多都屬於外國。東歐的前社會主義國家也是如此。

這些國際的資本流動有許多益處，不是只有購買陽光別墅以及外國公司股票的機會。英國的金融部門有很大部分是發展來資助「穿越非洲的鐵路、橫跨尼羅河的水壩」，並為世界貿易的成長提供資金。在今天，英國的公司不僅在墨西哥灣鑽油，也在非洲擁有電話網，在在中國製藥，

圖七：2012 年底的海外資產與負債（總國家財富的 %）

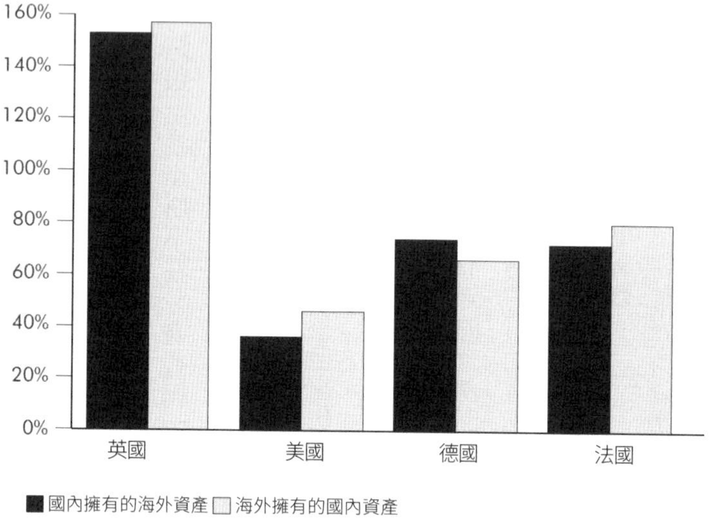

資料來源：OECD 經濟合作暨發展組織、作者的計算

而英國的汽車產業則在日本（及印度）的所有權下復甦。

但是全球資本流動和平衡在近期的增長，是金融化的直接結果，在二〇〇〇到二〇〇八年間，英國的海外資產和負債同時成長將近四倍。資產和負債的總值都是由金融機構彼此欠債的金額來決定。[3] 全球化的這個面向正是雷曼公司倒閉立刻成為全球的問題，而非只是美國的問題的原因。

拆解實體資產與金融債權之間的關係涉及了許多併發症，我已將其中某些併發症描述為因為金融化而按規模順序增加的併發症。但是這些併發症沒有一個能減損以下的基本事實：國家的資產是家庭儲蓄的產物。

由於仲介，不同國家的不同儲蓄實務並未對資金最終落腳於何處，有著相應規模的結果。在法國和德國，透過銀行及保險公司的直接仲介是常態。作為基礎的資本存量是相近的，表示每個地方的資金都被導向抵押借貸、商業和政府融資，以及房地產開發。在德國，存款管道是通往商業的重要管道，而在美國，透過證券市場的仲介昂貴許多，且許多活動都是透過債券和股權來提供資金。一如尋常，英國則介於這兩者之間。本章其餘部分將講述存款管道（以及無可避免地與存款管道連結的支付系統）的功能，第七章則將探討投資管道的運作。

支付系統

錢常常太貴了。

——愛默生（Ralph Waldo Emerson），語出一八六〇年《為人處事的道理》（The Conduct of Life）。

保羅．沃克這位高大、談吐簡潔的人物，是在葛林斯班之前的聯邦儲備理事會主席，根據報導，他曾說近代唯一有用的金融創新是ATM（自動櫃員機）。[4]對於讓偏僻小鎮的司儀神父都感到興奮的躉售金融市場發展，沃克深感疑慮。從一般顧客的觀點來看，重要的是零售金融服務的創新。我們所有人每天都在使用的支付系統，是企業和家庭需要的主要金融服務。

第一個支付系統仰賴實體的交易單位。貴重金屬，尤其是黃金，非常適合擔任這項任務。我們的祖先後來了解到，他們可以靠以黃金為基礎的信用來進行交易，同時讓黃金待在同一個地方。[5]到了更晚期，他們體認到，黃金在這個過程中根本是不需要的。這些概念性的發現促進了信用的發展，但也招致詐欺和不穩定。因此，政府先管制且最終獨佔了紙幣的發行。當美國在一九七一年放棄金本位制時，紙幣與貴重金屬之間連結的最後殘餘部分自此消失。於是，好幾個世紀以來，支付以及接受付款有兩種主要方法：代幣交換以及信用轉移。

在日常生活中，我們會使用小金額的政府或其機關發行的硬幣和紙鈔，較大額的支付則仰賴銀行或其他金融機構在帳冊中的借方和貸方分錄。感應式支付卡以及行動銀行應用程式，只不過是這些由來已久的做法的最新體現。公用事業網包括電網、電信往、自來水系統等，支付系統是這些作為社會和商業活動支柱的網絡其中之一。我們每天都在使用這些網絡，只要功能故障個幾小時，商業活動就會停頓，而社交生活也會中斷。這時，我們會坐在家中，等待服務恢復正常。

或許我們不應誇大這個影響力。在一九七〇年，愛爾蘭銀行的員工罷工導致該國的支付系統關閉。顧客無法從他們的帳戶提款，支票也不能結算。從這次奇怪的實驗所得到的教訓的是，情況好像也沒那麼嚴重。商業活動還是繼續，愛爾蘭的酒吧仍然靠著信用系統運作。在一九七〇年，愛爾蘭不是個特別新進的經濟體，但它也幾乎不是個原始社會。身為社會同質性高且彼此信任度也高的小國，或許是有助益的。不論如何，罷工透過凍結支付系統，對愛爾蘭經濟的影響，比起愛爾蘭銀行體系在二〇〇八年全球金融危機期間崩解的影響，要來得小許多。

大部分的公用事業網也是自然的獨佔事業。不可或缺性以及獨佔的雙生特性，解釋了為什麼公用事業受到密切的管制。國家政府或市政府的公共所有權，向來是公用事業管制的傳統機制，但是在一九八〇年代展開了一個將許多公用事業網開放競爭，並將許多公用事業本身轉移給受管制的私人所有權。這種重新估價是從英國開始，但其他許多國家也繼而仿效。碰巧的是，一項大型的反托拉斯訴訟導致美國電話電報公司（AT&T）分裂，這家公司主宰美國的電信業已將近一個世紀。新的公用事業管制體系，讓有著創新產品的競爭公司得以進入這些公用事業網。電信業轉型為我們帶來了智慧手機和網際網路，若無此次將現任巨獸、民營公司和國營企業的力量分解的國家行動，這很可能永遠不會發生。

運輸、電信及其他公用事業的實體網路是由工程師規劃。恢復能力和堅實耐用是打從一開始的設計目標。支付系統的演進比較沒有章法，且發展時間較長。如果說有任何設計，這個設計就是金融家和管理員的工作。這種歷史演進的差異，就是為什麼金融網反覆證明自己比其他基礎建設網來得不穩定許多的主要原因，且不只是支付系統的發展，整個金融體系的演進都與其他基礎建設不同。財經作家塔雷伯已經解釋系統的脆弱性如何造就獲利機會，因此這種不穩定性也促成了許多市場參與者的利益。[6]我將在第十章回頭探討系統設計的這些議題。

在英國以及在歐洲大部分國家，支付系統是由一群聯合的銀行所控制。當你開了一張支票，或透過網際網路或自動轉帳完成了一筆電子付款，你的付款會與你的銀行所為的所有其他付款一起累積在結算系統中，這些會與你的銀行從其他銀行收到的所有付款抵銷。銀行間收款和付款的淨金額，會被貸記或借記到銀行在中央銀行——銀行的銀行——的餘額。只有非常少數的大型且有特權的公司才直接在中央銀行有自己的帳戶。你可以從 ATM 取得政府發行的紙鈔，是因為你當地的銀行從它在印鈔票的中央銀行的存款取出現金。

英格蘭銀行是英國的央行。在美國，銀行為它們經營的地區在適當的聯邦儲備銀行持有存

款。提摩西．蓋特納（Timothy Geithner）帶領的紐約銀行是這些機構當中最重要者。全國的聯邦儲備系統在聯邦儲備理事會的監督下，承擔這個結構的整體責任，聯邦儲備理事會的主席由總統任命，是國家的央行總裁。同樣地，在歐元區，在西班牙經營的銀行於西班牙銀行（Bank of Spain）持有存款，而西班牙銀行接著在歐洲中央銀行——中央銀行的銀行——持有存款。

但聯邦儲備系統的運作與歐元區的運作之間有個關鍵差異。如果在堪薩斯州的某個人向紐約的買方購買商品，金錢會從買方的帳戶借記，接著由堪薩斯州的聯邦儲備銀行匯款到紐約的聯邦儲備銀行，然後貸記到商人在紐約州的帳戶。在歐洲，這個中間步驟不需發生。聯邦儲備系統不讓它的成員管理大額的永久性透支，歐洲中央銀行卻允許。德國有五千億歐元的債權，這筆金額大體上是由系統中西班牙和義大利的將近兩千億歐元，以及希臘的一千億歐元未清償負債來相配。這個債務——約德國人口每人六千歐元——是從德國有效轉到地中海俱樂部。我們很難看出這些負債可能應清償的來源，且管理歐元區各中央銀行之間負債的「**第二代泛歐自動即時總額清算系統**」（TARGET2 system）內的未清償餘額，是歐洲貨幣體系底下的定時炸彈之一。

個人和企業的國際支付（包括歐元區內的支付）仰賴位於布魯塞爾、稱為「SWIFT」的結算系統——如大部分的一般使用者會發現的，它其實不是結算系統。自從歐元區形成以來，歐洲委員會和歐洲議會已針對收費向下施壓，但是它們在制定現代化和效率的優先順序上，向來不太成功。令人訝異的是，自從採取單一貨幣來，歐元區跨境支付的日常機制在運作時，彷彿一切幾乎沒有什麼改變。

除了這個結算系統，還有一個資金可以立刻貸記或借記的即時支付機制在運作。這是高價交易被處理的方法——讀者很可能已經為了購屋目的而使用它。雖然以量來說，這個機制僅即時處理小部分交易的金額，但是以價值來看，它佔了絕大部分的比例。**大部分的高價交易是要解決金融系機構彼此之間的交易**。

支付系統是金融服務業的心臟，大部分在銀行工作的人是在從事付款。但是這項工作所需的優先順序很低，在產業中的威望也很低。公司之間的競爭通常會促進創新與改變，但是銀行改善其支付系統所獲得的競爭優勢非常少，因為顧客經驗比較是整體系統效率的結果，而與任何個別銀行的效率較無關係。對銀行而言，加速支付的獎勵很薄弱。

在經過數十載的逐漸發展後，大部分銀行的內部系統能夠勉強運作：變得較簡單，且暗示造成短時間中斷的機會較低。這是在已經存在的系統上進行改良，而不是投入基本的重新設計。金融業領導者的興趣一直在其他地方，且銀行傾向於將新技術視為降低成本的方法，而非更有效率地滿足顧客需求的機會。雖然美國是躉售金融市場中的全球金融創新中心，但它在零售銀行創新方面是落後者，雖然巴克萊銀行的成績較佳，但也沒有高多少。巴克萊銀行的前執行長馬丁·泰勒（Martin Taylor）在一九九八年退休，當時他無力阻止銀行越來越壯盛的交易文化，他曾以下述的方式描述支付系統的狀態：「在典型的大銀行，尤其是已透過合併和收購壯大的銀行，系統構造已偏離其最初設計者設想的帕拉第奧式（Palladian）別墅，並且變形成充滿塔樓、破裂玻璃和鋪路不平的恐怖哥德式建築。」[7]

如同沃克所體認的，ATM 為日常的財務經驗創造了很大差異。網際網路也是，越來越多人如今是透過家庭電腦和行動裝置在管理他們的財務。資訊科技也改變了其他服務，包括樂迷、社群網路的使用者、電子書的讀者、線上購物者等這些服務的使用者都感到很興奮，然而銀行顧客似乎沒有感到相同的熱忱。

這些其他產業的經驗提供了重要的解釋線索。在音樂、社交媒體和書籍，「產業破壞」是由新進入者帶頭而起，他們面對著既得利益者努力——但不成功地——維持控制，並保留其現有商業模式的阻力。先是Napster，後來是蘋果將老牌音樂標籤邊緣化；YouTube、臉書和推特（Twitter）讓報紙陷入衰退；亞馬遜先是重新定義了書籍銷售，後來又重新定義了書籍製作。反觀機構的複雜性加上官僚的惰性，加上管制的助力，使得這種破壞式的改變在資金傳送方面一直無法發生。

如同在音樂、社交媒體和書籍，主要的創新是新系統發展的結果，而非舊系統演進所致。塑膠支付卡不僅是ATM的關鍵，也是支付改革的關鍵。美國銀行率先倡導將信用卡作為商店基礎信用的替代品，顧客不需要與個別的商店協商信用條件和限制，只要從銀行獲得信用額度，便可以在多家商店使用這個額度。這些商店會付費給銀行，以便獲得銀行的顧客以及他們的消費力。

在誤打誤撞地開始後，信用卡的概念證明是成功的，且被其他銀行採用。發行者形成網絡，讓商人能夠處理好幾位不同提供者的卡片。這種安排至少對銀行而言，有著進一步的優點，那就是讓它們能夠對於向商人索取的費用達成共識。兩個主要的網絡——威士卡（VISA）和萬事達卡，便是以這種方式，從美國銀行和花旗銀行分別帶領的金融集團發展出來的。

與信用卡的興起同時發生的是電子處理的技術發展。這個歷史意外的結果是，信用卡變成——且如今仍然是——進入完全電子化的支付系統的一種簡單方法，這種系統與銀行經營的傳統支付系統有別，且在許多方面是比較先進的。處理信用卡付款大體上是委外給技術公司，第一資料公司（First Data Corporation）是其中最大者。然而，當時的銀行能夠支撐金融網守門員的職位。

在率先推廣信用卡的美國與英國，單一張信用卡便可滿足雙重（且大體上有區別的）功能，即為顧客信用提供循環融資額度，以及電子支付機制。這個雙重性已證明十分有利可圖——尤其是對信用卡的先驅，例如美國的美國銀行和花旗銀行，以及歐洲的巴克萊銀行，它們現今仍是大型的發行者。卡片提供的昂貴信用受到廣泛使用，使用者經常是無意借款且可能用低許多的成本取得信用的人。

銀行推廣金融簽帳卡的腳步比較慢，這種卡片將電子支付系統與目前的帳戶整合在一起。我們不再需要使用紙張，不論是銀行票據、支票或銀行對帳單。交通智慧卡片的使用，已加速無接觸式支付的採用，而且你能夠隨時看到產生的時間和人力節省，以及擁塞程度的降低。在某些貧窮國家，透過行動電話轉帳尤其重要（著名的有肯亞的 M-Pesa），因為在這些國家，行動電話網是最有效率——或者可能是唯一有效率——的國家基礎建設部分。最大的網際網路支付系統 PayPal 是由線上拍賣網 eBay 所擁有。

要想像一個紙鈔和硬幣已經消失的世界並不困難。你會揮一揮預付卡，完成一筆小金額的付款，而較大額的付款則是利用帳戶之間的直接電子轉帳來進行。在斯堪地納維亞半島、荷蘭及日本，支票已經無人使用。或許值得注意的是，有著龐大金融部門的國家，例如英國和美國，在支付系統的創新上似乎一直比較慢。英國原本計劃去除紙張的使用，但銀行顯然幾乎未考量這個改變對其顧客的影響，於是計劃宣告失敗。[8]

革命終將到來。機構惰性可能減緩技術改變，但幾乎無法完全阻止它發生。**付款完全去實物化**，可能從政府和老銀行機構手上奪走它們的傳統控制機制：貨幣發行的獨佔地位，以及取得實體記錄的管道。信用卡的發明代表著我們不再需要現金或存款就能付帳，只需要證明預期的未來資源足以結清交易：這個改變可能會終結我們所知的貨幣。

比特幣（bitcoin）則是被吹捧得天花亂墜的數位貨幣，是幻想與詐騙的歧異混合產物，它的福音傳播者從某方面來看，還不夠有想像力。他們只是想在電子世界中複製一種在實體世界存在已久的商品——貨幣。比較重要的問題是，我們已知的貨幣是否已完全沒有存在的必要。我曾經跟初學者開玩笑說，貨幣之所以存在，是因為當水管破裂，不太容易找到需要上經濟學課的水管工——但是在今天，要找到這樣的水管工是可能的。

存款管道曾經因為與支付的連結關係，好幾個世紀在金融體系中扮演著核心角色，但從現在起算五十年——或許二十年，它不太可能再承擔這個角色。支付系統已經成熟到可以接受破壞式創新，但截至今日，PayPal、Square 以及最近期的 Apple Pay 等市場進入者，還是比較偏好躲在無效率的現任銀行所建立的高收費結構保護傘下。這種小心翼翼地瓜分寡頭壟斷的利潤，不會無限期地永遠存在，假以時日，支付系統將成為與存款管道有別的廉價公用事業。

支付系統的演進將為更廣泛的變革鋪路，包括制度和智識的變革。我們對金錢和銀行的理解將產生根本的修正——事實上，「控制貨幣供給」的觀念，已經被「影響資產到期日組合」等許多寬鬆的概念所取代。

如同我將在第九章所述的，當今的利率政策比較偏向對銀行的補助規模，而非借款者與貸款者彼此交易的條件。管制單位和現任銀行會抗拒這些改變，雖然短時間內它們會成功，但最終仍將失敗。

存款管道的活動

搶銀行跟開銀行一樣，都不犯法。

——貝托爾特．布萊希特（Bertolt Brecht），一九二九年《快樂的結局》（Happy End）

存款管道可達到兩種目的：促進支付系統，並作為借款者與短期儲蓄者之間的仲介。很少有人會想要取得在受到要求時就應該清償的貸款，但很多人會想要在受到要求時便可取出的存款。因此，仲介機構提供流動性的能力具有關鍵重要性。存款管道仰賴流動假象——這個假象只有在沒有太多人利用它時才能存活。

但假象是脆弱的。相信大型金融機構永遠能履行其義務的信念，支撐著本書序言中所描述這些大型機構之間異常投機交易量的成長。當全球金融危機來襲時，國際金融體系無法提供預測的流動性，且在打了好幾個嗝後，反而是由政府來提供這個流動性。在今天，金融體系試圖建立足

圖八：2014 年中經由存款管道的金錢流動（單位：兆 / 該國貨幣）

	英國 / 英鎊	美國 / 美元	德國 / 歐元	法國 / 歐元
個人存款	1.09	8.74	1.23	1.89
非金融企業存款	0.39	1.04	0.44	0.45
存款總計	**1.46**	**9.79**	**1.66**	**2.34**
抵押貸款	1.06	2.78	0.85	1.03
消費信貸及其他家庭借貸	0.11	1.74	0.24	0.45
商業借貸	0.23	1.85	0.82	0.80
其中的商業房地產	0.17	1.68	無	無
政府借貸	0.01	0.00	0.22	0.36
對非金融部門的借貸	**1.61**	**8.05**	**2.17**	**2.74**
金融部門交易	5.53	8.93*	5.82	4.85
總資產 / 負債	**7.13**	**16.98**	**8.00**	**7.59**

資料來源：英格蘭銀行（銀行統計資料〔Bankstats〕表 B1.4、C1.1、C1.2）；聯邦儲備系統（美國金融帳〔Financial Accounts of the United States〕表 L.109、L.204、L.205、L.215、L.218）、歐洲中央銀行（貨幣金融機構〔MFI〕線上資產負債表表 1 及表 2）。

* 如第 7.3 節所解釋，這些數據大大低估了衍生性商品曝險的規模。這樣的低估在美國的一般公認會計原則（GAAP）下比在歐洲的國際財務報告準則（IFRS）下來得嚴重，因此相對於歐洲的數據，美國的數據太低。

夠的資本儲備和流動性，以便在沒有官方支持的擋球網下支撐這些交易活動的規模，但這樣的嘗試注定要失敗，且存款管道也因此受阻——尤其是在歐洲。

圖八摘要了經由存款管道的金錢流動。各地的存款總額累計約為一年的國民所得。美國與三個歐洲國家之間的差距，實際上不像表面那麼明顯。在美國，貨幣市場基金（事實上是存款）總計約為四兆美元，這些貨幣市場基金主要持有的商品是銀行或身為蘋果或埃克森美孚等大公司財務部門的類銀行所發行的非常短期證券。由於一般傾向於透過美國的證券市場進行較多的仲介活動，勝於歐洲，因此造就了這種美國例外的現象。存款大體上

是家庭的儲蓄及交易餘額，不過企業的短期現金持有也佔有相當部分。實質經濟在銀行系統持有的存款，大約與銀行系統對實質經濟的貸款相當。不論在哪一個國家，抵押貸款都是最大部分。在英國，住宅抵押貸款佔總借貸的三分之二左右，這個比例在其他國家是較小的。英國的商業借貸尤其僅佔總額的一小部分。如果有人認為商業融資是銀行的主要功能，那他誤會了。

大部分的銀行借貸是購屋的住宅抵押貸款。除了商業融資外，借貸的其餘部分包括商業房地產融資以及消費信貸。銀行也需要在中央銀行維持一定的準備金，以便促進銀行間的支付系統交易。提供存款管道的各種功能並不非常複雜，英國電視喜劇上那位梅因沃林上尉（Captain Mainwaring）就可以做得很好。

但是經營存款管道現在已經變得非常複雜，假如梅因沃林上尉現在仍受雇，恐怕無能為力。雖然流經存款管道的資金量累計約為一年的國民所得，但英國銀行的負債（及資產）累計約為四年的國民所得，而法國和德國的數據也只低一點。在今天的銀行資產負債表上，壓倒性的主要部分是金融機構對彼此的債權。這一切究竟為何？

第四章詳述過的「哈里法克斯董事會辯論」曾在許多金融機構進行——在大部分的案例是較早的：哈里法克斯很晚才參與這場特殊的遊戲。哈里法克斯總是持有固定利息證券的部位，這大部分是政府公債，而且利用資產負債表的規模以及信用評比的優勢來建造更大許多的投資組合及資產負債表，有一定的吸引人之處。競爭壓力是存在的：其他公司已經從這個來源報告了重大獲

利。但這樣的機會確實是給世界最大的抵押貸款借款人嗎？

龐大的資產負債表所產生的信心——對交易員以及與交易員交易的人而言——是個主要優勢，且促進了侵吞與功能性等價侵吞的產生。**馬頜韁策略**（martingale）——對輸掉的賭金加倍下注——只有資源很多的人採用，才可能成功。追尾跟車策略——發生偶發性災難損失的機率低的策略——對信用評比足以支撐這個策略的人來說，可產生穩定的獲利流。雖然無可避免的大崩盤將獨立的避險基金逐出市場——在實務上，這是它們的正常命運[9]，但銀行可以將它的巨額損失歸咎於特殊因素，然後從失敗中力圖振作，東山再起。

由德意志銀行帶頭的追逐高股東權益報酬率，鼓舞了銀行根據在固定收益、外匯與大宗商品（FICC）中的部位，建造這些非常龐大的資產負債表。德意志銀行追逐股東權益報酬率，但在它自己的資產負債表上，股東權益累計卻不到總資產與負債的2%——等於是利用了五十比一的槓桿比率。德意志銀行可利用的風險資本——在二〇一二年的股東權益是五四〇億歐元，並不比最大的避險基金可利用的資金多很多。在二〇一四年，文藝復興科技基金所管理的資金是三八〇億美元，包爾森管理的資金是二四〇億美元（股東資金超過兩千億美元的摩根大通和花旗集團遙遙領先任何避險基金，不過這些銀行就像的意志一樣，也在從事交易以外的許多活動）。但是有最大零售存款基礎的銀行，在交易方面有著顯著的競爭優勢，這是因為它們提供的擔保品規模很大，且有政府對它們負債的暗示或明示擔保。它們活動的規模總括來說是不同的——且潛在的交易損失結果也不同。

然而，這個五十比一的比率實際上大幅「低估」了在德意志銀行使用的槓桿，因為衍生性商

圖九：德意志銀行 2012 年資產負債表（10 億歐元）

衍生性商品曝險	55,605	
衍生性商品價值	正 797	負 756
整體資產負債表	資產 2,012	負債 1,958
借貸業務	貸款 397	存款 577
德國全部資產的價值 德國的國內生產總值	8,600 2,500	

資料來源：德意志銀行 2012 年年報

品合約創造了槓桿作用。試想，我不要花一百塊買一股股票，而是取得廣被利用的衍生性工具，亦即有關該股股票差價的合約。透過差價合約，我承諾會在結束合約時，將股價與其一百塊的現價之間的價差支付給你。實際上，這等於是借一百塊來買股票，且銀行的風險管理流程會記錄一百元的「曝險」。但只要股價仍在一百元左右，帳目會以其「公平價值」記錄此合約——也就是〇元。

衍生性商品曝險最大的兩家全球性銀行是摩根大通與德意志銀行。摩根大通的衍生性商品曝險約為七十兆美元，德意志銀行的衍生性商品曝險則約五十五兆歐元，這些數字分別約為美國全部資產總價值的一倍半，以及德國國民所得的二十倍。但是這些銀行的資產負債表上的數字低許多，德意志銀行宣稱它在衍生性商品的投資是七千六百億歐元：這個金額不小，但只佔該銀行曝險的小部分。上圖九提供了德意志銀行的財務狀況。

這些數字荒謬無比，由此可想見巴菲特為什麼會說衍生性商品是**「大規模毀滅性武器」**了。[10] 但是在移到防空洞之前，讀者應該放心，因為摩根大通或德意志銀行實際上不太可能損失數以兆計的美元或歐元。許多這些曝險幾乎或完全有避險——它們代表的部位會被其他部位抵銷——而且雖然歐元或美元可能大幅下跌，但再怎麼樣也不會歸零。這些銀行使用的風險模型是設計來限制對市場風險的有效暴露，當這些模型無法承擔加諸在它們身上的負擔時，它們也不會沒有價值。

信用風險是法定資本適足要求的應有範圍。再者，對全球金融危機的應變之一，向來是要求更多衍生性商品合約透過交易所結算，目標是讓有相同交易對方的資產與負債能夠被抵銷。這項措施的目的是要降低銀行的這個風險，但代價是在交易本身產生了新的風險。但是不論避險的程度、風險模型的複雜度以及管制監督的影響如何，活動的規模仍令人屏息。只要損失五五〇億歐元，就會摧毀任何一家公司，更何況五五〇億歐元只是五十五兆歐元的千分之一。

德意志銀行是使用國際財務報告準則（歐洲的會計標準）來編製其主要帳目。[11] 在美國的一般公認會計原則下，**衍生性商品幾乎從美國銀行的資產負債表上完全消失**。孜孜不倦的國際交換交易與衍生性商品協會（ISDA，委託帕茲先生提出這個法律意見），自然相信一般公認會計原則是較優越的，且已提供比較兩種制度下的主要銀行資料。根據年度帳目中報告的資產負債表規模來判斷，西方的前五大銀行全都在歐洲，且以法國的法國巴黎銀行為首。但是如果採用國際財務報告準則，最高的位置將由美國銀行和摩根大通佔據。

我懷疑大部分的讀者——當然也包括我自己——在面對這些數字時會有失落感。「五十五兆」歐元是個超過我們理解程度的數字——也超過政治人物、管制機關或者更重要的經營德意志銀行者的理解。德意志銀行日常活動的規模——五七七〇億歐元的存款及三九七〇億歐元的貸款，本身就已經很驚人，但相較於該銀行的總財務曝險是微不足道——僅佔百分之一。英國和美國政府在這些國家的銀行體系背後給予的資源金額，分別估計為三兆英鎊及二十三兆美元，這些金額足以買下這兩國的所有非住宅資產，但仍遠不及這些銀行體系的潛在負載規模。

這個脆弱的資產與負債塔樓已經高聳到天際，但它究竟與德意志銀行的核心業務有何關係？它的核心業務應該是管理存款管道、收取那五七七〇億歐元的存款，並貸款三九七〇億歐元給客戶。是沒有太複雜，但有個關鍵面向除外。由於這五七七〇億歐元的存款存在，加上眾人認為德國政府會作為其後盾，讓那些與德意志銀行締約的人可以放心。

當哈里法克斯決定進入更積極交易固定利息證券——之後是貨幣——的世界，這家銀行體認到，它必須用薪資水準和獎金來爭取「人才」（這個詞實在是令人梗在喉嚨說不出口，但它被廣泛用來描述有經驗的交易員），而且不是只要跟銀行相比，也要跟那些獨立的避險基金一較高下。這造就了高薪和獎金文化。這些創新最後證明是個惡性腫瘤，在短短不到十年的期間，便擴散到整個曾經健康的機構，並摧毀它。

全球金融危機之所以發生，主要原因是**在存款管道上建造了一個固定收益、外匯與大宗商品交易活動的精密且大體上難以看透的超結構**——甚至連金融機構的主管本身也看不透。在二〇〇八年，當人們突然體認到交易對手風險的規模時，這個超結構轉眼崩塌，而且這個崩塌眼看著就要摧毀存款管道——促進付款且將短期儲蓄導向購屋者和企業的機制。

政府不得不介入唯一可能盡量減小立即損害的途徑——有效擔保所有交易對手風險，但這不是適當的長期因應之道。適當的長期因應之道，應該是在存款管道與銀行的交易活動之間建造一道防火牆或圍柵（有很多隱喻可以選擇）。這就是英國的「維克斯委員會」（Vickers Commission）[12]以及歐盟的「利卡寧委員會」（Liikanen Committee）[13]已提議的內容，且是「沃克法則」（Volcker Rule）的基本意圖，[14]這項法則是在令人敬佩且備受擁戴的聯邦儲備理事會主席沃克成功力促歐巴馬總統後產生的。當然，這也是銀行本身猛烈抵抗的因應之道。後面的第十章我們將更廣泛探討存款管道的圍柵。

投資管道

「7章」

管理

你不曾真正擁有百達斐麗錶，只是為下一代保管。

——奢華名錶製造商百達斐麗（Patek Philippe）的廣告詞

企業和家庭利用存款管道來促進其日常交易，當他們高度相信他們能夠在需要時取回資金時，也會利用這個管道進行短期儲蓄。長期儲蓄者會選擇投資管道，他們在過程中承擔一定程度的風險，希望換取較高的報酬。時距長與較高的風險承受度是配對的：時程越長，平均產生較高報酬的投資策略實際上越可能實現。

如同在第五章所述，投資管道的功能包括「搜尋」與「管理」。透過該章所述的搜尋過程，資本經由投資管道被分配給各種長期用途，包括企業、投資、房地產和基礎建設。但即使沒有投資、沒有貶值，也沒有資本存量的替代品，管理功能仍必須存在，因為培育和維護現有的資產存量，會需要這項功能。

雖然有關金融的撰述很多會讓你有不同的印象，但你持有一家公司的股份，不論是直接或間接，都不是在為企業投資提供資金。如同我已在前文解釋的，規模夠大、能夠在證券交易所掛牌報價的公司，都是能夠資金自給的，且綽綽有餘。長期投資人與埃克森美孚之間的關係是管理的關係。

埃克森美孚是洛克菲勒在一個半世紀之前建立的標準石油公司的主要繼任者，[1] 而且很可能繼續存在多年。管理這家公司的經理人以及持有其股份的儲蓄者，就像戴著百達斐麗手錶的人，「只是為下一代保管」。埃克森美孚是一家長壽的公司，不過長壽公司很多。斯堪地納維亞的資源公司斯道拉恩索（Stora Enso），宣稱該公司的起源是瑞典馬格努斯國王（King Magnus）在一三四七年授予的一張特許狀。奇異公司是愛迪生創立的，由維爾納·馮·西門子（Werner von Siemens）在柏林創辦的西門子公司（Siemens），作為主要的工業集團已經超過一個世紀。或許現代公司的壽命較短——谷歌或臉書從現在起算的一個世紀後還能吸引人們的注意嗎？它們是否會重蹈普爾曼（Pullman）和東印度公司（East India Company）的覆轍？企業部門可能透過成熟公司發展新商業活動而演進——如同奇異和西門子，也可能是成立新公司，但不論商業發展的形式為何，仍會需要為下一代持有企業部門的資產。

公司可以很長壽，但大部分的產品不會。

我們所吃的麵包就是今天烘焙的麵包。我們不能儲存電、理髮或公園中的散步。我們現在使用的電子裝置和軟體，在短短幾年內就會被淘汰，甚至可能幾個月。然而，我們會需要隨著時間流逝，且代代相傳地轉移所得與消費。不論年輕或年老，我們的消費總是超過我們能夠掙得的錢。我們需要隨著時間轉移財富的機制，而交易證券就是這樣的機制之一，我將在第九章完整說明各種機制。我們現在可以購買埃克森美孚事業和石油儲備的一股股票，然後在我們年老時賣掉它，而且我們可以這麼做而不干擾埃克森美孚的投資計劃。我們可以根據未來的收入，創造諸如蘋果股份的財務資產，並以類似的方式交易這些股份，且達到類似的結果。藉由這個方法，我們可以給史帝夫．賈伯斯一股蘋果未來獲利以及目前獲利的股份，以感謝他的努力。

傳統上主導投資管道的機構包括投資銀行、財務顧問及投資機構，投資銀行為需要資本的人從事搜尋工作，財務顧問是指股票經紀人、銀行經理、保險代理人，他們代表個別的儲蓄者從事搜尋（新機會）和管理（持續指引），而投資機構主要是保險公司和退休金基金，還有其他某些匯集投資基金，當它們透過投資管道聚集和安排大量資金時，便是在從事管理。這個結構的各個組成份子仍存在，但金融化已經造成大改變。

投資銀行曾經在「搜尋」上扮演著主要角色：挑選投資標的。投資銀行會將自己的部分資金投入這些活動，共同承擔風險，並利用它們的名聲來吸引其他人的資金。但這樣的名聲只有在長期關係——與公司和投資人的關係——是常態的時代，才有重要價值。現代的投資銀行是以買賣和交易為核心而組織的機構，它們的主要目標現在是取得交易的「指令」，然後「將它脫手」。

傑夫．史基林和羅伯特．馬克斯維爾（Robert Maxwell）之流的騙子，受到所有主要投資銀行熱烈的追捧。摩根大通的同名創辦人 JP 摩根曾認定「人格」是銀行業的基石，但這家銀行卻付了一點六億美元，以求終止美國證券交易委員會對它在安隆詐欺案中扮演什麼角色的調查。與這家銀行發行 World.Com 債權有關的訴訟，最後是花了二十億美元才和解。

即使在金融化之前的時代，除了富豪外，投資銀行從未直接與任何個人交涉，儲蓄者通常是透過顧問進入投資管道。許多人——在當時就像在今天一樣，對自己管理財務的能力沒有什麼信心，這經常是情有可原的。他們會尋求一種信任關係——與身為財務顧問的個人的私人關係，這個財務顧問經常可能是當地銀行的經理，許多人也會尋求與受敬重的組織之間的機構關係，例如「蘇格蘭遺孀基金會」。當節儉的家庭撥出一小筆錢，人壽保險公司便擔任主要的仲介機構。經濟較寬裕的個人，會根據股票經紀人的建議購買股票，並參與匯集投資基金——投資公司提供的受控管仲介工具。

但是基於第一章所解釋的原因，銀行分行不再是召喚謹慎儲蓄者的天然港口。那些仍存在的銀行場地如今看起來像商店——而且它們事實上就是商店。從事仲介但值得信賴的銀行經理人的地位，已被更親切的銷售人員取代，他們靠佣金賺取酬勞，並在達成銷售目標的動機下努力工作。這對員工產生的壓力，已經嚴重傷害了提供個人財務服務的本意，尤其明顯的是，英國的銷售員將幾乎毫無價值的還款保障保單廣泛賣給借款人，而美國的銷售員則將前期低利率的抵押貸款，推銷給不太有希望能夠償還的人。

和藹可親且（在午餐後）滿身酒氣的個人股票經紀人，大概已經消失了。經紀自營商（broker-dealer）的興起，代表著**大部分的股票經紀公司已被金融集團併吞**。有些獨立的股票經紀商仍存在，面對為零售銀行的較富裕客戶所設計的「財富管理」服務，他們只得努力競爭，為私人提供各種諮詢顧問服務。「僅執行」的股票經紀人讓個人自己交易股票，而不從顧問服務獲利（如果有利益）。

在整個投資管道中，傳統的仲介機構一方面服務儲蓄者的需求，另一方面則滿足資本使用者的需求，但這些機構已將焦點從顧問轉向銷售。這種代理人和交易員的角色合而為一，在投資管道就像在他處一樣，是金融化的關鍵特徵。受信賴的顧問和銷售人員兩者都是存在的，但顧客需要知道哪一個是哪一個，而且如果連供應者本身也搞不清楚角色的本質，辨認就會變得特別困難。顧客會發現自己很難區分好建議和圖利自己的建議。而且如果顧客辨認不出差別，被利益衝突污染的建議很可能擊退無衝突的建議，因為相衝突的建議比較有利可圖。

但即使顧問的動機像雪一樣純潔，高品質、個人化且獨立的財務建議，也無法提供給龐大的市場。在其他零售部門，成本壓力已導致專業博學的顧問被笑臉迎人的銷售人員取代：除了很有錢的人外，所有人都得自己挑選商店，並從商架挑選自己的衣服；除了最基本的法律建議外，所有建議都有非一般人能負擔的定價；個人化的醫療協助是可以提供的，但主要是以公共開支來支付，且成本吸納了相當大且越來越大比例的國民所得。

技術或許能提供援救。在今天，比起僅受些許訓練的「財務顧問」，電腦能夠更有效地確立客戶的需求。既然電腦的邏輯是在其程式中建立的，我們可以找到電腦建議的偏差。相較於購屋和買衣服等較有個人色彩的購買，不同人的財務需求變化較小。

如同我在第一章所述，投資管道中的第一個仲介機構是投資公司和人壽保險商，且這些機構現今仍扮演著重要角色。保險公司（以及經常與保險公司合作的銀行）仍是歐洲大陸的主要仲介工具。投資公司在英國和美國扮演著更重要的角色。在二十世紀，退休金基金變成投資管道的一個主要部分。

退休金基金和保險公司——即使規模很小——都有自己的投資辦公室，它們不頻繁地從事交易，且大體上會根據友善的股票經紀人提供的公司研究來做出決定，這些股票經紀人對基金的投資主管以及他們審查其業務的公司都很友善。但是隨著這些經紀人被投資公司吸納，代理與銷售之間的衝突在此處也變得明顯。產生的「研究」分析師成了銀行其他事業部的產品廣告。美林證券的分析師亨利．布洛傑特（Henry Blodget）熱情地推薦他認為是「一陀屎」的股票，並沒有什麼特殊之處，只是他蠢到把自己真正的看法寫在電子郵件中，最後導致了第十章會說明的結果。

諸如富達（Fidelity）和凱比特（Capital）等專業資產管理機構，發展出自己的研究能力。被這些**資產管理機構雇用的「買方」分析師，開始取代為證券發行公司工作的「賣方」分析師**，隨著新經濟泡沫期間布洛傑特等分析師的活動被揭發，這種發展的腳步越來越快速且迫切。賣方分析師正在經過他的賣買日。

保險商和退休金基金將越來越多的投資管理業務，委外給專業的資產管理機構。規模較大的機構建立了獨立的資產管理部門，它們從其他仲介機構甚至直接向儲蓄者尋找業務。投資公司將投資決定委託給資產管理事業（且大部分的投資公司現在是由資產管理機構發起）。金融化已導致大型資產管理公司的出現。

賴瑞．芬克（Larry Fink）是一九八〇年代證券化迅速發展年代的先驅，他在一筆鉅額損失交易後，被第一波士頓銀行開除。芬克追尾跟車，然後就撞車了。他體認到這個現象後，從中學到了教訓：「我們建造了這個巨大的機器，一直賺了很多錢──直到它不再賺錢。我們不知道我們為什麼賺了那麼多錢。我們沒有可以瞭解這個風險的風險工具。」[2]芬克後來轉換了職業跑道，創辦了貝萊德（BlackRock）資產管理公司，透過積極的收購策略，這家公司成為在今天管理的資產達到四兆美元左右的公司。

在今天，前十大資產管理公司加起來總計約為二百兆美元，這些公司多數是美國公司（領航〔Vanguard〕、道富〔State Street〕富達、紐約梅隆〔BNY Mellon〕和最大的貝萊德，以及摩根大通的資產管理事業部）。在法國和德國的最大保險商和銀行（分別是安盛集團〔AXA〕與法國巴黎銀行，以及安聯集團與德意志銀行）的資產管理事業部，分別佔據了剩下的四個位置。[3] 英國的公司追隨在後（法通保險〔Legal & General〕及〔保德信〕兩家保險商的資產管理事業部是領導者），雖然與前者有些差距，但所有全球的資產管理機構在倫敦都有相當大的營運。

芬克有時被描述成金融圈最有權力的人，但大部分的人沒聽說過此人。貝萊德管理任何機構中最大的資金池——勝過任何銀行。如果資產管理公司在今天不像集團銀行那麼強大，那是因為它們幾乎只擔任代理人，而不是當事人。資產管理機構在法律上是否為代理人，至少在英國和美國是個複雜的問題，許多資產管理機構撰寫的合約，都試圖排除這項責任。但是不論正式的地位為何，資產管理機構大體上是從事代理人的行為。在今天，相較於金融集團的大部分事業部，資產管理部門比較意識到它們是在處理他人財富。

人壽保險商、退休金基金和投資公司，傳統上其功能都是受控管的仲介機構：如同在存款管道，儲蓄者對仲介機構有財務利益，且對仲介機構有債權，而非對仲介機構的基礎資產有直接利益。精算師會決定保險商的理賠金額；基金受託人會固定退休金水平；投資人會擁有投資公司的一部分。儲蓄者會不定時被告知仲介已挑選的資產的進展。

但受控管的仲介機構總是容易招致詐欺和濫用。即使是在十九世紀，投資管道中的仲介機構也並非都像蘇格蘭遺孀基金會那樣可敬重。狄更斯就曾在他的著作《馬丁·朱澤維特》（Martin Chuzzlewit）中，用蒙太古·提格和切維·史萊姆兩個騙子的龐氏騙局——盎格魯—孟加拉人無利息貸款給人壽保險公司來諷刺這些機構。在美國，有本小說講述詐欺騙徒如何引誘與小說同名的英雄去投資以伊甸園為名推銷的沼澤。佛羅里達州的土地價格在一九二〇年代暴漲，真實情況就跟小說一樣。

投資公司最初主要是為了發起人的利益而成立，這類公司在一九二九年華爾街大崩盤之前的美國股市泡沫中扮演著主要角色。在經濟學家高伯瑞介紹「侵吞」觀念的論文中有個諷刺是以「我們信任的高盛公司」為標題的章節，內容突顯了這家公司是如何宣傳最終注定要失敗的投資公司。[4]最後的結果是，在美國的**投資信託（封閉型基金）幾乎消失**。美國的退休金基金詐欺和倒閉層出不窮，終於在一九七四年導致了更強硬的監管和限制，以及互助保險的出現。在英國，浮誇的羅伯特·馬克斯維爾在一九九一年去世，他如何竊取退休金資產的惡行隨之曝光時，英國也引進類似的規定。

因此，受控管的仲介大體上已被透明的仲介取代。儲蓄者對作為基礎的證券有直接利益，甚或具有法定所有權，且可定期——可能是每天——確定利益的價值。透明的仲介不需承擔投資風險，因此不需要資本來支撐這個風險。導致仲介從受控管轉變為透明的因素有好幾個，包括管制壓力、偏向交易的意識型態立場，以及儲蓄者的信任喪失。

在今天，資產管理機構的透明仲介因為一連串的期待和法規而受到鼓舞。匯集零售投資基金的主導工具現在是共同基金（美國的用語）、單位信託（英國的用語）或開放式投資公司（歐洲的用語）。共同基金、單位信託或開放式投資公司在投資組合成份及揭露上，必須遵守許多限制。

保險公司的管制（尤其是歐盟的第二清償能力監理制度〔Solvency II〕指令）越來越容易產生類似的結果。保險理賠過去是由精算師的專業判斷來決定，但當今普遍的做法是讓保單持有人享有經過適當計算的基礎資產一部分。退休金供給越來越以「確定提撥」（defined contribution）制度為基礎，領退休金者會依據其選擇的投資來獲得報酬。退休金基金的投資自由度已逐漸被侵蝕。伴隨著這種現象出現的是對揭露和常態責任加諸的越來越大壓力。

這些改變在英國和美國最徹底。在法國和德國，長期保險合約仍是最普遍的，不過透明的投資基金（開放式投資公司）佔有越來越重要的地位。但是如果儲蓄者要每日知道其基金的價值，必須至少有一個每日可對資產估價的市場存在，這個需求在很大程度上將投資侷限於可隨時計算市場價值且能夠快速實現收益的證券。

因此，透過仲介機構的投資大部分是投入全球性的公司的上市股票。下頁圖十顯示了長期投資人可投資資產的「全貌」，總計約為一五二〇億英鎊，因此所有全球資產約有一半的價值可經由這種方式仲介。這些數字不包括金融機構發行的證券——它們大體上是金融部門內部旋轉木馬式交易的一部分，但是包括金融機構持有的政府債券，這些是全部政府債務的相當大一部分。在投資管道中，透明、流動性高的仲介非常偏好大型全球性公司的股票。但這種偏好是否符合儲蓄者的利益，是我們以下將思考的問題。

專業交易者的行動傾向

我們的酬勞不是來自於從事活動，而是判斷正確。

——華倫．巴菲特，語出一九九八年波克夏海瑟威公司董事長致股東信函

投資管道的經濟功能是：為新儲蓄「搜尋」好投資、透過「管理」獲得有效的資產管理，以及在從事這些活動的同時，協助家庭在其一生期間以及跨世代地轉移財富。然而，這些事情都不是在投資管道中雇用的大部分人所從事的事，他們從事的是重新安排與現有資產有關的金融債權，其中大部分都是他們自己交易的，而且是用他人財富彼此交易。

投資銀行和其他發起人所為的財務工程，目標是要將與特定實體資產有關的金融債權之價值最大化。不論這項活動是否會增加基礎實體資產（企業、房地產或基礎建設）的價值，也不論交易是否僅代表重新安排金融債權，這同樣都會有報酬。重新安排金融債權是指用比其實際價值更高的價格出售這些債權，這通常比較容易，但充滿了招致贏家詛咒的機會。相同的實體資產可以用任何能吸引最高價格的金融形式來出售。

「費用結構」創造了不相合的誘因。對企業的財務建議，主要是透過交易的手續費和佣金來獲取報酬。在銀行與企業之間的長期關係屬於常態的時代，這種安排尚可運作良好；銀行從業者

會耐心等候偶然（大筆）的費用，且不願意因為短利而犧牲商業關係。但在「到時我已經賺到佣金，而你也已經賣給下一個人」的文化中，銀行與企業聯絡的主旨不是要維持提供資訊的對話，而是慫恿客戶進行交易。原本已在企業主管心中的行動傾向，進一步被強化。

羅伯特．坎佩的聯合百貨公司（Federated Department Stores）荒唐可笑，其背後的投資銀行家是布魯斯．沃瑟斯坦（Bruce Wasserstein），此人在二〇〇九年去世時（根據報導當時他留下的遺產價值達二十二億美元），《富比士》雜誌形容他「或許是華爾街近代史上最天賦異秉的交易媒合者」。[5]沃瑟斯坦早在二十年前便被同一本雜誌形容是「抬價布魯斯」，因為據說他一直利用「心理霸凌」來說服企業客戶支付讓交易發生所需的任何代價——根據《門口的野蠻人》一書的記載，他在RJR納貝斯克中的角色，足以證實他採用這個方法。[6]

如果企業是向「不具有強大誘因想促進交易」的人或機構尋求財務策略建議，商業與非金融經濟整體會獲得較妥善的服務——在他們確實需要外部建議時。傳統上，這個角色是由拉札德（Lazard Freres）等精品投資銀行所扮演，並透過安德烈．梅耶（Andre Meyer）及費利克斯．羅哈廷（Felix Rohatyn）等這類企業高階主管的「傳說中知己」執行。但是金融化發展的歲月已經造成交易壓力越來越大。當柯林頓總統任命羅哈廷為大使出使法國，拉札德在尋找繼任人時，自然會想找上「抬價布魯斯」，別無他人想了。

投資銀行——以及跟著他們衣服後擺的律師和會計師——在「進行交易」上的財務利益，只是交易手續費基礎的報酬造成了整個金融部門行動傾向的方式之一，不過它或許是最惡劣的方式。巴菲特對交易活動本身的警告是很難遵循的建議，尤其是在面對持續顯示著「新聞」、不斷跳動變換的電腦畫面。

在金融部門的每個人都覺得需要持續收到「新聞」：你可以看到新聞黏在螢幕上，並拴在黑莓機上。金融部門中的每個人就像公司高階主管一樣，都生活在來自被付費從事交易活動者的持續壓力下。公司宣布財務報表每季盈餘的頻繁程度，還不如管理市場期待過程的結果，而資產管理機構的每月績效報酬有接近零的訊號雜訊比。今天在投資管道中的行動者典型上有著短時距，這不是儲蓄者或被投資者的需求所造成——恰好相反。這是由仲介過程中的行動傾向所創造，且許多是在透明和流動性的管制要求下獲得助力，再加上使用投資顧問和追求標竿的推波助瀾。

資產管理機構的地位與其他仲介機構不同，因為資產管理機構不僅是靠交易，也是按在其管理下的資金價值比例來獲得報酬。它們有著與投資管道中其他機構不同的誘因，但這些誘因未必較符合其客戶的利益，或沒有行動傾向。你可能因為顯著的長期績效而增加你現有資金的價值，但靠著顯著的短期績效來吸引其他經理人的資金，可能比較容易且快速。

資本資產定價模型（CAPM）將「α」與「β」與當作其關鍵參數（只有專注於此的人才需要探究接下來的希臘字母）。「β」與市場報酬有關，而「α」是超過市場標竿且經過風險調整的傑出績效。隨著資產管理機構努力打敗由所有機構的平均績效所定義的指數，它們會定期向投資人報告。然而，偏離平均值太多也要承擔風險：事實上，風險管理人和管制單位普遍將風險「定義」為**追蹤誤差，亦即績效偏離標竿**的情況。

既然任何有大幅差異的投資組合注定要經歷績效低於平均值的時期，避免這種可能性的需求導致了所謂的「**衣櫃指數化**」（closet indexation）——打造表面上**積極管理，但成份實際上接近**

市場平均的投資組合。資產管理機構的週轉率逐漸增加，因為基金經理人都專注於競爭對手不斷改變的期待，而非公司的基礎財富。交易員深陷自己圈內彼此參照的選美比賽，比較關注於預期彼此的行動，而非了解他們投資的證券之特性，同樣地，資產管理機構也共同追逐著共有的標竿，因此彼此被綁在一起。

追逐「α」累積下來——必然——毫無所獲，而且絕大多數的個案都是毫無所獲。平均而言，積極的基金經理人績效會低於其標竿，且低於標竿的金額反映了他們的費用：既然這些經理人現在佔有著資產持份的一大部分，這樣的結果幾乎是無可避免。

基本上，索費較高的管理機構，其績效會低於索費較低的機構，原因不只是它們的收費，也是因為**較高的手續費通常與較高的週轉率有關**，因此也與交易成本有關。零售投資人的經驗也因為他們自己的不幸買賣時機而更加悲慘。投資基金給予投資人的報酬，低於他們投資的基金所賺得的報酬，因為他們傾向於購買時髦、價格過高的部門，而出售不流行、價格低於價值的部門。

對儲蓄者而言，這種令人失望的結果，代價可不便宜。仲介鏈已變得非常長，而這個長度增加了成本。在公司與儲蓄者之間有著股務代理、保管單位、代名人、資產管理機構、組合基金經理人、投資顧問、退休金基金受託人、保險公司、平台、獨立的財務顧問。再者，當交易發生時，交易頻繁的交易人、交易所及投資銀行都要分一杯羹。這些仲介機構有自己的成本，以及自己的商業模式。它們的商業目標不同於市場最終使用者的目標——儲蓄者的資金被投資，而公司的股票被持有。如果鏈條的環節非常弱，鏈條的強度和道德誠信也不會強到哪裡去。

被動投資管理的興起是在投資鏈中過高的成本和相衝突的目標下所產生的反應。領航投資

（Vanguard）——僅次於貝萊德和安聯的最大資產管理公司——在一九七五年由傑克．柏格（Jack Bogle）創立，此人是被動投資的福音發起人。[7]柏格的論點是，既然績效要持續地超越股票市場指數的機會很渺茫，複製這個指數會是個簡單又廉價的投資策略。被動投資的規模持續穩定地成長，貝萊德、領航及道富的許多活動都是在管理指數型基金，這項活動現在可以委託給電腦。被動投資中有著顯著的規模經濟，而這些大型的在職機構因為它們的規模而獲得競爭優勢。

仲介的總成本包括管理費、行政、保管和管制的成本、給仲介機構酬勞的成本、支付交易佣金，以及買方出價與賣方報價之間的價差。如果你直接投資指數型基金，或許能夠將這些每年成本降低到25至50個基點（金融部門將百分之一的百分之一稱為「基點」）。這個數字是使用投資管道的最低成本。如果你偏好涉及某種「包裝」的積極管理基金（透過有財務建議利益的平台來持有），你的成本可能是這個數字的十倍，再者，如果你是使用銀行的「財富管理」服務，你的經驗也會差不多，或許更糟。既然所有股票的價值約為五十兆美元，單一個基點就是五十億美元，因此仲介的成本會大幅減少個人存錢筒中的錢（一方面），同時這些錢被用來支付豪華大轎車和私人飛機（另一方面）。

在今天，低風險長期投資——例如英國、德國或美國政府的指數連動債券——的實質投資報酬率都盤旋在零左右。預期的風險溢價，亦即權益報酬超過無風險收益率的金額，不太可能高於三或四個百分點。在扣除費用後，投資管道的許多使用者現今已不太可能在他們的儲蓄上賺得任何實質報酬。這就是為「金融市場參與者而非金融使用者的需求」所設計的金融制度會產生的典型結果。

本書並非闡述個人投資策略的著作，不過我確實寫過這樣的書，而且我要厚顏地在此推薦那本書。[8] 但是我曾在那本書中寫道，建議讀者「做自己的醫生或律師」的著作會是不負責任的著作，但建議讀者「做自己的投資顧問」（如需要，可藉助於一本好書），會是相對較周全的建議。要獲得較佳的報酬，最好且當然風險最小的方法是，少付一點手續費用和其他費用給金融部門。

在今天，對於最有信心且勤儉持家的儲蓄者，存款管道和投資管道都不能提供實在的實質報酬希望，這是個在政治或經濟上都不太可能承擔的結果。

資產管理機構的角色

投資應該像看著草生長或油漆乾。

——一般認為語出經濟學家保羅．薩繆森（Paul Samuelson）

現代投資銀行已從創造和發現新投資機會的「搜尋」撤退，轉向為自己高階員工的利益，用他人財富來交易。保險公司和退休金基金已從投資管理的「管理」功能撤退，並成為行政管理服務的提供者。金融顧問曾經佔有的地位，不是被銷售員填補，就是由電腦來完成會更佳。因此，要描述這些轉變可以用誇張的諷刺漫畫來表現——但也只有誇張一點。傳統角色在投資管道中的各種退位，留下了讓資產管理機構興起的空間。

但是要有效填補這個空間，資產管理機構需要建立並展現「搜尋」與「管理」技能。它們需要培養實現投資管道的各種功能所需的經驗：積極的管理機構需要找出在企業、房地產和基礎建設上的新投資機會；被動的管理機構必須是有效的管家，也就是它們用他人財富投資的企業、房地產和基礎建設的監督者。這兩種管理機構會需要管理家庭——以及國家——管理在一生當中以及世代之間的財富移轉。資產管理機構與儲蓄者和被投資者之間的信任關係，已從金融制度中有效喪失，唯有恢復這種關係，資產管理機構才可能有效實現「搜尋」與「管理」的角色。要有效達到這些目標，有好長的路要走。

如同我在第五章所述，股票市場之所以存在，是因為要為產業的特定投資，從廣泛分散的一群現代投資人募集資本。但是在投資管道中的大部分仲介是透過大型資產管理機構來發生；證券市場如今在為企業新投資提供資金上，扮演著微不足道的角色。到了此時，我們應該要問，消耗了這麼多資源又獲得這麼多關注的股票市場，是否不再能達到重要的經濟目的。資產管理是集中度相當高的產業，這表示資產管理機構一方面與儲蓄者之間的關係，以及另一方面與公司或投資資金的其他使用者之間的關係，可以是直接的關係，且應提供較高品質的「搜尋」與「管理」。

但是，過份強調公共市場的結果是，資產管理機構在今天的很多活動與「搜尋」和「管理」都沒有關係。許多基金經理人對商業或企業所知甚少，對企業部門的潛在投資機會更是一無所悉。這些經理人也沒有時間或能力來監督客戶資金投資的企業所採行的策略。這些仲介機構的專業只有在努力「追逐α」，預測彼此不斷變化的期待，而非瞭解基礎資產的特性。

轉包給專業工具管理人的做法，在一定程度上解釋了資產管理機構欠缺相關技能。許多私募股權公司確實聲稱它們具備特定部門的知識——主要是資訊科技。新的專業貸款機構已經存在，例如抵押貸款分配機構以及信用卡提供機構，但這些機構發現，相較於透過投資管道尋找資金，使用從存款管道轉來的「傻錢」為自己的活動提供資金，要來得更廉價。

當私募股權基金表現好，它們可以非常非常好，但當它們表現不佳時，會很可怕。私募股權投資人可以與公司約定，並接受許多投資所需且適合於許多儲蓄者需求的長期時距，但這不是大部分私募股權機構所做的事。有些讀者有著跟我一樣的「私募股權飯店」經驗，它們的高價早餐和刮傷油漆，指出管理階層的優先順序是眼前的獲利，而非未來的惠顧。這種令人失望的顧客經驗，是私募股權經理人交易的典型結果，他們在這些交易中購買資產、讓資產產生債務負擔、暫時推升盈餘，然後在相當短的時間內將資產送回公開市場。在透明和流動性的要求下，機構給予了快速退出的承諾，這些要求使得問題加劇，只是這個問題被私募股權參與者的次級市場成長而部分減緩。

基礎建設基金有著類似「變身怪醫」(Jekyll/Hyde) 的性格。有些基金在基礎建設專案的搜尋與管理上，已經展開發展真正專家經驗的過程。有些這類基金是金融工程的工具，它們促進了政府或茫然的投資人使用光亮的醫院和道路圖片說明的複雜交易來進行的資產負債表外融資。

在上市公司部門，「搜尋」部分較無價值：企業已然成立，投資選擇是由專業經理人所為，且這些投資的資金來自公司的營運現金流。在掛牌報價部門，投資管理機構的關鍵功能是「管理」。非常好與非常差的相同二分法，可以在上市公司的「激進主義者」投資中看見。在最佳的狀況下，激進主義是當策略漫無目的，或管理階層不足以應付企業面臨的挑戰時，由大股東採取的介入行動－這種激進主義過去曾出現，且成功迫使經營不善的荷蘭銀行 (ABN AMRO) 願意將自己出售，但是蘇格蘭皇家銀行正欠缺這種激進主義，或這種激進主義未產生效果，才會導致該銀行買下了荷蘭銀行。

然而有時候，「激進」只是**高交易活動量**的描寫，而「激進主義」是指對財務工程的需求。據稱，企業的價值差不多是其各部分加起來的總和；股東價值可能因為引進更高度的槓桿而改善。後者的做法即使在最好的狀況下，大部分也無甚價值（這當然是從整體經濟的觀點來看），甚至在很多時候，對自己的資金促進了交易的人也無價值。然而，行動傾向仍是強大的行為驅動因素。

無論如何，有建設性的激進主義是「管理」的核心。再者，即使是最大的資產管理機構，也不可能是通曉各種知識、投資數千家公司的博學股東。收取管理費的同時，也要負責確保經營管理是有效的，但不涉及嚴密監視在任何大企業中每天必須做出營運決定的經理人，事實上也不需要。「管理」確實需要確保能勝任的經理人承繼高階主管的角色、確保策略適當發展且受到確切監督，並且防止高階主管犧牲其他股東的利益來中飽私囊——這是因為金融化的結果而變得必要的任務。

「管理」所涉及的不只是代理服務的逐項查核方法，這些服務已成為企業治理不可或缺的一部分——雖然持有部位超過它們本身可有效監督（本身便是問題的指標之一）的較小型投資仲介機構，可能需要利用這些機構。然而，有效的管理與投資管理是整合的：絕對沒有糟糕公司的良好治理這種事。

在投資管道中欲履行仲介機構的責任，資產管理機構應持有焦點更準、更集中且股票較少的投資組合。它們的活動和投資組合從類型或專業領域來看，彼此之間應更有區隔。這種激進主義者的管理通常（但非一定）會支持目前的管理——投資經理人選擇股票還會有什麼其他理由？當事人的約定現在受到管制規定和法律禁止事項所限制，這是當前全神貫注於流動性和透明的產物。我將在下一章回頭探討管制的這個有害結果。

「被動管理」或許應該簡單地定義為高度交易活動代表的「激進主義」的相反面，而非指數的機械式複製。被動管理具有說服力的理由是，最激進的管理並不值得它要求的成本；儲蓄者尋求被動型基金的動機是要保障資金具有更高的價值，而非將追蹤誤差最小化，且追蹤誤差是給基金經理人而非投資人的風險衡量標準。被動型基金會購買且持有經過慎重考量後挑選的股票，可達到與指數型基金相同的目標，或許更有效，且可避免在倫敦證券交易所很明顯的問題，那就是名聲令人質疑的公司試圖掛牌上市，迫使被動型基金的持有人購買其股票。

仲介應受到更妥善的控管。透明和流動性乍看之下是好事，因為這當然可以防止詐欺，且這些管制規定無疑立意良好。但如同我已強調的，要求透明性是在低信任度環境下的產物。要區分蘇格蘭遺孀基金與盎格魯—孟加拉人無利息貸款與人壽保險公司，最有效——事實上是唯一有效的方法是查詢機構以及經營者的名聲：讓儲蓄者詳細知道這些公司在從事哪些事，是個非常不完美的替代方法，因為他們既沒有時間也沒有專業知識來消化吸收。

再者，透明和流動性的要求造成昂貴的成本。不只是或不主要是行政管理成本，也包括對與公司約定以及投資組合成份加諸的限制所產生的成本。只要比較目標和經理人完全相同的封閉型（受控管）與開放型（透明）投資基金所產生的報酬率，便能強有力地說明透明和流動性的成本，結果是封閉型基金獲得壓倒性的優勢。[9] 在歷史上，所有投資基金當中最成功者當屬波克夏海瑟威，它是華倫．巴菲特的封閉型工具，而巴菲特是**受管控仲介的原型管理人**。

但是受管控的仲介需要信任基礎。宣傳資產管理機構的名聲能喚回投資管道中的信任嗎？儲蓄者曾經能夠放心信賴銀行（且必須被說服再次這麼做），但資產管理機構能夠與投資人達得到這樣的信賴程度嗎？目前，諸如貝萊德等大型資產管理公司大體上都與機構交涉，例如退休金基金和保險公司，但是它們的業務有一大部分——也是成長的部分——直接訴諸於大眾。

不同的商業結構可能會促進信任。互助合作社在傳統上有其吸引力——這也是它一度在金融部門佔有重要一席之地的原因之一，就是因為它去除了利益衝突。如果組織沒有自己的獲利目標，會更願意承認**它們對他人財富負有義務**。但是要恢復互助部門在銀行或保險業的重要地位，希望很渺茫，因為事實上沒有實際的方法可為這些部門中的互助單位募集足夠的資本，以便以一定的規模安全運作。然而，不需密集資本的資產管理是不同的。處理退休金的新組織，例如加拿大、丹麥和荷蘭的大型成熟計劃，以及在英國的國家就業儲蓄信託〔NEST〕，可能有著更多樣的角色要扮演。最成功的美國資產管理機構有好幾個——像凱比特、富達和領航——並非上市公司，而且它們的高階主管似乎特別致力於維持其企業的長期聲譽。

如同存款管道，投資管道現今也不能滿足企業和家庭的需求。存款管道已被過度的金融部門內部交易阻塞，而投資管道已變得太長，且漏洞太多。在這兩種情況，我們都需要進行簡化，以建立簡短的仲介鏈。在存款管道，這表示要區別交易賭場與取得存款並提供貸款的公用事業，而在投資管道，這需要提升資產管理機構在搜尋和管理實質經濟的實體和無形——而非金融——資產的技能。如果金融部門由收受存款的精瘦銀行及資產管理機構所主導，便可望重建對金融部門的信任、降低成本，並提升金融穩定性。

PART III

新金融政策

POLICY

其他產業很少能如金融部門般，受到政府和大眾如此大的關注。金融管制未能達成大眾的要求和期待，且受到業界很深的怨懟及奮力抵抗。第八章將解釋金融管制為什麼範圍太廣且過度侵擾，但大體上仍被產業利益控制，且無法達到公共政策目標。經濟政策與金融之間的多重相互影響，是第九章的主題。金融是經濟政策的工具，同時會對經濟政策產生主要影響，且社會和經濟結果大體上是有害的。這兩章要傳達的訊息是，政府干涉金融部門太多，而非太少。

金融化的疾病大體上是設想錯誤的公共政策所造成的結果。第十章將針對如何限制國家干涉，並讓必要的干涉具有生產力，闡述設計來達到這些目標的改革計劃應具備哪些要件。目的應該是解決結構和誘因的問題，而非加強監督與控制。

管制

「8章」

金融管制的起源

從文化來看，過去領導金融服務組織的人，其基本的前提假設都是建立在金錢是目標、數字是答案且技術是媒介的基礎上。但是技術取代人、金錢取代判斷，以及由技能僅限於賺錢的人來領導——這些現象的含意卻未被體認。

——二〇一三年四月三日《薩爾茲評論：巴克萊商業實務獨立評論報告》（Salz Review: An Independent Review of Barclays' Business Practices）第一八四頁

金融管制曾經仰賴以相互尊重為基礎，且往往沒有白紙黑字的非正式結構。過去控制著倫敦市商業的人形成了一個社會同質性高的團體，他們都出身公立學校教育，且經常接著進入牛津劍橋大學就讀或從軍。華爾街的高層員工大部分是有著長春藤名校背景的盎格魯薩克遜新教徒白人（WASP）。在倫敦和紐約，這些「藍血」或「白鞋」企業與羅斯柴爾德（Rothschild）及拉札德（Lazard）等顯赫的猶太人家族所控制的企業相互競爭。

這些公司是透過代理關係來從事商業，它們期望與客戶維持多年關係，並與客戶從事許多交易和活動。這些共同的期望鼓舞了誠實交換計劃和資訊。這種看似真實的共同利益在躉售和零售層次都是如此——在公司與投資銀行之間，以及在個人與零售銀行或股票經紀商之間。這些關係在當時的產業結構下日益成長，且有著功能各自獨立的特徵：銀行、經紀商和專業機構執行著不同的功能，而且大家都清楚關係的本質為何。

但這樣的分權共治不能排除顧客濫用或系統不穩定。我們在今天稱之為內線交易和市場操縱的活動，在當時是很普遍的：連續詐欺和頻繁剝削企業和零售顧客的情況屢見不鮮，且不時聽聞重要的機構倒閉或險些倒閉。但是互惠的做法、健全的結構加上公認的共同價值感，限制了不法行為、控制住風險，並促進整個產業通力合作來管理危機。明訂的規定很少，但是關於參與者應如何行為，卻有著一個詳盡的期待架構。

金融部門中的信任在美國向來較低，而一九三三年是這個產業的分水嶺。「佩科拉聽證會」（Pecora hearings）已證明**金融部門的弊病和無能是大蕭條的主要原因**。銀行倒閉；金融仲介機構不斷地將毫無價值的證券銷售給客戶。於是，新體制的目標是要保障銀行存款的安全，確保個別機構未來倒閉不會導致整個金融體系瓦解，並防止對投資人的詐欺或類詐欺。

相對的非正式制度在英國能夠多存活五十年。但是在金融化後，公司內部以及公司之間促成信任的機制，因為交易文化主導的價值侵蝕和金融集團出現而被粉碎。這些大規模且影響力龐大的集團逐漸成長，對管制機關加諸了它們到頭來無法承受的負擔。

英格蘭[1]和美國的各個普通法司法管轄區，允許當事人有很大的自由以他們選擇的任何形式簽訂契約，這與歐洲大陸形成對比，後者盛行的是比較規定性的民法法典。因此，英格蘭和美國是新金融工具以及複雜或獨特商業安排偏好的地點。英國和美國之所以能主導全球的金融產業，是因為相互強化的法律和語言優勢所造就的結果，而這些優勢則是拜倫敦的帝國主義歷史和美國工業霸權的強大支持所賜。

共同的商業法典培育了共同的商業實務。現代德國為了反對納粹的專制暴政而採行社會市場經濟，但對歐洲大陸的許多商業人士來說，合作與勾結仍比競爭來得更容易些。在這些國家中，銀行業——一如大部分的其他金融活動——向來暗中或堂而皇之地聯合壟斷，在價格和有限的非價格競爭上幾乎沒有什麼差異。

這種背景和理念上的差異產生了一個重要的結果，那就是歐洲的管制機關和政府比它們的盎格魯薩克遜對手更樂意縱容隱匿全球金融危機在銀行體系造成的災難規模。

歐洲在今天有許多「**殭屍銀行**」，也就是基本上已經無償債能力，但多年來一心寄望中央政府能伸出援手，助它們脫困的機構。法國和德國的政治辭令尤其反對金融化，事實上是全面反對市場經濟。但是在這些國家，政策有著社團主義的特性，這表示在其他任何地方未熱烈追逐的金融部門改革，向來是無甚感覺的，且已經製造了德意志銀行一度駭人脆弱之後又令人寬慰地穩定的矛盾現象。

源自於文化和歷史的傳統、國家那些經常是不言明的安排，已被全球化和精英領導制度，以及更個人主義且更守法主義的文化興起所侵蝕和同質化。之後到了一九八〇年代金融集團出現後，這個產業的形式結構稍有改變。合併的效果從根本改變了產業管制的本質。這個改變有個令人好奇的特徵在英國最突出，在其他地方也很明顯，那就是被描述為**去管制**的過程，在實務上反而導致金融部門管制的範圍和負擔增加。

金融管制在過去——以及現在——有兩大系統——銀行監管以及證券市場的監督，我將依序檢視每一個系統。

巴塞爾協議

流經我腳下的是萊茵河，就像泰晤士河的水流般，它也在歷史的廢墟之間穿梭。

——亨利．沃茲沃思．朗費羅（H.W. Longfellow），語出一八三九年《海皮里昂》（Hyperion）

銀行管制是國家的事務，且反映著不同管轄區的不同歷史發展。美國的銀行結構有著零碎的特徵，那是對各州銀行業務的限制所造成的結果。英國有著較集中的零售銀行制度，且清楚區分商業銀行與投資銀行。法國和德國盛行全能銀行。然而，自一九八〇年代開始，對銀行監管產生主要影響的行動是試圖透過《巴塞爾協議》來產生國際調和的結構。

許多人宣稱，全球金融危機是國際金融架構的缺陷所造成或加劇。這個觀點確實有其正確性。資本市場的全球化限制了任何單一國家管制機關採取行動的能力。一直以來，許多嘗試都是要促進國家管制機關之間的合作。歐洲聯盟向來是焦點之一，其他的全球機制包括G8與G20經濟高峰會，以及國際貨幣基金和世界銀行的年度大會。飛機的頭等艙經常坐滿了飛往宜人地點的國際會議、從事金融監管的官員。

但這樣的合作花在修辭比實質事務的時間來得多，而且有很多時間都用在聽取老套的演說，以及協商枯燥乏味的公報細節。出席這些活動的許多監管官員和政治人物，都利用這些活動當作提高自己國家金融服務業利益的機會，且周圍的飯店都住著敦促他們這麼做的說客。在全球合作最廣泛的銀行部門，這種合作的結果都是有害的：國際協議強行規定管制監督模式，但這不僅未能防範全球金融危機，反而有效促成了危機。

這種管制國際化起源於一九八〇年代美國和英國銀行對日本競爭的憎恨。日本的機構在過去一直是激進的貸款者，而且它們的放縱刺激了日本國內的股票和土地價格飆漲。根據資產負債表的規模來判斷，在一九八八年全世界前十大銀行當中，有七個都是日本銀行。[2] 此一事實被解釋成日本金融體系有其優點的徵象；以後見之名來看，這其實是虛弱的指標。第六章已解釋為什麼大規模的資產負債表說明了脆弱性，而非恢復能力。如今，按資產規模排列的前十一大銀行，有十家設籍在中國，這種發展的適當解釋同樣會引發歧見。[3]

為了應付想像中的日本競爭威脅，被挑選來承擔大任的機構是國際清算銀行（BIS），這家銀行位於瑞士萊茵河上的歷史小城巴塞爾。國際清算銀行當初成立，是為了管理在一次世界大戰後的德國賠償，這個角色顯然在一九三三年劃下句點，之後，這家銀行在二次世界大戰中的角色是促進納粹將竊取的黃金轉手，後來導致一九四四年布雷頓森林高峰會（Bretton Woods summit）決議將該銀行廢止。但是已經廢止的公共機關十分頑強，因此國際清算銀行繼續苟延殘喘地存在。在一九八〇年代，該銀行獲選為國際合作進行銀行管制的工具，於是第一個巴塞爾協議在一九八八年簽署。

經過體認現實情況，而非施行管制後，日本在銀行業「不公平」競爭的問題，以可預測的方式自行迎刃而解。在一九九〇年代早期，日本的房地產和證券價格泡沫破裂，許多銀行變得無償債能力，但是在日本銀行的縱容下，勉強撐了多年（這種方式後來在歐洲被模仿）。但儘管如此，巴塞爾協議仍成為國家和全球銀行管制的主要決定因素，且繼續實踐著這個角色。在這些協議展開後的二十年內，世界將經歷自大蕭條以來最嚴重的銀行倒閉——甚或是歷史上最嚴重的銀行倒閉。

最初的巴塞爾協議後來被詳細闡述成為《新巴塞爾協議》（Basel II），這項新協議有部分是到了整個過程被二〇〇七至〇八年危機壓倒時才起作用。巴塞爾體系有三大「支柱」：資本要求、監管與揭露。揭露反映了他們相信如果提供足夠的相關資訊，大眾和市場就會對管理不善的銀行加諸適當的制裁。事實上，銀行的財務報表是不透明的，而這個不透明度隨著巴塞爾協議的生命歷程穩定增加。此外，銀行可利用政府當擋球網，這進一步破壞了揭露的懲戒效果。

因此，**資本要求**和**監管**是巴塞爾協議歷程是否有效的關鍵。監管是銀行與管制機關之間私下討論的過程。既然我們對過程可取得的公開資訊很少，只能憑藉結果來評估其品質，但結果不太樂觀。

資本要求的基本規則是，銀行必須有相當於其資產8％的股本——事業被迫進入破產程序之前可損失的金錢。以適用於任何其他公司的標準來看，這個數字很低——如第六章所指出，如果非金融公司的股本僅佔其資產的8％，銀行會非常遲疑，不敢借錢給它。但事實上，有效的數字目前和近來都低許多：第六章對德意志銀行資產負債表的描寫，在一定程度上指出了背後的現實。銀行被允許將自己的某些債務當作資本。此外，資產的計算必須遵守風險加權制度，對非金融公司的貸款通常是以100％來加權，而似乎較安全的抵押貸款則使用50％的風險權數。政府公債以及對其他銀行的貸款被認為完全沒有風險。因此，過去資本對資產的實際比率可以且確實是遠低於8％。

粗製濫造的風險加權制度鼓舞了銀行接受每個風險類別中風險較高——且產生較高報酬——的貸款。對一位地方上的醫師，配給貸款對價值比為60%的抵押貸款的風險權數，與對忍者（NINJA，指無收入、無工作、無資產的人）給予的無存款貸款的風險權數是相同的，且後者的這種貸款在美國各城市銷售著。

風險加權的機制也刺激了**監管套利**（**regulatory arbitrage**）。包裝好的一組抵押貸款可能被轉手給另一家銀行，在這種情況，抵押貸款可能基於管制目的而被歸類為銀行貸款。在巴塞爾協議後，證券化——金融機構將它們產生的貸款銷售給彼此的過程——以極快的速度成長。銀行可建立在管制範圍外運作的資產負債表外工具（結構式投資工具），藉此降低其法定資本。為監管套利目的所創造的工具，一開始是附買回交易和抵押貸款擔保證券，一段時間後延伸到了信用違約交換、結構式投資工具，以及其他多到不勝枚舉的同義詞，這些工具都是金融化的核心。設想錯誤的管制規定竟製造了它應該被設計來解決的問題——且接著促進了更多的管制，以便應付浮現的新問題。

在金融化期間發展出來的套利，其機制不限於降低管制負擔的方法。我在第四章敘述了四種主要類型：由巴塞爾規定（以及之前和之後的金融管制機制）促成的監管套利、設計來吹噓公司——或政府——帳目的會計套利、目的是要達到更有利的稅務處理的財政套利；以及設計來利用世界不同國家採行的不同監管、會計或財政規則的管轄區套利。

所有這些操縱都有相同的基本目的：設計有類似商業效果但有著不同管制、會計或財政形式的交易，藉此獲得財務優勢。這些套利活動通常會產生負面的經濟價值：對發起公司（以及促進交易的代理人）的利益會被對其他人的損失抵銷，或不只是抵銷，這個其他人通常是一個或多個姓名不詳的演員——最常是繳稅的大眾。

對付套利最有效的對策，就是確保有類似經濟結果的交易會受到相同方式的處理，且這被廣泛認同為管制目標（以及會計準則與財政政策的目標）。但是現代金融世界極為複雜，導致這個理想很難達成。套利可能被更複雜的規定消除或妥善解決的構想，事實上是幻想，但許多管制機構似乎堅守不懈。在稅賦政策方面，兩個世紀設計來打擊財政套利的所得稅法，都未能消滅避稅問題，卻產生了一部極其複雜的稅法。

打擊行動有兩條路線可利用。一個是讓管制機關更有裁量權，如此它們便可實踐相關規定的精神，而不需拘泥於規定的文字。鐘擺例行地在「原則基礎」與「規定基礎」的管制之間擺盪：經常（尤其是在較不好訟的歐洲背景下）有希望避開詳細規定的複雜度，但接著在實務上，公司對於它們被允許做什麼，要求提供更明確的指引（目的經常是挑戰它們可從事哪些事的極限），而規則手冊又再次增加頁數。這種裁量權至少在稅賦政策上是可接受的——課稅是根據稅務督察認為納稅人應支付什麼，而非根據某個客觀規則，顯然是不當的，但即使是在這樣的範圍下，許多政府鑑於殘酷複雜的艱困經驗，引進了全面的反避稅規定，讓它們能夠將沒有真實商業目的的交易變得無效。

對套利的另一種打擊方法，是以限制這類套利範圍的方式，來架構各種原則和規定。雖然少有觀念承認完全不含糊的定義，但銷售是比所得容易衡量的觀念，且槓桿是比風險加權的資本來得簡單的度量標準。做為基礎的目標必然總是會犧牲有效行政管理的利益。

在金融體系中，最最嚴重且歷史非常悠久的套利來源是**負債與權益之間的界限**；事實上，用負債取代權益可獲得納稅利益的原則，是金融圈每個人都十分熟知的事，它被視為是企業生命的一個事實，而非金融套利的一個例子。負面結果的種類很多——對財政制度的成本和複雜性、對政府收取稅收的能力以及對金融穩定性，且受到廣泛討論，各種消滅或降低這類扭曲的提案也陸續被提出。[4]然而，負債與權益之間稅賦差別待遇的不利影響問題，在今天是更廣泛的跨國企業大規模避稅問題的一部分，避稅活動是金融化的原因和結果，如今已經失控。政治人物以令人失望又熟悉的偽善方式，一方面譴責這些避稅活動，同時又推出一些措施來吸引其他國家的稅收，並偏袒利益投其所好的公司。

這些稅賦政策無效率所造成的扭曲，不僅與金融部門有關，也波及非金融公司的財務活動，此一問題已在他處多有討論。[5]本章的焦點在於對銀行的管制，但是銀行的管制機關從其他領域的套利經驗，或者如後文將看到的，從其他部門的管制所學到的教訓甚少。巴塞爾協議過程努力要透過規定性的規則手冊來控制銀行活動和曝險，且藉由大舉擴增更複雜的規則，對每一個監管套利實例——以及全球金融危機之前及期間的管制全面失敗——做出因應。

這個方法為什麼注定會失敗，米塞斯（Mises）與海耶克（Hayek）等社會主義與中央規劃的早期批評者已提供最佳的解釋。[6]中央——規劃者或管制者——永遠不會有足夠的地方資訊來預期附屬組織的需求或機會，於是在挫折下，會增加更多規定和目標，而結果總是更複雜，且很少更有效。蘇聯正是如此。巴賽爾協議過程亦如此。

證券管制

一九八四年是美國證券交易委員會成立以來第五十週年。五十年前，在大蕭條的深淵中，美國的證券市場士氣低落。但是在今天，它們是截至目前全世界所知的最佳資本市場——最寬廣、最有效、最有效率，也最公平。

——約翰．沙德（John S. R. Shad）主席，語出一九八四年美國證券交易委員會年報。

證券管制的現代架構可以在一九三〇年代的「新政」（New Deal）中找到起源，當時為了剷除在大蕭條前的金融弊病而引進了一個全面的架構。這個制度架構以及做為基礎的理念當時是在美國發展出來，後來經過了數十年的闡述，對世界各地的證券管制機關造成了思想上的影響。美國證券交易所是根據一九三三年的美國法律成立，其主要目標是提升大眾可取得的資訊之品質與數量。背後的推論是，交易應單獨依據資訊而發生。

這個想法有至高無上的吸引力和根本的缺陷。這個思想架構經常是透過「公平性」的體育競賽隱喻來描述：所有球員都平等地在「公平的競爭環境」下競賽。為了達到公平性，應為每個人提供標準的資訊樣板，不論是一家公司的主管、投資銀行業者，還是在家中使用電腦的交易人。市場參與者可能根據這些資訊交易，或僅根據這些資訊交易。任何交易人都不會比任何其他交易人有更好的資訊，且成功僅取決於解釋資訊或預期他人解釋的技能。

當然，這個「公平的競爭環境」是不可達成或未被達成的，且就算被達成，也是不適當的。

然而，如同賭場的管制機關，美國和歐洲的證券市場管制機關經常將「市場健全」描述成它們的目標；它們的焦點在於市場有效率地運作，但從狹隘的技術觀點來看，這關乎過程，而非結果。重視市場參與者的全神貫注而非市場使用者的利益——這樣的強調深植於當前的思想。在歐盟，證券市場的關鍵規則是《禁止濫用市場指令》（Market Abuse Directive, MAD，的確是），以及《金融工具市場指令》（Markets in Financial Instruments Directive, MIFID）。其中的含意是，重點在於消費者不要濫用（可能需要《禁止消費者濫用指令》〔Consumer Abuse Directive, CAD〕，而非「市場」濫用）。

管制對話對大西洋兩岸的真言則是**流動性、價格發現和透明性**。追求「流動性」的意義似乎經常跟促進交易活動本身為目的差不多：交易將受到歡迎，因為這會促進交易。「價格發現」一詞完全沒有明顯的意義，它源自於可以用凱因斯的選美比賽做例子的圈內交互參照世界。實質經濟需要從證券市場獲得的服務是「價值發現」，亦即根據證券被交易的企業的基礎盈餘及現金流，估算證券的基本價值。

證券市場的經濟目的是**滿足公司和儲蓄者的需求**。金融仲介能否有效促進有效率的資本配置，取決於市場參與者可取得的資訊品質。如果管制的主要目的是想確保任何交易者都沒有資訊優勢，藉此來鼓勵交易，那麼這樣的管制會阻礙有效率的資本配置，從原理或實務來看都是。有效的資訊和監管在信任關係的背景下最能達成——或許只有這個途徑能達成。要促進資訊誠實移轉，且與使用者的需求直接有關，這樣的關係就算不足，基本上也是必要的。[7]

在抵押貸款市場，分行經理與借款人、分行經理與總部、抵押貸款公司與其投資人之間的信任關係，被交易和銷售活動所取代，結果就是在這些關係中傳遞的資訊品質下降。一般零售投資人的長期利益要能夠達成，必須根據最佳資訊來做出投資決定，且這些最佳資訊不應與大部分的資料混淆。這種簡化導致對「透明性」的強調。雖然我們很難質疑責備透明性的目標，但對透明性的要求已造成使用者獲得越來越多幾乎或完全無價值的資料。

資訊不對稱的解決方法未必是提供更多資訊，尤其這些「資訊」事實上大部分只是雜訊，或一成不變的陳腐文字（每份報告必然會附上的標準化文件）。公司言之有理地解釋它們為什麼必須產生越來越多的資料量，另一方面，會計的使用者卻發現越來越難在其中找到重要的資料。所有投資人都有或可能有完全相同的取得公司資料途徑——這個觀念其實是天方夜譚，但試圖讓它實現的意圖卻導致了一連串的管制，這些管制抑制了公司與其投資人之間的約定，且阻礙了有助於評估證券基本價值的實質資訊蒐集。用美國電腦科學家克里夫．斯多（Clifford Stoll）造成風行的話來說，「資料不等於資訊，資訊不等於知識，知識不等於瞭解，瞭解不等於智慧。」[8]

在曾被發現的其中一樁最怪異的金融不當行為案例中，雷．德克斯（Ray Dirks）在一九七〇年代揭發了「公平基金公司」（Equity Funding）這家墮落保險公司的詐欺行徑。該公司的高階主管後來下獄。當時美國證券交易委員會未發現或調查這樁詐欺案，反而指控德克斯內線交易，此案後來上訴到最高司法層級，最高法院申明了一個明顯的重點，那就是揭發企業犯罪的公共利益，遠勝於為無價值的公司股票維持有序市場的公共利益。在遵從歐盟指令的英國法律下，德克斯很可能被判有罪。[9]管制的焦點已從保護消費者轉移到了保護市場。[10]

這個管制方法的作用是要破壞且最終剷除透過私人活動產生資訊，並僅將這些資訊給予管制規定要求的人的意圖。但是最能達到一般零售投資人的長期利益，尤其是絕大多數使用資產管理機構服務的人的長期利益，方法不是在他們與市場專業人士之間建立資訊的「公平競爭環境」，而是確保投資決定是在最佳資訊基礎上做成。

消費者買車或看醫生時，不會希望或預期自己將被難懂的技術資訊淹沒，他們是來獲得產品或建議的，且他們仰賴供應者的名聲，以確信自己的需求會盡可能被達成。金融服務是有差異者，因為有些供應者的名聲已經惡劣到消費者不再有信心的程度。試圖滿足使用者需求的管制會聚焦於金融提供者的誠信，而非市場的健全。

金融市場全神貫注於自己，很少發現像沙德先生在本節一開始的自我恭賀辭那樣清楚的表達。在沙德的觀點中，衡量管制是否成功的標準是市場參與者的士氣，且達到這個結果的方法是「活動」和「公平性」。他可能曾經是向足球觀眾致詞的啦啦隊長，而不是監督市場參與者的管制者。但那是在一九八四年（沒錯！），當時金融化才剛起步。

管制產業

假如國家的任何大企業要雇用冒險家，任由他們用冒險方式為自己賺錢，力求普通法通過，著眼於牟取自己的私利，每一個正直人士的道德感會本能地譴責雇主和受雇者墮落貪腐，且受雇是無恥的。如果這樣的案例很多、是公開的，且被容忍，它們會被視為公眾道德衰敗及時代倒退的指標。我們不需要預言的神靈，便可預告不久的將來會發生什麼結果

——美國最高法院，一八七四年《88 US Trist v. Child 案》

管制的複雜性促成了專精於遵循法律和風險管理的專業發展。雖然表面上，這種控制的委託伴隨著更大的功能專業化，但是在實務上，風險管理人通常未贏得很大尊重。風險長不是獲利單位：大部分的交易員將他們視為阻礙獲利的人。法規遵循長是公司中堅持行政程序必須符合相關規則手冊要求的人，他們的地位更低。

因此，風險管理和法規遵循與執行管理和交易是分離的，於是金融管制便自成一個事業。管制產業包含在金融服務公司中的法規遵循與風險管理人員、管制機關的人員，以及居於兩者中堅的顧問和律師。這個產業雇用努力影響立法內容和管制規定的說客，這些人有自己充滿著簡語的語言，有很多連其他金融專業人士都聽不懂。

管制產業及其管制體系規模大且複雜，這表示管制功能僅能由對該部門具有廣泛經驗的人來執行。這樣的經驗必然決定了他們的觀點。提摩西．蓋特納曾任聯邦儲備銀行董事長及財政部長，但從其表現可看出他不甚瞭解他面對的議題，或他在其中工作的更廣泛背景，但他對金融產業及其管制還有涉及的重要人物，確實有相當深入的認識。因此，政治人物想要仰仗他，有些人也喜歡他，是可以理解甚或不可避免的。求助於銀行家來整治銀行家製造的混亂，看似荒唐可笑，但還有什麼其他辦法呢？

金融部門花在遊說上的錢超過任何其他產業。在美國，這個部門於二〇一二至一四年選舉週期的支出總計達八億美元，另外還有四億美元花在競選獻金上。在華盛頓登記的金融產業說客有

大約兩千名：每個國會議員約有四名說客。[11] 這個數字並不包括未登記的說客：前參議院多數黨領袖湯姆．達希爾（Tom Daschle）與眾議院多數黨領袖紐特．金瑞契（Newt Gingrich）：這兩人目前分別是一家大法律事務所與房利美的「政策顧問」）就未曾登記。[12] 徵召一度名聲顯赫的政治人物來擔任這些角色，是最近的特殊發展：艾德禮伯爵（Earl Attlee）或杜魯門在離職後，竟會從事收取報酬的遊說工作（或收取大筆費用讓人使用他們的聯絡簿），實在令人難以置信。[13]

在布魯塞爾，金融部門登記的說客有一二五〇人，據報導，總年度支出約為一億歐元。[14]（未登記的遊說估計在總人數和總支出都增加25％左右。）二〇一一年，英國金融部門花費九千二百萬英鎊在遊說上（英國金融產業是歐洲最大的，此處可能有重複計算）。[15] 為便於比較，美國證券交易委員會的總預算約為十三億美元，英國金融行為監理局的這筆預算則為四點五億英鎊。

管制機關會因為這種遊說活動以及因此產生的政治壓力而受打擊。然而，管制機關——尤其是中央銀行——的最高職務需要聲望和公眾的尊重。傑出的候選人經常被徵召來填補這些職務，即使財務報酬根據金融產業的標準來說幾乎是不合理的。前聯邦儲備理事會主席葉倫（Janet Yellen）的薪資是摩根大通董事長傑米．戴門的1％，但是根據《富比士》雜誌的報導，這項職務讓她成為全世界權力第二大的女性（德國總理梅克爾〔Angela Merkel〕是第一，她的薪水跟葉倫相仿）。

但是在管制機關中較低層級的職務更沒吸引力。他們的薪資雖然不像主席那般低得不成比例，但相較於金融產業的標準來看，仍是有些寒酸（即使與其他公共部門的員工相比已經很好了）。這些職務被賦予的地位很低，工作本身也不特別有趣。如果逐項查核是他們被要求從事的工作，也是他們能夠勝任的工作，貶損他們是「查核表勾選員」有失公平。在所有被管制的產業中，對管制工作展現才能的人，很可能從產業的公司獲得吸引人的雇用條件。管制機關很難雇用或留住素質高的員工，而且大體上，它們這麼做也不會成功。

吸引能幹的人才很困難，這表示金融管制機關掌管者——或指派他們的政治人物——渴望達到的目的，並未被轉換成實際執行例行工作者的活動。

對於雷曼公司或蘇格蘭皇家銀行等經營不善的金融服務事業，管制機關並不容易挑戰其基本策略。這些事業本身也沒有人願意挑戰狄克．福爾德（Dick Fuld）或佛瑞德．古德溫——包括那些身為蘇格蘭皇家銀行董事會成員的真正卓越人士（雷曼的董事會是由福爾德的友人來裝飾）。即使是機關的最高首長，可能也不比大公司的高階主管更容易接近權力高層——如無其他原因，便是後者有許多的餽贈可分配。回想一下前英國財長戈登．布朗對福爾德和雷曼給予的諂媚進貢（參照第一章），還有你可以看到古德溫和他（當時的）妻子週末時在英國首相的鄉間別墅契克斯（Chequers）接受殷勤的招待，即便是在銀行已經搖搖欲墜快倒閉時。雷曼和蘇格蘭皇家銀行都是由討人厭、跋扈囂張但政治人脈廣闊的人經營，可不是個意外：這些人物是個人成功結合公司倒閉的共同指標。

現在想像你自己是一個管制機關的小官員，對這些組織的風險控管有所保留。即使你覺得自己有能力批評，且有足夠的勇氣說出你的疑慮，你的行為可能不被機關官僚上層的人認同，他們可能比較想要平靜或可望有更多酬勞的人生。

當員工對他們工作的要求不敢苟同時，他們會傾向於聚焦他們能夠做的事，而這些事可能與他們需要完成的事不同。對於整體經營良善的金融服務事業，你很容易專注於微小的程序瑕疵：在進行管制視察時，總是會發現一些未完成的客戶檔案，或記錄失誤。找到這種行政管理缺陷，通常會引來和解的反應——相關公司感到困窘，且主動提出矯正行動方案。受管制公司的高階經理人可以放心地將問題歸咎於下屬的作業失誤，而不會受到任何威脅。在管制機關，高層會讚賞員工的警覺性。

卡門·瑟加拉（Carmen Segarra）目前正在提起一樁訴訟，指控紐約的聯邦儲備銀行（在蓋特納擔任財政部長之前領導的機構）不公平解雇她。她必須判斷高盛公司在一連串事件後的利益衝突政策，包括「傳奇法伯」的「珠算」交易（參照第二章），以及艾爾帕索與金德摩根之間的交易（第四章）。她交出了錄下聯邦儲備理事會不願意得罪高盛，並指示她如何粉飾犯罪的錄音帶。「有時候，」瑟加拉宣稱自己被告知：「最受重用的銀行檢查員是最沈默的。」[16]

管制機關似乎對合法事業加諸無止盡的瑣碎限制，但如同證券交易委員會，即便有哈利·馬科波洛斯（Harry Markopolos）提供給它的詳細檔案，卻無法認出更遠不能逮捕伯納德·馬多夫這個大騙子。[17] 上述的這些議題解釋了管制機關的績效，但不能作為藉口。在面對類似的惰性時，只有積極的紐約州檢察總長艾略特。史必哲（Eliot Spitzer）試圖揭發新經濟泡沫期間的舞弊營私。懲罰華爾街不當行為的主要論壇向來是紐約的法院，此地的地區檢察官羅伯·羅根索（Robert Morgenthau）及傑德·拉科夫法官（Judge Jed Rakoff）一直是銀行違法行為的堅定打擊者。

管制機關可以或應該在事後看透高盛公司的風險管理政策——這樣的看法實在很可笑。一般相信高盛公司有著金融部門最佳的風險管理系統，且是該部門酬勞最高的公司之一，但它竟連足以應付市場崩潰早期階段的風險模型或管理結構都沒有（大衛．維尼爾〔David Viniar〕驚慌地連續提到「二十五個標準差事件」可資證明）。管制機關可取得的資訊和資源那麼少，憑什麼希望他們更有效地執行這項工作？在建立管制架構時，必須務實地看待「管制可以達到哪些目標」。

出了什麼錯？

（州際商業委員會）可為鐵路帶來很大用處。它滿足了大眾對政府監管鐵路的喧嚣要求，同時這樣的監管幾乎只是有名無實的。再者，這樣的委員會年代越久，就會被發現它對事情越傾向於採取企業和鐵路的觀點。

——理察．奧爾尼（Richard Olney，格羅弗．克里夫蘭〔Grover Cleveland〕政府時期的檢察總長）。語出一八九二年一封致柏林頓鐵路總裁查爾斯．伯金斯（Charles Perkins）的信函，引用自《自由與正義》（Liberty and Justice），一九五八年

假如我偏離航道，遲到了兩天，他們問我：『船長，這些時間您都到哪兒去了？』我會怎麼回答？我會說我去躲糟糕的天氣。他們會說天氣一定是糟透了。我說不曉得耶，我躲到完全看不到它的地方。

——麥克維爾船長，語出約瑟夫．康拉德（Joseph Conrad）一九〇二年的小說《颱風》

無可避免地，金融服務管制及管制機關自二〇〇七至〇八年危機以來一直受到嚴厲批評。管制機關是「昏睡在方向盤上的駕駛」。修正式社會主義者對二〇〇七至〇八年事件的解釋和主張是，金融業的失敗和詐欺並非如一般大眾被誤導相信的，是管理階層無能和個人詭計的結果。事業倒閉是政府一連串錯誤導致的結果：愚蠢地鼓勵住宅自有、寬鬆的貨幣政策，以及懦弱的管制。

雖然這樣的描述基本上很荒謬，但卻有個正確的重點：嚴重的政治錯誤。一九九九年美國管制範圍排除了衍生性商品，如今幾乎所有人都承認是個錯誤。再者，金融產業從合夥改變為有限責任公司的結構，有效地將公司一定程度的風險管理責任轉嫁給管制機關。

巴賽爾協議對資本適足率的計算，成為銀行本身審慎風險管理的替代品。事實上，修正式社會主義者對危機銀行的解釋是，指責管制機關未對銀行加諸更嚴格的要求。而且他們有個重點：銀行主管是在他們交易員和股東的壓力下，才將資產負債表擴充到法規允許的極限。或許誇張的說法是，管制法規規定的最低資本和行為標準被解釋成最大的標準——但也不是非常大。

但認為「政策錯誤」是問題的來源，是對經濟或政治不瞭解所致。或許逃避對信用違約交換的管制是個錯誤——但是假設這樣的管制是存在的，管制機關應該要做些什麼？畢竟，被這些工具擊潰的銀行本身是受管制的機構。

這些管制失敗幾乎可在每個先進國家觀察到。有這麼多管制機關同時且獨自地「昏睡在方向盤上」，是令人難以置信的：這種強制性昏厥背後有著更系統性的原因。英國和美國的政策制定者向來對約束金融服務產業沒有什麼政治胃口，因此經常受到相當大的政治反對。即使管制機關傾向於採取先發制人的行動，且知道該實行哪些措施，它們也得不到政治支持。因此，它們幾乎或完全沒有誘因或意向來採取行動。如果船主不准船長移動舵輪太多，那麼船長在舵輪上昏睡或在指揮臺上醒著，幾乎沒有什麼差別；他也可能到船長艙房去休息。

任何管制機關所為的先發制人行動，都會面臨麥克維爾船長的兩難。缺乏想像力的蘇格蘭海船長並沒有「昏睡在方向盤上」；他做了個經過考慮的決定，那就是不論前方等待的危險可能是什麼，他的最佳途徑都是全速前進。預防性行動的成本和結果是真實且可衡量的，但是如果預防性行動成功，已被避免的破壞性事件的代價，以及這些事件本身的本質，仍會是假設的。公眾的掌聲不是給逃過暴風雨的謹慎船長，而是給像麥克維爾這樣成功戰勝困境的英雄舵手。

有些管制官員基本上是業界及業界的政治密友擺在那兒的官吏，用以代表他們名義上監督的事業的利益。但有些管制官員是誠實且認真的公僕：然而他們卻不斷察覺到產業的政治影響力。「從輕管制」不是懶惰管制官員的產物，而是透過政治過程傳達的產業要求。比一比戈登．布朗（第一章及第九章）與西奧多．羅斯福（第一章）及富蘭克林．羅斯福的言論便知。

在北歐和北美，管制機關或政治、金融和商業高層明顯貪腐的證據很少。其中的機制更微妙。管制官員採取他們管制的機構的心態。管制機關仰賴產業，不只是為了他們使用的大部分資訊，也是為了這些資訊在其中被解釋的架構。再者，產業資訊來自於資源充足的來源和會客室：公共利益大體上資金缺乏。如果你的工作是管制交易員，你自然會聽到他們的顧慮。因此，管制機關的目標是消滅市場濫用，並促進一個有效率的金融工具市場。如果一個人能夠跟富人和有權力人士結盟，生活會比較舒適，而受管制者總是比管制者富有——事實上也比較有權力。

對於領退休俸退休的政治人物以及前管制官員，金融是個有報酬的就業來源。如果一個人在公職生涯攀上了最高職位，單單巡迴演講便足以保障不只舒適的退休生活。如果一個人的貢獻雖不那麼顯著，但很有影響力，酬勞豐厚的非執行和顧問角色會來招手：他們的人脈以及對內幕的瞭解真的彌足珍貴。政治人物因為打擊既得利益而建立成功的職業生涯，屈指可數，不過聽任資金充沛的團體發展而享受優渥生活的政治人物，倒是多不少。

製片人查爾斯．佛格森（Charles Ferguson）在他的紀錄片《幕後黑手》（Inside Job）中採訪了許多人物，包括在全球金融危機之前的事件扮演重要角色的一些經濟學家。[18] 佛格森提供了貪腐印象──人們會說他們拿到大筆酬勞後應該說的話。然而，這樣的描述太粗糙。在北美和北歐，任公職的人很少被他人提供的一疊疊鈔票引誘來改變他們心意：可以因為這樣的引誘而搖擺的人，通常也不是可靠的盟友或有權力的說服者。

有效的說客會去接近偏好支持說客立場的人；遊說團可以提供的助力更強化了這樣的態度。得利於競選支持的政治人物比較可能獲勝，一旦他們真的獲勝，便較不傾向於對他們支持者的利益採取懷疑的觀點。在學術界，金融利益為個人和機構提供的助益有助於建立專業共識，這樣的共識主導著期刊的編輯政策、研究委員會提供獎助金的過程、教職委員會的決定，以及未來學生的教育。

這個過程或可描述為「**知識份子俘虜**」（intellectual capture），且即使他們是審慎誠實的人，管制官員、政治人物和學者也很容易受影響。管制重點從強調機關法定義務的模式，轉變為促進市場抽象誠信的模式，由此便可明顯看出「知識份子俘虜」。於是有人說，金融經濟學的專業研究變成被一套模型主導，這些模型對實際上發生的事提供了造成誤導的解釋。如同「傑克遜谷座談會」(Jackson Hole symposium) 所揭露的，那些對政策制定者提出建言的人，被這個理論遮住了雙眼，以致於看不見現實的破壞性本質。

當前，我們迫切需要將管制焦點更集中於消費者的利益，並減少對市場過程誠信問題的關注。二〇〇八年後，美國設立了新的《陶德—法蘭克》管制體系，其中的一個要件就是建立一個以消費者保護為宗旨的新機關。這個新機關的設計者是好勝的伊莉莎白·華倫 (Elizabeth Warren)，她希望成為這個機關的第一位首長，但是她的任命案被金融服務業及其在國會中的代表們否決。在英國，新的金融行為監理局被賦予保護消費者的責任，但這次於維持金融服務產業信心的法定目標。然而，大眾對這個產業的信心是有效管制的結果，而非目的。

「**管制俘虜**」(regulatory capture) 一詞一般會令人聯想到芝加哥的諾貝爾獎經濟學得主喬治·斯蒂格勒 (George Stigler)，[19] 但是這個現象的歷史悠久許多。

美國當初引進鐵路管制，是大眾對據信是過高收費群情激憤的結果，尤其是來自農業利益的對抗。鐵路業者當然開始反對對他們自由定價的限制，且當格羅弗·克里夫蘭指派一名在業界人脈廣闊的人——即理察·奧爾尼出任檢察總長時，業者希望廢除或架空新成立的州際商業委員會，但是奧爾尼卻反向勸告獻策，他告訴鐵路業者要想辦法讓委員會服務自己的利益，真是個好建議。到了委員會最後在一九九五年被廢除時，這個機關在一般人眼裡代表的不是大眾，而是它管制的公司。

或許受到最廣泛研究的管制俘虜案例是航空產業。飛航安全管制的必要性是不證自明的：自由意志主義的支持者應該也不太會想要看到不安全的飛機在大城市上方飛來飛去，或者他們應該也沒有時間或能力在登機前檢查飛機的維修保養記錄。但是安全的監管擴大到越來越多航空公司營運面向的控管——畢竟，在財務壓力下的公司可能剋扣維護費用。到了一九七〇年代，飛航管制機關有效地代表現任的航空公司經營了一個聯合壟斷事業。這個產業惡名昭彰地聯合制定三明治的定義，以防止成員利用餐食品質競爭，在受管制的價格上作弊。

後來美國左派和右派結盟，導致這個結構在一九七〇年代瓦解。一方主張這個過程是為大公司的利益而經營的騙局，另一方則主張消費者在自由市場的運作下會獲得較妥善的服務。這兩者的主張都很有道理。管制歷史學家阿爾弗雷德．卡恩（Alfred Kahn）受命擔任「民用航空委員會」的主席，他在任內完成了一件非凡的功績，那就是結束了他帶領的機關。

於是接下來，低成本航空公司迅速增長，先是在美國，之後陸續在世界其他地方出現。諸如泛美（Pan Am）和環球（TWA）等許多歷史悠久的公司接連倒閉，但有些卻成功調整，適應了競爭的環境，且新的進入者進入市場——又經常離去。飛航管制在今天小範圍地聚焦於安全和相關議題，且產業已發展出所謂的「公正文化」，這鼓勵了接受倒閉，以及結合對誠信的集體責任和對服務的競爭責任。[20]「公正文化」的概念如今在公眾關注的其他商業活動領域越來越有吸引力，例如醫療。這方面有許多教訓值得其他產業學習——最重要的是金融服務業，但是金融部門性質特殊的觀點已經根深蒂固，且管制俘虜的程度已相當廣。

當然，管制機關可以也應該做得更好，但無可避免的是，資金充裕的產業會運用自己的經濟實力來施加政治影響力，而且沒有任何其他產業擁有比金融部門更多的資源。雖然金融管制已經全面被俘虜，服務著這個產業中大型成熟公司的利益，但這些公司本身卻認為管制是代價高昂的負擔和抑制。這兩個批評都言之有理，可作為衡量管制失敗的指標。金融管制一度非常廣泛且過份干涉，但儘管如此，它卻受制於自己監督的產業，且無法有效達成其基本目標。

管制提案的基礎必須體認到這些管制是在哪些限制下產生，並切合實際地評估管制可以達到哪些目標。二〇〇八年清楚例示的管制缺陷不會因為加強政策而獲得矯正，因為這些政策不僅無法防止危機，反而能有效促進危機。

面對全球金融危機，一開始的正確反應是穩定現有的產業結構，但這恰好是必要長期因應之道的相反方向；長期因應之道應該是安排如何有序地終結倒閉的公司，以及立即瓦解可能對實質經濟造成嚴重損害的不穩定活動。但是在實務上，目標似乎是「防堵」——幾乎是不計任何代價——銀行體系中的機構在商業上失敗。從蓋特納的回憶錄看來，這毫無疑問是他的主要目標，且歐洲政府大體上也不情願坐視銀行部門的損失規模。

這種結果代表著政策在幾乎每個面向上都失靈。金融產業的結構或行為一直沒有什麼改變，結果是相繼而來的危機幾乎躲不掉。釋出給金融體系的龐大公共資金在促進經濟復原方面不見什麼成效，因為提供的資金大部分都保留在金融部門本身——或用來支付給高階員工的超額報酬。

或許全球金融危機長時間拖延的結果對實質經濟造成的危害，更勝於在二〇〇七至〇八年讓大機構倒閉，再由國家發起重建金融部門所造成的結果。正如麥克維爾船長，我們永遠不會知道我們「沒有」經歷什麼。

「9章」

經濟政策

大師

葛林斯班究竟是讓數百萬美國人變富有的人，還是不忍告訴這些人「他們只是在想像」的人，歷史自有定奪。

——約翰·凱，二〇〇三年《市場的真相》（The Truth about Markets）第五至六頁

歷史在二〇〇八年實現了它的判決，這個判決對艾倫·葛林斯班不利。

葛林斯班擔任聯邦儲備理事會（美國的中央銀行）的主席有二十年之久，他在這段期間獲得的地位體現在鮑勃·伍德沃德（Bob Woodward，正是揭發水門案內幕、扳倒一位總統的採訪記者）所著、以「大師」為書名的聖徒式傳記中。[1] 少有人的公眾聲望歷經如此快速的轉變。二〇〇八年，葛林斯班以道歉姿態告訴國會：「我在我認為是定義世界如何運作的關鍵功能結構的模型中發現了一個瑕疵。」[2]

葛林斯班的公開談話，向來以這種迂迴甚或謎般難解的特質聞名。他裝模作樣的外表被認為是隱藏著深層的智慧。葛林斯班年輕是曾是艾茵·蘭德（Ayn Rand）的一名助手，此人是一位俄國流亡人士，後來成為極端個人主義教派的創始人和領袖。蘭德的哲學代表著對國家行為的敵視，這與葛林斯班擔任世界首要金融管制者的角色不大相配，但是這種懷疑論正好對雷根共和黨員很有吸引力，他們在一九八六年任命擔任聯邦儲備理事會主席職務。

葛林斯班的受命幾乎剛好碰上政策制定者有興趣將貨幣主義當作經濟教條的高峰。相信甘乃

迪的財政政策有效的信心，在一九七〇年代經濟衰退令人憂慮的期間逐漸消退。在英國和美國的政治重力中心右移，也產生了一定的影響。

關於貨幣，有件事令人無止盡地著迷。貨幣怪咖有許多學派：曾對經濟事務發表公開評論的任何人，都會從他們收到定期的通訊。對黃金的崇拜深植於人類心理，但少有貨幣經濟學家或中央銀行首長對這種金屬有這樣的迷戀（且基於這個理由，他們經常喚起那些怪咖的憤怒）。

金融化時代偏好的貨幣模型向來與黃金標準時代的教條非常不同，且涉及嚴格遵守預先宣佈的目標。選擇的目標會根據時代的風氣而改變。在一九八〇年代，貨幣供給成長是較受歡迎的指標，接著流行的是通貨膨脹目標。全球金融危機時出現了龐大的負債規模，導致許多人偏好致力於降低負債的途徑。在本書撰寫時，「前瞻指引」——對未來意圖的一種應有約束力的附條件宣言——已接近其短暫出現在陽光下的尾聲。

這些致力於宣告目標的策略，有著智識和意識型態的吸引力。政治權利鼓勵放棄裁量權，或至少出現這種放棄，這應該能確保政治干預最小化的經濟穩定。學術界對這個理論的辯護之一是宣告「政策不當」——政府或中央銀行採行的措施總是適得其反，因為它們會被民間部門的行動抵銷。有些人真的相信如此。

伴隨金融化而來的對貨幣政策的新強調重點，在一開始導致了意圖抑制通貨膨脹的利率戲劇化地上升。在一九八〇，英國的短期利率是17%，美國則是19%。這些利率壓縮了購物者、破產

的高槓桿公司及房地產開發商的預算，並壓抑了資產價格和商業信心。曾經是一九五〇年代和一九六〇年代特徵的全民就業假設已經消失：一九八〇年代早期的措施打破了通貨膨脹持續且加速的預期。接下來的二十年，利率和通貨膨脹穩定下降，而企業獲利和資產價格則快速增長。這就是葛林斯班移往舞台中央的總體經濟背景。

在兩個月內，他的意圖便接受檢驗。一九八七年十月十九日的「黑色星期一」，主要美國股票指數在短短一天內暴跌約20％。在隔天恢復交易之前，有一則聲明發佈，內容是：「聯邦儲備系統肩負身為國家中央銀行的責任，今日證實其已做好準備，將擔任支持經濟和金融系統的流動性來源。」[3]根據葛林斯班的說法，「紐約聯邦儲備銀行的官員打電話給紐約市主要銀行的管理高層，這有助於確保對結算所的成員持續提供信用，讓這些成員能夠支付必要的保證金。」[4]花旗集團的約翰·李德（John Reed）闡述了此舉在實務上的意義：「在他接到紐約聯邦儲備銀行總裁E·傑洛德·柯里根（E. Gerald Corrigan）的電話後，他的銀行對證券公司的借款在十月二十日標升到十四億美元，正常的水平是兩億美元到四億美元。」[5]（柯里根在一九九四年加入高盛公司，並在二〇〇七年成為董事長。）簡單說，聯邦儲備系統讓銀行可取得資金來借貸，以支撐其股價。

這些措施產生了期望的結果，美國股市在一年內重回崩跌前的水平。美國中央銀行隨時準備好支撐美國股市的對策，後來被稱之為「**葛林斯班賣權**」（**Greenspan put**），這項對策在二〇〇〇年新經濟泡沫後被大舉實行（效果降低）。葛林斯班在二〇〇六年一月退休，當時他已高齡七十九歲，這個時間點很幸運，因為全球金融危機隔年就爆發。

聯邦儲備理事會的聲明提到了「身為國家中央銀行的責任」，但這些責任是什麼？世界各地的中央銀行都是令人印象深刻的機構：它們的治理人或其他首長都是備受尊敬的人物；這些機構的幕僚有許多公共部門雇用的最能幹人才；在許多國家，他們是貪腐大海中的誠信孤島。中央銀行的功能包括擔任國家金融部門的啦啦隊長和協調人，監督（傳統且仍受到廣泛使用的名詞）或管制著銀行的活動，並執行經濟政策中的角色，這個角色當然擴大到控制通貨膨脹，且可能接受更廣泛的責任。

然而，中央銀行有許多不同的類型。美國的聯邦儲備系統從二十世紀初就任以來，一直被認為是銀行的集體組織，而非公家機關。即使聯邦儲備理事會是由美國總統任命，但十二個地區銀行——包括權力很大的紐約聯邦儲備銀行——代表的是銀行業的利益。英格蘭銀行在一九四六年國營化之前，基本上是民營機構，歷經了心態不平衡的蒙塔古．諾曼（Montagu Norman）二十年的治理。另一方面，法蘭西銀行（Banque de 法國）向來是法國政府的一個有效器官。戰後的德國聯邦銀行（Bundesbank）有著不同的憲法角色：在國家歷經超高通貨膨脹歷史後，扮演著德國貨幣健全的自動防衛者。法國與德國對於中央銀行的角色觀點是相衝突的，這個衝突助長了歐洲中央銀行角色的不同觀點。法國和大多數歐元區的成員都希望使用歐洲中央銀行來做為歐洲經濟政策的一項工具。德國決心維護銀行的獨立性——德國堅持的這項規定被納入《馬斯垂克條約》（Maastricht Treaty）供奉著，歐洲中央銀行便是在此條約下成立。

有些中央銀行——例如澳洲的中央銀行或從一九九八到二〇一二年的英格蘭銀行——要對貨幣政策負責，但不需監督銀行，而義大利銀行剛好相反。英國實驗性地將中央銀行管制和監督銀行系統的權限去除，此舉被認為已經失敗，不只是因為在這段期間發生的災難性事件，也是因為英國金融服務局（Financial Services Authority）從未要求與英格蘭銀行相符的尊重（即使實際上，在金融服務局內每日進行監督的人，幾乎是先前和之後在英格蘭銀行的支持下從事此等職務的同一批人）。大部分的中央銀行都有著經營支付系統的功能，不過這項功能的細節內容因國而異。

中央銀行的傳統功能向來是擔任「最後的放款者」。這是十九世紀的觀念，一般認為源自於沃爾特．白芝浩（Walter Bagehot）：「最後的放款者」對無疑有償債能力且提供無瑕疵擔保的機構，以懲罰性利率給予短期貸款。[6] 現代的解釋則不同：今天的「最後的放款者」對償債能力極令人懷疑且僅提供貧乏擔保的機構，以優惠利率給予中長期貸款。這樣的支援從二〇〇七年開始，當時在歐洲各銀行在美國次級抵押貸款基礎的擔保債務憑證（CDO）發生普遍的損失後，歐洲中央銀行便對歐洲銀行體系注入資金：到了二〇〇九年，政府在範圍廣泛的金融機構都持有相當多股權，且提供貸款給幾乎所有機構。

在全球金融危機前，中央銀行設定的官方利率很少與銀行間的利率（銀行間彼此借貸的利率）有實質差異。但二〇〇八年的事件粉碎了對銀行間借貸擔保的信心。視對各銀行的信譽度而定，銀行可以募集外部融資的利率有極大差異。在這樣的環境下，中央銀行願意貸款給銀行——僅對銀行，且不因為信用品質而有差別待遇的情況，完全變成了一種對受偏好的機構給予的公家補

助，且到今天仍是如此。即使只有薄弱的擔保，中央銀行仍慷慨地以名目利率貸款給商業銀行。歐洲的銀行積欠歐洲中央銀行十二兆歐元，但提供來作為擔保的擔保品，品質都令人質疑。第二代泛歐自動即時總額清算系統（第六章所述）中的未清償餘額，代表著歐元區中央銀行的無擔保債務。這是不良銀行的基本原則，方便每個人員──借款者、貸款者、管制者──盡量拖延假裝有疑慮的貸款總有一天會被清償。沒有人感謝揭發侵吞的人。

傳統的貨幣政策涉及設定利率，並透過「**公開市場運作**」──亦即交易政府自己的債務，提供或降低銀行系統的流動性。

較近期稱為「量化寬鬆」（quantitative easing）的政策涉及了中央銀行向金融部門購買資產──未必只有銀行，且未必只有政府證券。日本早在一九九〇年代便率先嘗試這項政策，但在刺激日本經濟上卻不見什麼成效，儘管如此，聯邦儲備理事會和英格蘭銀行自二〇〇九年開始，便廣泛採行量化寬鬆。聯邦儲備系統的資產負債表在二〇〇七年總計稍低於九千億美元，但到了二〇一四年，這個數字已上升五倍，達到將近四點五兆美元。[7] 英格蘭銀行的資產負債表則要乘以十倍，從三九〇億英鎊變成三千九百億英鎊。[8] 雖然英國政府大約一點四兆英鎊的負債是史上最高，但英格蘭銀行本身就是這些債務的最大債權人。

利用更寬鬆的授信，作為刺激商業投資和住宅支出的方法，這個國家融資的資產購買政策就像公共資金湧入有漏洞的管子，希望有些能滴到最後。主要的結果一直是要維持高資產價格：事實上這是葛林斯班在一九八七年制定的政策的延續。中央銀行的行動所製造的這些未清償負債，未來要如何解決？如果我們在談論的是任何其他類型的機構，這些會是迫切的問題；但中央銀行系統的優點之一或許是它似乎不太需要問這些不方便回答的問題。這些數字的規模很難理解，但中央銀行有權力發行貨幣，且或許能夠靠印鈔票來擺脫任何問題。

中央銀行的現代功能為何？這是個合理的問題。或許我們甚至可以問，我們是否需要有中央銀行及貨幣政策？

政府及其機關已經明智地讓自己脫離控制大部分價格的業務，但它們現在操縱利率，目的不是只要管理銀行系統，而是整體經濟，這樣的做法適當嗎？電力是國家基礎建設的必要部分，每個家庭和企業都需要使用。或許我們可以想像一下，政府如果試圖利用控制電力供應與價格來管理經濟的景況——限制新發電廠和新供電線路的可使用性，或者提高電價來抑制經濟景氣繁榮，並用低廉的電價和充裕的電力來對付景氣蕭條。

我認為這個方法會是個極糟糕的構想，而且我猜測大部分的人會跟我有相同的本能反應——這個結果會是電力的供應和使用變得無效率，且經濟成長不穩定。似乎跟電力有關的這種直覺，難道在金融部門身上是不相同的嗎？

我認為是相同的。中央銀行升息或降息，或是介入信用和流動資產供給的行動，會對經濟造成實質的影響。這些影響基本上會集中於特定部門——例如營建，以及以短期債務為基礎，採用槓桿財務結構的公司。升息會衝擊近期的購屋者，而降息會衝擊仰賴儲蓄收入的領退休金者。提供低成本的資金給銀行系統會提高銀行業的獲利，而增加流動性供給基本上會推升資產價格，且會在各所得族群之間及各世代之間產生顯著的分配效果。這些效果很少是預期或適當的，且貨幣政策是匿名且與個人無關的觀念是有瑕疵的。

上述的想像實驗——假設電力跟金融一樣——其實不像它看起來那般不真實。加州在一九九六年展開電力工業解除管制的過程，核心構想是創造電力的躉售市場。市場的設計保留了價格上限與供給限制結合的制度，但鼓勵交易員進場，包括一些對加州電力生產或供電給該州居民完全或幾乎沒有興趣的人。在二○○○年及二○○一年夏季，加州的商業和社交生活會被突然一片漆黑中斷，且電價飆漲。安隆的交易員親上前線，實行被描述為「死星」(Death Star) 和「使之不足」(Get Shorty) 的策略。

危機在二○○一年結束，結局是太平洋瓦斯電力公司 (Pacific Gas and Electric，加州最大電力公用事業) 破產、聯邦能源管制機關介入，以及安隆本身 (以及積極能源交易的許多設備) 最後因為各種不同的原因而崩塌。政治左派的批評者將加州的危機歸咎於解除管制。政治右派的批評者則主張解除管制的程度不夠。這兩者都有一點是對的：不論是行之已久的管制、集中化系統，或是全面自由的市場體制，可能都比不當結合複雜的市場、不必要的介入、詳盡的管制，以及能創造獲利但破壞供給的機巧交易策略，更能良好地運行。或許這有值得金融部門借鏡的教訓。

我們迫切需要維護支付系統的健全性，而達到這個目的的主要工具是保護存款。公共資金的使用應限於這個目的，且政府對金融機構失敗的反應應該是解決，而非復原。如果金融集團要收取存款，收取存款的功能部門在財務和營運上應與其他活動分開。萬一有無法履行負債的可能性，可由一位特別行政管理人在發出通知後立刻控制這些功能部門，並（如美國的聯邦存款保險公司所為）管理資產，直到存款可轉移到有足夠的流動性且有償債能力的機構。其他活動應遵守破產行政管理的一般程序，且在正常情況下不得涉及公共資金。

金融產業的公共機關向來有兩個運作目的，即促進國家金融服務部門的利益，並管制金融部門。遺憾的是，這兩個角色經常彼此抵觸，且兩者之間的緊張關係在不同的時代是以不同的方法來解決。在一九六〇年代，英格蘭銀行積極且成功地支持倫敦發展成全球的金融服務部門。在運作期間，英國金融服務局在政治壓力下，強加比美國證券交易委員會「更從輕」的管制，想辦法為倫敦從紐約獲取業務。

在葛林斯班任職主席時，聯邦儲備理事會的政治強調重點為何，幾乎毫無疑問：聯邦儲備理事會在一九八七年十月的聲明詳細闡述了不情願的管制機關的優先事項。為了「支撐經濟和金融體系」，防止股價下跌有其必要性。經濟政策的優先事項應由金融市場的需求來決定。這在二十五年後仍是正確的。

金融市場與經濟政策

我過去常想是否真有輪迴轉世。我希望來生是總統或教宗，或是打擊率四成的棒球打擊手。但是我現在希望來生是債券市場，因為你可以恫嚇每個人。

——詹姆斯．卡維爾（James Carville），柯林頓的政策顧問，語出一九九三年二月二十五日《華爾街日報》

卡維爾的憂慮是很多人都有且不斷重申的。二十年後，據說法國總統尼古拉．薩科吉（Nicolas Sarkozy）告訴他的助理，他能否連任取決於法國是否能維持3A信用評比。幾個星期後，穆迪與標準普爾兩大機構將法國降評，於是薩科吉被他的社會主義者對手正式打敗。

金融市場和金融市場參與者的政治實力不僅是源自於它們說客的努力、資金的影響力，以及管制俘虜的程度——雖然這些都是現代政治生命的核心事實。金融市場參與者的政治影響力遠遠超越對金融市場的政策。這是為什麼？

「**聰明人**」是答案的一部分。投資銀行有一個世代一直吸引著很大部分有卓越才幹的畢業生——尤其是在英國和美國，因此政策制定者在希望獲得外界的建議時，會寄望於這些機構，並不令人意外。現代金融非常複雜，這表示少有局外人有資格協助解決複雜度對公共政策造成的問題。

但投資銀行家的技能和知識侷限於狹窄的領域。政策問題的解決方案很少能在複雜的金融安排中找到，不過金融業者貌似真誠地提出相反的建議，促進將政府支出隱藏在公共帳目的方案、將外國援助證券化，以及提供與公共服務實現連動的債券。

投資銀行的某些經濟學家——你三不五時會在CNBC電視台上看到的那些受採訪者——具備相當的政治專業。他們構成了一個全球社群的一部分，這個社群還包括金融部會、中央銀行及國際組織的官員。但是交易員對經濟政策的形成有著有趣見解的任何觀念，很快就會因為稍為接觸他們而被驅散。

然而，部會首長和他們的經濟顧問會例行地提問：「市場會怎麼想？」當財政部長提出了一項預算，他會像對民意調查一樣，非常關注「市場」的反應。政策本身變成是由政策應該是什麼的市場期望來決定。中央銀行首長或財政部長不會想要讓「市場」失望，因此他自己也被捲入證券交易的圈內彼此參照世界。這是為什麼？這種影響力的來源為何？它是否有任何合理的基礎？不論薩科吉怎麼想，把他趕出總統辦公室的畢竟是法國的選民，而不是紐約的評比機構或倫敦的債券交易員。

密切關注市場意見是葛林斯班教條的必然結果。葛林斯班賣權的焦點是在權益市場，亦即透過提高資產價格來支撐消費者信心變成——且仍是——目標的地方。這種對債券市場的關注，也就是卡維爾和薩科吉的憂慮，到底是怎麼來的？嚇壞法國總統的穆迪和標準普爾分析師並不知道國家財政部會和中央銀行的員工也不知道答案——事實上他們所知更少許多。信評機構相較於公務員，較不受制於政治影響力：在法國被降評的那段期間，有人討論是否應讓信評機構有義務「諮詢」它們報導的政府，或建立一個會比較「瞭解」歐洲關注事項的歐洲信評機構。但是這些擴大政治操弄影響力的透明嘗試，最後都無疾而終。

信評機構認真地評論，並不是因為它們對歐洲政治人物的需求反應不夠靈敏，而是它們對投資銀行的需求過度關注。我們需要的制度是，信評機構根據它們對投資人的資訊價值來銷售服務，但這與證券發行人（而非投資人）付費接受評比的市場很難調和，更不可能與信評機構在管制過程中的官方地位調和。

在降低法國（及之後的美國和英國）的債券評比時，信評機構檢視了現有財政義務的規模和預期的政府收入與支出，以及整體的經濟前景。它們的行為就好像法國、美國和英國政府都是交易組織，但政府不是企業。法國或英國政府在可預見的未來不履行其債券的可能性，事實上是零。再者，就算這些政府在稍久之後可能不履行，其原因也會是政治動亂，而非財政困境。關於美國債務上限的荒謬辯論，創造了美國聯邦政府債務在二〇一一年及二〇一三年發生技術性不履行的可能性。但這種不履行是政治紛亂的產物，而不是美國經濟資源缺乏。

儘管如此，借貸和債務目標繼續對經濟政策產生重大且持續增長的影響力，這種情況因為構成歐元基礎的一九九二年《馬斯垂克條約》納入這些目標而強化。這個條約鼓勵政府從事監管套利，採行嚴格來說不能歸類為借貸的措施來達成其財務目標。在泛歐統計機構的歐洲統計局（Eurostat）與各國政府之間令人熟悉的會計套利貓捉老鼠遊戲，已隨之而來。若無這些操縱，義大利會不遵守歐元區成員國的義務。

高盛公司與希臘政府之間協助謊報該國經濟統計數據的安排，後來變成人人喊打。然而，不是只有地中海俱樂部的國家求助於這些工具。事實上，從創新金融部門獲利良多的英國，才是率先採用資產負債表外的融資來吹噓政府帳目的先驅者。英國電信在一九八四年帶頭私有化的動力，就是嘗試要調和投資數位交換系統的廣泛計劃與遵守官方的借貸目標。自彼時起，隱藏公共借貸來滿足國家負債的做法，變成了英國政府帳目的例行特色，且英國的金融機構已經將這些技術推廣到了全世界。

市場對英國或法國（這些國家債務不履行的情況是無法想像的）等國家加諸債務程度上限的想法，是從萊茵哈特（Reinhart）與羅格夫（Rogoff）的著述開始流通的，他們兩人觀察到政府高負債水平與金融危機的發生率有強烈關聯性。[9]債務對國內生產總值（GDP）水平的比率達到約90%或以上就會產生中斷，這個主張曾有一時在歐洲辯論中廣為流傳，但現在大體上已受到質疑，且永遠不會獲得比萊茵哈特與羅格夫的著述更多的有限支持。[10]

這個中斷點觀念的背後有著些許貌似可信的道理：對借款者（民間或政府）的信心到了某個點會消失，且新的債務只能靠繁瑣的條件（如果真有的話）來換取；而沒有能力將現有的債務再融資，無可避免地會導致債務不履行。這可能發生在你我和雷曼公司身上，甚至可能是希臘。但是英國、法國、德國和美國政府的利息成本僅佔國家收入不超過2~3%，這些國家——說得婉轉些——距離政府債務的利息負擔在政治或經濟上變得無以支撐的門檻還有些遠。

然而，中斷點的存在於金融市場參與者的心中可能是非常強大的，即使它在基礎現實中的實質性很小。但是這種資訊不對稱是個優點，而非問題：如果英國政府知道自己不會債務不履行，但是債券市場相信它會，可以隨心所欲發行很多短期債務（貨幣）的國家，便可利用這種誤解，以有利的條件將其債務再融資，買回自己的長期債務以便後續再發行。

這項政策已在量化寬鬆期間跟進，但時間點是錯的，理由是錯的，結果也是錯的。原本預期可能不履行的長期利率會異常地高，但事實相差甚遠，已開發經濟體目前的長期利率是歷史上前所未見的低點。英國、法國、德國和美國政府現今可以用相當低甚至是負的實質利率借款數十年。但是英國和美國沒有發行這樣的債務，而是持續買回非常大量的債務，以維持資產價格，並協助銀行體系再資本化。

對安全長期資產的需求提供了一個機會來重建英國和美國搖搖欲墜的基礎建設，並以不可思議的有利條件投資能源及其他領域的長期專案，但是在有意支援金融部門，並滿足證券市場交易員的經濟政策觀點中，這個機會已被錯失。現在應該是要對抗卡維爾所說的恫嚇。

退休金與跨世代權益

記不得曾經是主角
對晚年被漠視是一種補償。

——羅伯特．佛洛斯特（Robert Frost），一九三四年《要準備啊、要準備》（Provide, Provide）

我為什麼該在乎後代？後代為我做過什麼？

一般認為語出格魯喬．馬克思（Groucho Marx），但也有人認為出自不同的十八世紀英國人物

公共債務的程度和構成內容，影響著財富在個人和家庭一生當中以及世代之間的分配和移轉。公共債務大體上是由國內持有，因此「**我們是自己欠自己錢**」，但更正確來說是**未來的納稅人對目前的納稅人負債**——後者單方對前者加諸的承諾。

既然債務在當前的經濟政策商議中扮演著核心角色，我們很容易認為公共債務的管理是世代之間財富移轉的主要機制，但它不是唯一的方法，甚或不是最重要的方法。將焦點集中於公共債務的規模，只會提供局部且扭曲的圖像，如同在今天，當公共債務因為無法管理的私人債務社會化而大幅增加時，這個圖像尤其會變得更扭曲。戰後嬰兒潮世代——我就是其中之一——相對於

先前的世代，已為自己取得實質的優勢，或將繼承這些優勢。

這種移轉一直是可能的，因為經濟體完成一生當中及世代之間的移轉所憑藉的機制，是複雜且無法完全理解的。整體社會只要投資或用盡國家的實體資產，便可將消費從某個時間點移到另一個時間點：藉由建造住宅或其他房地產、投資基礎建設，以及創造和發展企業。小國也可以藉由在海外建造資產，將財富移轉到未來。有些國家——例如挪威、新加坡和卡達——已建立主權財富基金，這些基金現金在投資管道中是一股強大的力量。

然而，即使是最大的主權財富基金——挪威的七千億美元石油基金——也遠比貝萊德管理的四兆美元基金小許多。這種目前與未來之間移轉的規模與分配，是集體選擇公共基礎建設以及私人選擇商業投資的產物。

在世代之間進一步移轉資源，原本就內含在政府支出中。在大部分國家，公共支出最大的項目是醫療和教育，這兩者的焦點在老年人和年輕人身上。隨著家庭維繫關係變得較薄弱，且負擔可能變得更重，新進社會的人已經變得越來越寄望於國家，為他們的晚年提供財務支援和實際照護。隨著時間的財富移轉，是商業人士和政治人物的決定、個人選擇以及集體行動的聯合產物，但關於決定或評估的過程並無連貫性，因此對整體結果的共識很低。

退休金供給是一生財富移轉的最重要部分，在今天每個地方，它都是由國家、雇主與家庭之間的合作來完成。傳統上，這種合作的每個成員都要對經常被描述為退休保障的三大支柱其中之一負責。老年人受益於基本、國家提供資金的退休收入（第一個支柱）、以受雇為基礎的所得相關部分（第二個支柱），以及他們自己的自願性儲蓄（第三個支柱）。然而近期以來，這種簡潔的分類已變得模糊。

德國在十九世紀晚期率先推行國家退休金，每一個開發中國家現在都為其公民提供第一個支柱。所得低於平均的人可能期望退休時有目前的稅收提供資金的退休金，這將取代他們工作時淨所得的60%到80%。因此，在這個所得等級中的人可以仰賴國家在他們退休時支援他們，且大部分的國家都會。

有些國家有設計來讓退休者相信他們的應得權利不會因為其他公共目的而被轉移的基金，例如美國的「社會保障信託基金」或英國的「國家保險基金」。但是這些基金是概念上的簿記活動。

關於國家對第三個支柱做出貢獻的機制，國際之間也有廣泛的共識——為老年處理自願性私人儲蓄。財政特許讓個人可以建立有稅賦優勢的退休儲蓄基金。符合這些救濟金資格的儲蓄金額通常有限制，在退休前要取得累積的儲蓄也有限制。各個資產管理機構會競相爭取投資這些基金的機會。

然而，國際之間的分歧廣大，可以從第二個支柱的設計觀察出來，這與所得和就業有關。在英國和美國，對這個支柱的普遍做法是由個別的雇主提供和資助。即使是在十九世紀的政府——國家、州、市政府，也普遍會在它們的員工退休後給付退休金，非常大型的公司也是，例如銀行和鐵路。退休金準備與終生就業的相互期待是並行的。在二次大戰後，隨著這些公司特定的退休金計劃變得較廣泛，信託基金被建立，目的是要確保承諾給員工的福利會受到保障，不論雇用的公司命運如何。有些公共部門的計劃有資金來源，例如加州的政府僱員計劃「Calpers」便是世界最大的退休基金，擁有三千億美元的資產，但許多是沒有資金來源的，而有些則資金來源不足。

在當地景氣衰退的地方（如同在底特律），這種準備不足的情況會製造問題。

在今天，我們不再能假設身為衣食父母的雇主會永遠在商場上生存，或忠心耿耿的員工整個職業生涯都會待在同一個組織——在提到政府、銀行或鐵路公司時，這曾經是不證自明的事實。隨著「禮俗社會」讓位給「法理社會」，對退休金計劃的正式管制和揭露負擔已逐漸增加。新的會計規則已要求發起公司要將退休金負債納入它們的主要帳目，這已導致公司的董事會更嚴苛許多地關注這些負債的規模——及波動性。金融化已迫使所有企業採取較短期的觀點。

此處有更深的力量在發揮作用。在整個金融化時代中，一直有人憂慮社會保障的「危機」：自從我首次受邀參加討論此「危機」的會議以來，已經過了三十多年。我是參加過好幾次這類會議後，才瞭解到其基礎議程。那些推廣這些活動的人，目的是要降低國家在退休金供給中的角色，並增加金融部門的參與。這種壓力在美國向來是最強大的。雖然小布希政府將社會保障「私有化」的提案在面對廣大民眾反對後宣告瓦解，但評論者仍例行地產生一些計算式，試圖證明社會保障信託基金沒有資金來源的負債會累積到數兆美元，並聲稱這即將產生「危機」。[11] 這種辯論令人費解的特徵之一是，即使惡化的人口基本要件確實會造成資金來源問題，將社會保障私有化也不會對解決方案提供什麼貢獻，雖然它可能有助於政治人物否認責任。[12]

儘管如此，社會保障的第一個支柱已在攻擊中存活下來，第二個則沒有。大部分的私人公司現在已停止提供「確定給付計劃」（defined benefit scheme），在這種制度下，雇主要同意承諾提供與最後薪資相關的退休金。第二個支柱現在較常是「確定提撥計劃」(defined contribution scheme),在這種制度下,雇主和員工雙方都要對資產管理機構管理的資金進行提撥。個人的退休金應得權利取決於他(她)自己的特定投資。英國正在對那些沒有其他第二個支柱準備的人,強制要求他們參與這樣的計劃。員工必須參與資產管理機構管理的獲准基金,或遵守國家發起的「國家就業儲蓄信託」(National Employment Savings Trust, NEST),類似的計劃在澳洲和加拿大等其他國家已經存在。

確定提撥計劃取代了確定給付退休金,這代表著從受管控到透明介入的重大轉變,且風險從雇主轉移到員工身上。參加傑克遜谷座談會的與會者恭賀自己在金融化期間對風險管理所為的進展,但是如同我在第二章中強調的,他們在討論的風險並不是與一般人有關的風險。除了像卡崔娜颶風等的天災風險外,一般人的財務風險與就業、疾病、死亡和壽命有關。金融化的影響向來是將雇主承擔——且因此集體化——的這些風險部分轉移給個別家庭。有些主張支持這樣的轉移——主要是以道德風險為核心,但也有許多人反對。不論如何,這種轉移很可能是金融化對一般人風險管理的最重要影響,即使華爾街或傑克遜谷的觀點不同。

領退休金者必須管理自己的壽命風險——他們可能活得比平均年齡長或短的機率。傳統上,壽命風險一直是可保險的,蘇格蘭遺孀基金便是打從一開始就使用死亡率表。但是隨著新技術增加了平均壽命,它們也提高了我們做出個人預測的能力。這種潛在的可預測性有其優點,但也製造了問題,因為透過退休金和保險的長期儲蓄準備的中心一直存在著風險匯聚,而這些風險匯聚變得更難管理。

投資風險已從雇主被轉移到員工。沒有人知道未來五十年的經濟狀況會如何，因此經濟風險是無法保險且無法分散的。領退休金者應預期會涉及這種風險——不論好壞都要接受他們退休時經濟生產能力的一部分。但是投資報酬比背後的經濟狀況更容易波動許多，將退休金連結到投資報酬，會讓領退休金者暴露於不可預測的金融市場原本就會產生的不確定性。

有沒有辦法限制這樣的暴露，或為這樣的暴露提供保險？方案之一是發行利息和資本償還會隨著國內生產總值變動的債券，如此一來，報酬便取決於整體經濟表現。這些是適合於政府借貸的工具——負債不會與稅收有密切關聯，對退休儲蓄而言也是適當的投資。[13] 這類工具將經濟風險分散在全部人口身上，而不會讓老年人暴露於金融市場產生的嘈雜波動。但是如果欠缺這種金融創新，個人為了將長期儲蓄的風險暴露最小化，最佳的做法便是利用所有主要政府都會發行的指數型證券（包括英國、法國、德國和美國）。

在法國和德國，與歐洲大陸許多其他國家相同，大部分的風險都持續是以集體方式來管理：瑞士的鄉村非常明顯。退休保障的第二個支柱主要是由按部門組織的雇主團體來提供，且沒有任何實質的資金來源。資金缺乏對領退休金者造成的潛在風險，是藉由整體產業的計劃性質以及國家的補償和管制來降低。

大部分的已開發世界都面臨著未來三四十年的人口挑戰，因為老年人在總人口中的比例增高。然而，伴隨著預期壽命增長的是「健康」預期壽命增加。在很多勞工都從事人力勞動、一般醫療很糟糕，且只有少數人可預期任何長時間的退休期的時代，合乎慣例的退休年齡是固定的，典型退休年齡相對適度增加，會將依賴人口比降低到較可管理的比例。個人不得個別選擇或社會不得集體選擇提高退休年齡——在「退休」似乎是許多人生活主要目標的法國，這個建議會導致勞工上街頭。在這種情況，未來的經濟成長會有一大部分已延長的融資和廣泛的退休有關。這將會且應該反映這些私人和公眾的選擇。

即使健康的壽命延長，醫療照護成本也會增加，因為有更多的人可能活到他們的心智或身體能力已經減損的年齡，而對大量照護成本的需求是家庭無法預測的偶發事件。這造成了照護安排和資金來源的社會問題，以及管理不確定未來的個人問題。[14]唯有結合私人和社會保險才可能有能力處理這些問題。

在一生當中和世代之間轉移消費以及管理相關風險的過程，都需要民間的金融市場活動，以及由國家所為的公共參與。這種對有效公共與民間合作的需求是很普遍的。既非完全公營也非完全民營的自願性機構，在英國的這種活動中扮演著主要角色，且在規定的管制架構內，在其他許多歐洲國家仍是如此。風險匯聚需要強制和團體組織的要素，才能降低道德風險和不利選擇的問題。金融化模仿的是勞埃氏咖啡館的結構，而非瑞士鄉村的結構，它已經破壞而非提升社會匯聚風險並管理個人和家庭無保障的能力。

金融化時代的個人主義特質已隨著時間在其他方面影響了財富移轉美國的經濟學家勞倫斯·克里寇夫（Laurence Kotlikoff）創造了「跨世代會計」（intergenerational accounting）的概念，用以描述政府隨著時間移轉財富。[15]記者湯姆·布羅考（Tom Brokaw）創造了「最偉大的世代」

一詞來描述我的父母及他們當代的人，也就是在大蕭條中成長，在二次大戰中奮鬥，以及（在歐洲）在戰後餘波貧困求生的人。[16]也許以後也會有作者可能將我這一輩的「戰後嬰兒潮」世代稱為「最幸運的世代」，或可能就是「最自私的世代」。我們不僅成功——且或許這應該歸功於我們——享受著一個一個沒有重大武裝衝突或嚴重經濟蕭條的時代，而且我們有效地將財富從過去和未來的世代移轉給我們。

我們降低因為**快速通貨膨脹而積欠我們前輩的債務**，我們承諾給予自己慷慨的國家和職業退休金，然後主張我們可能承擔不起為未來的世代提供退休金的負擔。我們為了自己當前的利益，賣掉過去累積且未來可望產生利益的資產，將國家工業私有化，並將高盛公司和哈里法克斯的商譽貨幣化。建築貸款協會。我們讓房價和股價上漲到真實價值的新高，迫使我們的子女用比我們自己支付的高許多的價格，向我們購買國家的資產。雪上加霜的是，我們似乎不太在意國家的基礎建設：我們的確很享受購物中心，但只建造少數房屋，並任由運輸系統腐朽。

一九八〇年代的我如果在時間流中前進三十年，會買不起我現在仍在居住的房屋，會因為接受高等教育而負債累累，會必須為自己的退休做更多準備，且會預期租稅負擔無可避免地上升來滿足越來越不利的人口型態的成本。

當傑夫·史基林開香檳慶祝能源合約資本化，他是在慶祝前輩的深謀遠慮以及自己對後繼者的輕率雙重利益。而我可以加入這場慶祝。能夠活過金融化的時代，實在很幸運。

消費者保護

垃圾商人不是把產品賣給消費者，而是把消費者賣給他們的產品。

——威廉．柏洛茲（William S. Burroughs），一九五六年[17]

不論在哪一個市場，都需要為消費者提供某種程度的保護。

法規不僅保護我們免於有毒食品，也試圖要限制我們消費不健康的食品。醫師、律師及其他許多專業人士都必須遵守資格和行為的管制。藥品和飛航的安全受到嚴密監督。大體而言，這些管制都能合理運作良好，讓消費者擁有他們期望的信心，而不剝奪他們選擇產品的權利，或對生產者加諸過度的負擔。但是金融服務業的消費者保護沒有得到一樣的高分。金融管制對服務提供者來說是沈重的負擔，但在使用者和評論者眼中是不足的。

收取存款的銀行需要受到嚴密管制。它們可以進入支付系統（且應該是唯一可以直接進入支付系統的金融機構）；它們持有一般人的日常儲蓄。既然它們的負債大部分有政府（或其機關）明示保證，且在實務上很可能完全受到擔保，納稅義務人也需要受到保護，免於損失。適合存款人儲蓄的工具是政府借貸及品質良好的住宅貸款（限於比方說80%的貸款對價值比）。最簡單的程序會是要求收取存款的銀行至少要有90%的資產屬於這些類別。

在許多國家，存款擔保是由國家發起且透過對金融部門的徵收款作為資金來源的機構來提供。這些擔保若無政府作為後盾，會是不可靠的。冰島的補償計劃在該國的銀行倒閉時瓦解，帳單都返還給冰島政府以及英國與荷蘭（大部分存款人所在的地方）。英國的「金融服務補償計劃」是由英格蘭銀行紓困。

金融產業的消費者保護引發了特殊的困難。許多顧客是因為需要才購買金融服務，而不是選擇。他們的經驗並不愉快，且被產品的技術層面槁得暈頭轉向。本書有個一再出現的主題，那就是如果相信只要能取得以標準樣板而基礎的規定資訊，金融市場就會有效率地運作，且「透明性」是個高估的目標——那是錯誤的想法。在整個金融化時代支配著英國和美國政策的觀念是，「揭露」是保護消費者的最有效方法，但這個觀念是理解錯誤的。

金融對詐欺犯和訟棍是個特別有吸引力的地方。再者，有些消費者是「穆古」（mugu）——貪心又容易受騙的人，他們天真地與想要偷走他們錢的人共謀策劃。雖然我們很想說，那些落入這些騙局的人命該如此，但這不是個在政治上可行或可能不應該維持的立場。

但管制永遠不會是消費者保護的主要機制。基本上，我們相信超市會賣給我們衛生安全的食品，航空公司會讓我們搭乘安全的飛機，醫師會給我們誠實的建議。我們信賴他們，不只是因為他們受到妥善管制，也是因為我們認為他們值得信任。我們仰賴超市、航空公司和醫師的信譽，且知道他們希望吸引我們再次光臨，而且不是只有我們，還有其他顧客的光臨。資訊不對稱的問題在現代經濟中，遠不只金融部門部門是如此，這個問題通常是透過買方與賣方之間的信任關係來處理。當供應商的信譽與國家管制相互強化時，對消費者保護的管制能發揮最大功效——如同它在其他產業的情況。妥善的管制會產生優良的信譽名符其實的結果。

然而，在金融產業，主要集團近期已開始認為不當銷售和虛假陳述的賠償，只不過是從事商業的經常成本。醜聞不斷出現。英國銀行說服顧客花兩百億英鎊來買幾乎沒有人需要的保障貸款不履行保險，已經夠糟了，但是在其中兩家銀行後來因為多數決受到國家控制，它們還透過每一個訴訟程序，辯稱自己有權利繼續這麼做。如果每個人都已經被點名且丟臉，「點名和令其丟臉」的政策是不會有效的。

已經喪失的信譽就算不是不可能，也很難恢復。鮑伯．戴蒙德（Bob Diamond）在二〇一二年離開巴克萊銀行的執行長職務，當時該銀行的新任董事長是一位以智慧和誠信而受到普遍敬重的倫敦市大人物。但是只有幾個好人不足以改變整個文化。對英國新的金融行為監理局賦予「維持金融服務產業的信心」的主要目標，是非凡的誤解事蹟。要在沒有正當理由之處創造信心，即使可能辦到，也會破壞而非促進消費者利益。適當的目標應該是創造一個值得消費者有信心的產業，信心是達到目標的結果，而非目標本身。然而，英國確實至少有個立意良好的金融消費者保護機構。在美國，金融產業利益的力量強大，這表示試圖在全球金融危機的餘波中建立這樣的局處，已經陷入僵局。

在製藥等某些產業，產品核准制度或產品設計必須依據的參數規格，便是消費者保護的一種機制。隨著管制機關開始更詳細地指定貸款對價值比等特徵以及收費，表示政策已往這個方向邁進，但這當中有個危險，那就是反對風險的管制機關乾脆利用這些權力來拖延和阻礙產品創新——這種危險的真實性在其他產業很明顯。再者，這些管制也可能被已經穩固的公司利用來對抗新公司進入市場。管制俘虜是個一直存在的危險。

但是保護消費者最有效的方法就是解決產業結構和誘因不相符的問題，因為這些才是已經造成消費者受傷害的問題。這將會是第十章的主題。

英國的兩難困局

這是個歷史將記錄為倫敦市新黃金年代開端的時代，我想要感謝諸位正在達成的成就。而且我相信，我們從倫敦市的成功所學取的教訓，有著遠超過倫敦市本身的多方延伸意義——我們正在領導世界，因為我們率先將正是全球成功所需的那套品質落實運作。

——戈登．布朗，二〇〇七年六月二十日，在倫敦市長官邸晚宴的演說（這是他在東尼．布萊爾後繼任首相的前一週，以及全球金融危機開始的前六週）

至於威尼斯和她的人民，只是生來體驗繁盛和衰落，
他們在這世上承受自己的成果，歡笑和愚蠢是收成，
我疑惑著，當親吻停止時，靈魂還剩下些什麼？

——羅伯特．白朗寧（Robert Browning），一八五五年〈加路比的托卡塔曲〉（A Toccata of Galuppi's）

懷疑論者有好些好理由可質疑金融部門許多活動的經濟價值，但是英國在金融方面有著競爭優勢，從英語和方便的時區等歷史功績獲益良多。毫無公共利益的私人獲利，是每個地方金融業的政策問題，但在英國尤其是棘手的兩難局面。

在英國，大約有一百一十萬人受雇於金融保險業，這佔總勞動力的3.7%，少於美國的4.7%，但多於法國的3.1%和德國的2.8%，這些數據是從經濟合作暨發展組織（OECD）所做的國際比較得來的。[18]經濟合作國際勞工組織（ILO）提供的估計值稍高，但國際型態是相同的。[19]

然而，大部分在金融服務業工作的人，都是在分行、客服中心和保險辦公室中從事乏味的辦事員事務。有四十萬人在「城市」工作，這個城市是指英格蘭銀行周圍的地理區域，也就是大部分英國金融機構的總部所在地。[20]其中有十五萬人服務於金融機構。金融機構的清潔工、保全警衛和廚師可能也可能不包含在其中，端視機構是否將這些功能委外而定（大部分是委外的）。

在倫敦市本身以外的倫敦金融部門工作的人約有二十萬，其中許多是在金絲雀碼頭（Canary Wharf）的衛星城鎮或在梅費爾（Mayfair）的避險基金中心工作，另外有二十五萬人則受雇於東南地區。愛丁堡是英國的第二大金融中心；蘇格蘭有八點五萬人從事金融業。[21]

英國法律在金融合約中受到廣泛使用，即使是對與英國無關的交易，這是英國採行很有彈性的不成文法、英語盛行及英國法院被認為公正的結果。接著還有在三明治吧台的員工，以及讓城市人可以去工作的倫敦運輸單位人員。合理猜測，英國可能有十到十五萬人是在躉售市場（通常可能被描述為「城市」）處理交易的金融專業人士，另外有兩到三倍的人在支援他們。

國民所得會計的原則是在二次大戰左右，由一群經濟學家制定的，著名的有西蒙．顧志耐（Simon Kuznets）、詹姆斯．米德（James Meade）及理查德．斯通（Richard Stone），這些

原則是衡量商業活動的經濟貢獻的標準方法。我們根據汽車產業的附加價值來評估這個產業，亦即車輛售價與變成汽車的鋼材、橡膠和其他材料的成本之間的差額。這個附加價值是建造車輛者的所得，加上企業的營運獲利（扣除融資成本前）的總額。我們要衡量一齣劇的價值時，會將人們支付的票價加總在一起。這些程序可能很粗糙，而且只用金錢來評價，但它們提供了相對客觀的答案，也就是可以比較各種活動和各個國家的答案。

但是這些方法對金融業未必有用。很少有金融服務是用支付汽車和戲票的直接方式來付費，金融企業的獲利有很大部分來自於各種交易，這些企業利用各種利率差距來賺錢，包括它們購買證券或借款的利率與它們出售證券或貸款的利率之間的差距。利息成本在計算國民經濟會計中使用的營運獲利時不會被扣除，但這些成本是銀行發生的主要成本。保險公司的獲利來自於它們支付理賠金之前按月或按年收取的保險費，且可能因為承保而損失金錢，但是因為它們的投資所得，整體而言是獲利的。金融部門的獲利有部分是風險報酬，且（更概括來看，如同用於財務報表中的風險的會計）反映真實且公平的觀點所需的調整是複雜且令人不滿意的。這些困難累積下來，表示單純將標準國民經濟會計程序適用於金融部門，會導出無意義的答案。

從最早期的國民經濟會計時代開始，便體認到金融服務會製造特殊的問題。不同的處理方法會產生非常不同的答案，因此國民經濟會計的統計學家數十年來一直在廣泛討論適當的處理方法。現在國際對一種普遍的處理方法已有共識，這個方法是以一套稱為「**金融服務間接衡量**」（financial services indirectly measured, FISIM）的概念為基礎。不幸的巧合是，英國在二〇〇八年同意實行金融服務間接衡量法，也就是在全球金融危機襲擊的當下，這次的危機徹底擊垮了金融服務間接衡量法所賴以為據的一些假設。在一項衡量金融服務產值的調查中，英格蘭銀行的安德魯·霍爾登（Andrew Haldane）和同事注意到，報告上的金融服務佔國民生產總值百分比，在二〇〇八年第四季以及二〇〇九一整個曆年達到史上最高水平——約9%，但當時銀行部門正在崩解，且金融問題已讓英國經濟陷入嚴重衰退。[22] 關於金融部門對國民所得的貢獻，報告的數字應抱持著質疑的態度來看待。

要判斷金融部門對國內經濟的價值，最好的方法是從本書探討歷程中所思考的質性問題開始：**藉由促進支付、管理個人財務、分配資本和控制風險，金融部門為家庭和企業貢獻了什麼？**然而，我們很難將這些質性評估轉換成比較金融產值與汽車產值所需的數字。

更困難的數字是出口貢獻，不過這也是個在檢視下就會開始粉碎的數字。英國對世界其他地方的金融服務銷售淨額，在二〇一三年是三八〇億英鎊，佔國內生產總值的2%以上，且相當於英國製造商品出口額的10%以上。[23] 我們或許不需要進一步問，如果我們知道在英國境外的人願意為某項活動付費，這項活動的價值為何。但這幾乎無法做出結論。許多人可能不太想成為世界首屈一指的蛇油製造商的股東，除了道德理由外，或許是顧慮到這種事業長期經營生存的可能性。再者，國際面向引發了羅伯特·萊許（Robert Reich）著名巧妙道出的問題：「我們是誰？」[24]

英國是吸引領導地位的企業和能幹人才的全球金融中心。在倫敦完成的金融業務，多數是由非英國居民或其母公司非英國居民的企業所完成。這些公司的活動在國民經濟會計中，都被當作在英國進行的有生產力活動來處理，且納入附加價值毛額（GVA）及國內生產總值（GDP）——

或者如果它們被正確衡量，會被納入，不過基於上述理由，它們未受到正確衡量。

然而，外資企業的獲利未被納入國民所得毛額（GNI），這或許較能適當衡量從有生產力的活動所產生的福利。國民所得毛額報告的是歸於英國居名的所得，而非在英國產生的所得，後者是決定國內生產總值的項目。因此，國民所得毛額認定高盛公司或德意志銀行在倫敦賺得且歸給這些公司的祖國（或者較可能歸給其他某個有仁慈租稅和管制制度的管轄區）的獲利，對英國沒有利益。

這些外國公司就像英國資本的同地位公司一樣，有義務繳交英國的公司稅，但它們繳的稅不多。在英國，所有銀行（國內和國外）繳納的公司稅，在二〇〇六至〇七年達到七十三億英鎊的高峰，但由於全球金融危機導致的獲利降低以及損失累積，這個數字在二〇一三至一四年降到十六億英鎊。民眾的憤怒指向銀行，加上它們繳稅太少，促使一連串針對銀行部門的具體財政措施產生。這些措施在二〇一四年宣佈，目的是要限制銀行利用過去的公司稅損失來縮減未來獲利相關負債的能力，且所謂的「銀行稅」已在二〇一一年推行，這個稅項如今佔在英國營運的銀行負債的0.21％。「銀行稅」目前產生了二十二億英鎊。[25] 所有這些數字應該在超過五千五百億英鎊整體英國稅收的脈絡中來觀察。[26]

金融對英國經濟的貢獻是薪資而非獲利的結果——本書行文至此，這項觀察應不令人感到驚訝。在金融業，有些人薪資非常高，而有些人的收入是天文數字。雖然金融部門佔英國就業人口不到4％，但在英國就業所得所佔的百分比超過7％。[27] 巴克萊銀行在二〇一三年有大約五三〇名「代碼員工」（code staff，對有高階主管責任者的管制名稱），他們每個人的平均薪資是一百三十萬英鎊。[28]這些人其中有許多如果從事其他活動，不太可能賺到堪相比的錢，且由薪資優渥的員工所產生的這種「經濟租金」（economic rent），是任何衡量金融經濟重要性標準的核心。根據其報酬應繳納的所得稅及國民保險費是相當龐大的。單單銀行部門在二〇一三至一四年就產生一七六億英鎊的所得稅，佔總所得稅收的12%。[29]對英國國庫重要的是金融部門員工應繳納的所得稅，而非對金融機構本身的稅收。

但在此處也會引發萊許的「我們是誰？」問題。在倫敦市工作的人有許多都不是倫敦公民，他們的納稅狀況很複雜，呈現了居所（residence）、普通居所（ordinary residence）和住所（domicile）允許的各種可能地位結合。

其中有些人完全繳英國的稅，有些人則否。有些人會回到在巴黎或紐約的家度週末，有些人則在公園野餐，或去聽音樂會和看電影。倫敦有許多受過高等教育的外國人，這協助了英國在二〇一四年成為世界上最生氣勃勃的國際大都市——可能是有史以來最充滿生氣的世界大城市。然而，那些在公園或觀眾席上，或在週五傍晚橫越大西洋班機或歐洲之星高速列車上的英國公民，一定在想——我們是誰？如果有的話，英國該如何評價來自世界各地、只是暫時居住於倫敦的外國公司和外國人在英國賺得的錢？

值得再次強調的是，大部分在銀行業以及廣義的金融服務業中工作的人，都在從事相當乏味的辦事員事務，且薪水不高。雖然在巴克萊銀行有一四四三名（在二〇一三年）員工的人均所得

超過五十萬英鎊，但有半數以上的員工薪資不到兩萬五千英鎊：在巴克萊的十五萬名員工當中，薪水最高的前三千人很可能拿走總員工薪酬的半數以上。雖然巴克萊銀行過去（在鮑伯．戴蒙德被解雇之前）極度專注於促進大部分高階員工的利益，[30]不過對員工的報酬異常不對稱的現象，現今在整個金融部門皆然。[31]

不平衡的薪資結構引發了更廣泛的政策問題。有三十年的時間，英國最優秀的畢業生有相當高比例受到高得驚人的薪資所吸引，從事對商業或社會無甚價值的活動。除了最狹隘的領域外，這些活動對發展他們的技能、知識或智能沒有什麼幫助。假使這個金融化未發生，他們的生活以及英國的經濟和社會可能如何不同？

許多位居金融服務業高位的人，顯然很喜愛他們的角色，對自己從事的工作樂此不疲，且即使薪酬少許多也願意繼續這份工作。對華倫．巴菲特而言，快樂就是「每天跳著踢躂舞去工作」，而且他到了八十四歲仍是如此。但一如往常，巴菲特是個例外。「我們就是華爾街」傳達了這群人享受他們所作所為的荒誕。商業書作者法蘭克．帕特諾伊（Frank Partnoy）生動地描繪了一群正在高談闊論的摩根士丹利交易員，他們找不到比他們從事的工作更令人不悅的職業，獻身於湯姆．沃爾夫筆下那種「在債券市場上為錢咆哮的年輕人」。[32]

如果你跟酬勞非常優渥的律師、醫師、演員或足球員談話，你會發現他們大部分就像巴菲特一樣熱愛他們的工作，且體認到自己比別人多了一份幸運，因為他們既有令人稱羨的工作，還能獲得豐厚的財務報酬。但是在金融業不太是如此，這個領域有許多人幾乎無法從工作獲得內心的滿足感，從事這項工作除了賺錢以外別無其他理由，且寄望累積足夠的錢便從城市退休。雖然許多人發現，他們認為自己能夠舒適退休的所需金額就像他們已經累積的財富一樣快速增加，但假如這些人未被提供巨大報酬的希望，他們可能做些什麼？創辦事業？從事科學發現？還是寫詩？

最隨性的酒吧對話會暴露出一般人對銀行從業者的高薪感到憤慨，但對比方說明星足球員韋恩．魯尼或比爾．蓋茲所賺的錢卻不如此。

這不太令人訝異，因為魯尼和蓋茲的確是有非凡天賦的人，且他們顯然對社會有貢獻。對金融業高報酬的憤慨之所以加劇，是因為人們有充分的理由質疑金融部分的許多活動究竟有何效益，且體認到全球金融危機揭發了在金融部門的許多人，甚至連在自己的專業領域內，也都不那麼擅長他們的工作。

所有的不公平都會在某種程度上腐蝕著社會，但似乎與懲罰扯不上關係的不公平特別有侵蝕性。倫敦市在全球獲致成功，但同時普世道德和人類價值遭到貶抑，致使社會整體沈淪，這是最令人憂心的負面結果。與金融部門某些部分有關的道德標準已經低到可悲，讀讀負責提出詐欺性利率的人往來的電子郵件，或觀察勞埃德銀行（Lloyds Bank）的員工偽造報酬，以吸引更多政府對銀行的紓困計劃資金。這些人在想什麼？

年輕人濫用性、酒精和毒品，他們突然發現自己擁有太多錢，倫敦市吸引著寡頭政治執政者和貪腐的外國政客，他們用從國內人民偷來的錢大買豪宅——這些可不是英國社會能感到驕傲的事。然而，在古雅典和羅馬或文藝復興時期的佛羅倫斯或威尼斯的故事中，許多相同的情況我們可能已經聽聞，或確實已經聽過。

成為世界的中心是有代價的，且代價可能很高昂。

改革

「10章」

改革的原則

道之以政，齊之以刑，民免而無恥；道之以德，齊之以禮，有恥且格。

——孔子

自全球金融危機以來，陸續有許多人反覆呼籲「需要更多管制」。幾乎毫無例外地，「需要更多管制」的擁護者心中所想的是要對金融業的日常行為加諸更進行的規範，巴賽爾規則手冊的倍增就是最佳例證。

這樣的行動方向是會失敗的，因為現有的規範已經太多，而非太少。這些對大眾切身的問題，源頭應該在產業的結構以及金融公司的組織、誘因的文化中尋找。如果缺乏措施來解決這些更根本的問題，「更多管制」只會提供行動假象，對產業的行為不會產生顯著的影響，正如十九世紀時理察·奧爾尼對鐵路老闆所描述的，嘈雜聲與憤怒沒有什麼實質意義。

自從全球金融危機以來，政策制定者的主要目標一直是確保金融體系的穩定，這個目標之後被解釋為確保現有金融機構的穩定，而達到這個目標的方法是保留更多的資本和流動性。管制機關已找出「具有系統重要性的金融機構」，這些金融機構應受到特別監管以及（明示或暗示的）政府援助。

政治領袖在面對民眾時，虛情假意地擺出反對未來救援銀行的姿態，但他們的執行人卻向市場保證這些政治領袖的本意並非如他們所言。歐巴馬總統可以堅持主張說，通過《陶德—法蘭克法》意味著「沒有稅收抒困——句點」，但他的財政部長不僅支持「蓋特納信條」——不能讓任何重要的金融機構倒閉，甚至在他的回憶錄中大篇幅地捍衛這個立場。歐洲的態度基本上是相同的，包括實質和表面功夫都是。葡萄牙聖靈銀行（Espirito Santo）的紓困是在宣告紓困時代結束後旋即發生。

確保現有機構的穩定確實是面對金融危機時的短期正確反應，但這樣的因應之道長期而言完全是錯的。全球金融危機的源頭存在於產業結構，讓這個結構穩定——事實上是讓它僵化，並不是避免未來危機的方法，而是讓危機必然再次發生的方法。

金融體系的系統性不穩定是一個產業活在自己的世界中本來就存在相互依賴性的結果。投入金融仲介的資源規模成長，不論程度如何（或者可以說在大部分案例是沒有關聯的）都不是仲介服務使用者的任何需求改變所致。金融活動的成長是現有資產包裝、再包裝和交易的巨大擴充所造成。當今的金融部門做了許多根本不需要做的事，卻沒有做許多確實需要做的事。

金融仲介應該要滿足實質經濟的需求，而不是成為專業仲介機構彼此競相鬥智的遊戲。金融仲介機構之間的競爭是珍貴且必要的，但如同在其他產業的競爭，要在這場競賽中成功，應該是從有效滿足顧客的需求開始。報酬的基礎應該是成功滿足了使用者的需求，且報酬應該與提供的服務價值相符。

當今的金融部門有部分——「我們就是華爾街」證明了任何法律相關產業的最低道德標準。

假如倫敦的賭場被控告倫敦銀行被允許的作弊——假報告、誤導客戶及未經授權的交易，負責人會被禁止再從事這項產業，且相關機構的執照在幾個小時內就會被廢止。從騙子貸款到同業拆借利率（LIBOR），金融部門已經歷了規模廣泛的實際犯罪。產業中具有領導地位的公司，已經認為支付數億罰款和賠償是司空見慣的例行公事。有一種文化逐漸發展出來，**任何行動不論多接近法律界線，只要對從事行動的人是可獲利的，便是可接受的**。如此令人憂慮的記錄竟是在其主要功能應該是確保企業和家庭財務未來的部門中發現，這是對我們的管制系統以及金融體系的全面控訴。

法律和管制架構的指引目的應該是加諸和落實與管理他人財富並行的忠誠和謹慎義務，不論是對個人或機構都是。想要藉由管制裁決或管理法令來進行這種文化改變，效果可能非常有限，唯有市場參與者本身將與處理他人財富相當的價值觀內化，這種改變才會是有效的。

在某種意義上，道德行為原則的內化就是自我管制，但自我管制並非讓市場仲介機構來「管理」利益衝突，並以自己的立場決定構成「善待客戶」的條件為何：這樣的態度顯然已經失敗。在開放自由的民主社會中，如果必須遵守法律和管制的人大部分已經信奉法律和管制所提倡的價值時，這樣的法律和管制會是有效的，且才可能有效。我們克制自己不作姦犯科，並非是因為我們害怕懲罰，而是因為作姦犯科就是不在我們思考的行為處事中，正是因為這樣的事實，我們才可能保存資源和公共合作來追蹤和懲罰違反這些禁止規定的少數人。車速限制和禁止酒駕規定可以落實，完全是因為大部分的人知道這樣的規定是有道理的。

我經常從金融部門的人聽到反對管制和管制機關的激烈發言，這些言論無聊至極，不只是因為他們沒完沒了，也是因為他們從未附帶說明促成金融管制的公眾正當關注事項可能如何以其他方式解決。但是當這些抱怨是來自真正關心公共利益的知識份子時（經常是如此），顯現出來的是對管制和管制單位缺乏尊重，這使得目前的管制方式不太可能有效。

以詳盡規定為基礎的管制已經破壞而非提升道德標準，因為它取代了價值遵循。證券交易所的「配管結構」應如何運作，有著鉅細靡遺到難以置信的規定，但這些規定與真實企業和普通家庭的日常需求太遙遠，乃至於證明它們或多或少與經濟現實脫節。政府對金融部門的干涉太多，而非太少。政府與金融部門之間的互動產生反效果，這向來是錯誤的意識型態加上市場參與者本身的過度影響所創造的產物。

金融需要一個不同的產業結構，以及改變的個人和企業誘因，如此一來，以客戶優先才會導向長遠的個人報酬及企業獲利，且雇用關係及顧客關係才會延續得夠長久，進而產生相關的時間規模效益。屆時，「我已經賺到佣金，而你也已經賣給下一個人」的心態也會終結。

交易文化的興起不僅導致道德標準淪喪，促使金融不穩定，也增強了增加金融仲介成本的「行動傾向」。適當的目標是將交易量降低能滿足非金融經濟實質需求的適度水平。有個受到廣泛討論的改革建議是對所有金融交易的價值課稅，以低稅率課稅對長期投資的獲利沒有什麼影響，但會消滅依賴「極快套利」和「極小價格變動的高頻率交易」的吸引力。這個構想經常被稱為「托賓稅」（Tobin tax），這是以在一九七二年提出此構想的美國經濟學家詹姆士・托賓（James

Tobin）來命名的，[1]已在歐盟獲得廣泛支持。

如果托賓稅可以在其地理範圍內普遍施行，且一視同仁地適用於所有形式的金融機構，那麼它會有相當大的吸引力。但是如果（似乎必然如此）有一些金融管轄區不課徵這種稅——目前來看甚至連美國都不可能這麼做，且如果（似乎也必然如此）沒有實際的方法無差別地對衍生性交易或其他以證券為基礎的複雜工具和交易一致地課稅，這種稅所產生的不當副作用很可能比利益還多。這種不完美的稅制很可能成為管制套利的一種新刺激，以及交易員的另一種獲利來源，他們的獲利是犧牲長期投資人的利益換來的，因為實際要承擔稅賦重擔的人是長期投資人。這是令人徹底不滿的「印花稅」經驗，亦即英國行之已久、對權益交易課徵的稅賦，因為實際上「只有」長期投資人承受這種稅負。

一個較可取的策略是「**餓死野獸**」：為了對金融產業進行結構性改革，採取的措施應該能降低可用來支援交易活動的資本量，並去除對這些活動的交叉補助。此處所提出的是一種劇烈改變的管制方法。我們所需要的不是更多管制，而是更妥善的管制，這聽起來非常老套，但的確是如此。再者，這需要不同的管制理念，而非更好的管制機關。這就好比說，有人提出解決方法應該是派任完美的管制者，有著諾斯特拉達姆士（Nostradamus）的先見之明、福爾摩斯的偵探技巧、馬基維利的政治洞察力，以及約伯（Job）的耐心和犀牛的隱蔽處所，這樣的建議是毫無意義的。一個有效的管制結構應該是可以從真實世界徵召來為管制機構效力的各種人都能實行的結構。

以下原則應作為改革的支柱：

◆**仲介鏈應該簡短且是直線的**。市場參與者的連結太複雜。與儲蓄者及資本使用者的連結太少且太薄弱。仲介之間的交易優先於與最終使用者的交易，造成了金融仲介成本過高、金融體系不穩定，以及未能產生必要的資訊來達到得體的公司治理和有效率的資本配置。解決這些問題的方法顯然不是提供更多資本來支持成熟金融機構的交易活動。

◆**應恢復焦點明確、專注於專業的機構**，這些機構應該與金融服務的使用者有直接連結，並從其發掘和滿足使用者需求的技能來獲得競爭優勢。雖然強行進行結構改革確實需要某種管制行動，但下述的更深入提案將能促使市場力量產生進一步的重建。

◆**任何處理他人財富**或建議別人應讓他們的錢如何被處理的人，在與客戶交涉時應展現出符合忠誠和謹慎標準的行為，**且應避免利益衝突**。

◆**管理他人財富時應恪守高行為標準的這些義務，應由刑事和民事懲罰來落實**，且主要針對個人而非組織。雖然組織的文化具有核心重要性，但文化是個人行為的產物，尤其是那些肩負領導責任者的行為。

◆**政府對待金融產業應該向對其他產業一樣**。管制應該只針對特定問題——存款保護、侵害消費者權益及防止詐欺。公共補助、國家擔保及其他政府支援機制，包括界定越來越不明確但受到廣泛依賴的「最後放款者」觀念，應該要撤除。

◆**金融部門不應被用來作為經濟政策的工具**，且金融部門從業人員對經濟政策的意見，應如其他商業人士對政治意見一樣，受到相同的（適度）重視。

健全的系統與複雜的結構

古幼發拉底河的現有沖積平原有許多如今超過了文明的邊境，是個空曠荒蕪的區域。…然而此地曾經矗立著世界最古老都會、有著高度文化的文明的心臟地帶。

——亞當斯（R. McC. Adams），一九八一年，由約瑟夫．坦特（Joseph Tainter）在一九八八年引用[2]（幼發拉底河的沖積平原今天是現代伊拉克和敘利亞的所在地）

管理階層對機械瘋狂信任的原因為何？…這種情況的原因之一可能是試圖要讓政府相信美國國家航空暨太空總署（NASA）是完美且成功的，進而保住資金來源。另一個原因可能是他們真誠相信這是真的，這展現出他們自己與為他們工作的工程師之間幾乎難以置信地缺乏溝通。…對於一項成功的技術，真相必須凌駕於公共關係之上，因為沒有人可以愚弄大自然。

——物理學家理察．費曼的個人觀察，語出總統委員會談論挑戰者號（Challenger）太空梭失敗的〈附錄F〉[3]

現代金融的複雜性是被設計出來的，且主要是為了嘉惠金融仲介機構而非金融服務的使用者而運作。艾倫．葛林斯班和提摩西．蓋特納等人曾主張說，新工具的創新用途使得金融體系更加健全，但這樣的主張是錯誤的。金融機構之間的相互依賴程度，已經增高到整個體系展現出源自於複雜性的脆弱。

「大到不能倒」一詞在全球金融危機時，被廣泛用來描寫政策制定者在解決具系統重要性的金融機構的事務時所面臨的兩難。[4] 這句話激起了「大到不能倒是個太大的問題」的正當反駁。但「大到不能倒」卻遺漏了關鍵重點。金融化已導致金融機構的規模增大，但核心問題不在於規模，而是在**複雜性**。銀行的規模大可以提高穩定性，至少在一定程度上是如此。英國在二十世紀躲掉了重大的銀行倒閉風潮，完全是因為該國的銀行規模很大，對照之下，美國零碎的銀行業在一九三三年崩解。英國的銀行部門終究在二〇〇八年失敗，且死傷慘重，但不是因為銀行部門變得更集中，而是因為變得更複雜。

從這句話的任何常識來看，雷曼公司都不是具有經濟重要性的公司，就算它是具有「系統」重要性的金融機構，也不是「重要的」金融機構。這家公司沒有為實質經濟提供在其他地方找不到的服務，事實上它為實質經濟提供的服務很少。該公司經營不善，且主要是為自己員工的利益而運作，尤其是大部分的高階主管。但是雷曼公司的互連組織龐大，到了破產時，它在世界各地擁有超過兩百家子公司，且有將近一百萬筆的未結算交易，且幾乎完全是與其他金融機構所為的交易。這種相互依賴性的狹隘後果是，公司錯綜複雜的結構需要花十年雇用律師和會計師來清理。範圍更廣的結果是，對雷曼公司有曝險部位的金融機構，根本不確定它們債權的價值為何。

由於這麼多機構都與雷曼公司有交易，不確定感便蔓延開來。即使是與破產銀行不太有直接約定的企業，也都不確定它們對有這種約定的機構的債權有多少價值。信心崩潰在整個金融體系中擴散，對非金融經濟造成了不利的後果，且一直持續到今日。

雷曼公司並不是大到不能倒的機構，但是它複雜到不能倒。歷史學家約瑟夫．坦特（Joseph Tainter）廣泛研究了各種文化是如何殞落的——許多高度發展的社會曾經輝煌繁榮，但現今已不存在。[5] 美索不達米亞的底格里斯河和幼發拉底河沖積平原，是第一個都市聞名以及現代農業發展的原址。古羅馬最後對在門口的野蠻人投降。馬雅和北美的查科文明（Chacoan civilisation）曾是高度文明的社會，但我們現今僅知道它們是考古遺址。社會與經濟互動的複雜性增加，是文明的明顯標誌，但是複雜性以及伴隨而來的不公平和專門化導致了收益遞減效應。到最後，管理這個複雜性的社會和政治成本會變得難以承受，並促成內部瓦解。

金融化進程與羅馬帝國的衰退和隕落，乍看之下是兩條相距甚遠的平行線，但這當中有值得學取的教訓。羅馬帝國社會衰敗的原因是，社會日趨複雜化最終導致反作用的結果，而社會沒有能力管理這種成長所引發的大規模組織問題，反而越來越注意與外面世界無關的儀式，且社會也沒有能力實踐實質的自我批判或自我修復。我們可以在現代金融系統中看到所有這些問題。

我們可以學取的教訓是，**一方面避開不必要的複雜度，另一方面密切注意不可避免的複雜性管理**。第六章對照比較了金融服務沒有規劃的雜亂演進，以及電力等其他公用事業網的有意識設計。系統穩定性凌駕一切的需求，深植於每個電力供應從業人員的思想中。如果任何人認為電力供應不像金融體系那麼複雜，那麼他就是幾乎不懂維持電網穩定的複雜性。第九章描述了試圖將電力供應金融化的混亂結果。雖然以系統性的方式來思考，對其他網絡的經營者是自然而然的事，但是以這種方式來思考金融體系問題卻不普遍。再者，儘管近期歷經了體系失敗的結果，但多數人仍未以這種方式思索。

組織社會學家查爾斯．佩羅（Charles Perrow）研究了工程系統在不同背景中的健全性和恢復力，例如核能發電廠及海事意外。[6] 要具備健全性和恢復力，系統個別構成份子的設計必須符合高標準。對更高資本和流動性的要求，目的是要強化構成的組織，但是如同我們可以從第六章所述的曝險規模看見，相對於防止金融機構陷於全球金融危機等的恐慌所需的資源規模，預見的資本和流動性程度是不足的，而且不足到可笑。[7] 更重要的是，要達到系統穩定性，個別構成份子的恢復力未必是必要的，且永遠不夠。複雜系統的失敗無法避免，且沒有人能夠有信心地預期將涉及的各種交互作用。

負責交互作用複雜系統的工程師已經學到，要達到穩定性和恢復力，必須有意識且有系統地簡化、模組化以及留下冗餘；模組化能夠限制失效的範圍，而留下冗餘可以繞過故障的部分。但是金融體系一路發展到二〇〇八年，都未曾具有簡化、模組化和冗餘等這些特性，。相反地，金融化已經大大增加了複雜性、交互作用以及相互依賴。冗餘——例如持有的資本超過管制的最低要求——不論走到哪裡，都會被認為是無效率的指標，而非優點。

根據佩羅的分析，如果系統有複雜的交互作用（每件事都要依賴其他每件事）且緊密相連（容許錯誤的空間很低），那麼這樣的系統便缺乏健全性。核能發電廠也存在著複雜的交互作用和緊密相連性，這是盛行的技術所導致的無可避免的結果。弔詭的是，試圖結合多層安全規定來提高恢復力，反而讓系統因為複雜性增加而變得較不健全。裝配生產線是複雜的，但沒有複雜的交互作用，它依賴的是一種直線性的事件順序，其中每個步驟都是按照邏輯接著前一個步驟。這樣的過程可能有著緊密或鬆散的相連性。傳統車廠裝配生產線的移動輸送帶展現出緊密的相連性，而書籍的製作從手稿到出版通常是悠閒從容的，因為其中的相連性是鬆散的：沒有人會對作者的延遲交稿感到驚訝，製作過程也不會因此被攪亂。

健全的系統通常是**直線性**的。我有時會使用優比速運送服務（UPS）寄送包裹到我們在法國的家，透過這家公司的追蹤系統，我可以追蹤包裹的移動。包裹在星期二下午被收走，夜間用船運橫越英吉利海峽到巴黎。到了星期三，包裹前進到里昂，然後在早晨稍早的時段被貨車送到尼斯。包裹在星期四早晨一早到達尼斯後，親切的優比速代表就會在上午八點左右打電話來，然後他會在星期四的午餐時間抵達。

優比速的運送系統雖然複雜，但它是直線性的，沒有複雜的交互作用，且相連性是鬆散的。有一次包裹沒有準時送達，我很容易且快速就確知貨運已經離開巴黎，但未到達尼斯，接著我發現法國中部下大雪，導致法國的陽光高速公路被阻斷。當漂流物和受困的車輛被清除後，包裹隔兩天就到達了里昂，且代理人也調整配合延遲的運送。這種系統的直線性促成了問題的快速辨認和隔離，鬆散的相連性則促成了迅速恢復。金融體系要具備類似的直線性，仲介機構就必須直接面對最終使用者，而非機構之間彼此交易。基本原則應該是，資本配置的仲介機構通常應該熟悉借款人或貸款人——或這兩者——的需求。

事實證明，新經濟泡沫在二〇〇〇年破滅的結果，在嚴重度和持久性比二〇〇八年的全球金融危機小許多。資產利益侵吞——先創造想像的財富，接著摧毀它——的規模，在那個權益市場錯誤定價的階段，未必比後面的信用市場錯誤定價來得大。[8]但是科技股票的興起與衰落並不涉及金融機構之間有著信用爆炸特徵的這種複雜相互依賴性，它們幾乎沒有複雜的交互作用，且相連性也相當鬆散。

另一方面，日本的股票市場和房地產泡沫與日本銀行有複雜的牽連，確實對日本的經濟造成了長遠的破壞，因為資產價格的上漲及之後的下跌，對金融部門的其他部分及工業公司的資產負債表產生了多重的結果。頻繁交易的成長加上使用指數股票型基金（包裹成本身就像其他證券一樣被買賣的現有證券的產品），創造了複雜的交互作用，結果就是我們很難確定當今權益市場的崩解，是否能如二〇〇〇年時一樣以鎮靜的態度來面對處理。

複雜的交互作用增加以及相連性變得更緊密，正是傑克遜谷座談會的參與者所慶祝的創新。企業本身變得有複雜的交互作用。在二〇〇八年倒閉的集團企業中，大部分都是被它們主要事業周邊的活動擊倒。雷曼公司的失敗不是全球金融危機的原因，真正的原因在於更深層許多的問題。但是雷曼公司對實質經濟毫無貢獻，與它的倒閉所造成的破壞是相當的。這家公司複雜交互作用的公共成本遠超過任何公共利益。雷曼依賴隔夜融資，因此隔夜融資消失便導致它瞬間瓦解，這體現了緊密的相連性。

現代金融體系的許多面向被設計來造就極其迫切的印象：無止境的「新聞」填鴨、交易員面前不斷閃過的更換畫面、辦公室燈火通明到深夜、年輕分析師發現自己必須連續工作三十個小時。但是金融部門其實並不真正需要這種持續興奮和活動的表象，只有這個部門最無聊的部分——支付系統，才是現代經濟仰賴其持續運作的必要公用事業。如果股票市場關閉一星期（就像在美國九一一事件後的一週）或者更久，或是如果某樁合併案延後或大型投資案延期幾星期，還是首次公開發行在下個月而非本月進行，並不會發生什麼恐怖的結果。紐約與芝加哥之間的資料傳輸些微改善，在電腦彼此交易的詭異世界以外並無什麼重要意義。

緊密相連根本沒有必要。交易員們玩著沒有廣大重要性的遊戲，在遊戲中，「資訊」未曾休止地穿流，許多員工超時工作，參與一場個人競相展示其「阿爾法特質」（alpha qualities）來換取高額獎金的錦標賽——種種這些也都毫無必要。傳統銀行經理的長時間午餐，還有在下午到高爾夫球場的文化，或許能產生比彭博終端機更多的有用商業資訊。

雷曼公司是一家提供廢物產品又管理不善的供應商，剛好代表著在一個運作良好的市場經濟中應該倒閉的那種公司。認為美國政府「讓雷曼公司倒閉是個錯誤」的看法，不是由錯過雷曼提供的服務的人所提出，而是那些哀悼其倒閉的結果的人所表達。我們學到的教訓不是政策制定者應該努力防止這種失敗，而是公共過程應能確保類似的失敗更容易受到遏止。

他人財富

卡爾．列文參議員（密西根州）：當你聽到你的員工在這些電子郵件中寫道，他們看著這些交易並且說：「天啊！這是什麼狗屁交易。」「老天！這真是垃圾」，你有什麼感覺？

大衛．維尼爾（高盛公司財務長）：我在想，很遺憾，他們竟然寫在電子郵件裡。

——美國參議院常設調查委員會，二〇一〇年四月二十七日在金融體系中流通的所有金錢都是他人財富。好吧，是「幾乎」所有金錢。在諸如德意志銀行的現代機構中，風險資本大約有3％是銀行自己的資本，其餘的97％屬於貸款人和存款人。典型的保險公司使用較低的槓桿，股東的資金會連同保單持有人的資金一併投資。（華倫．巴菲特的波克夏海瑟威是介於保險公司與投資基金的混合物。）資產管理公司或退休金基金則只部署他人財富。

在銀行體系中，即使小額的權益也代表著他人財富。權益是由股東提供：在合夥時代，高階主管要對他們控制的資金負起個人財務責任，但這個時代已經過去。諸如巴菲特和許多避險基金經理人等某些首腦，會陪同他們的投資人一起進行大額投資。但這些是例外，而非常態。

處理他人財富曾被認為是一種沉重的責任。來自顧客的存款被選擇性地出借給當地的借款人，或者被投入政府證券以及有類似安全性的資產。退休金基金和人壽保險公司是長期個人儲蓄的主要工具，而這些仲介機構強烈知道管理他人財富必須負起的謹慎和忠誠義務。這是麥卡迪大法官（Mr Justice McCardie）嚴厲掌管的世界。

謹慎處理他人財富的責任之所以腐蝕，「**合格對手方**」（eligible counterparty）的觀念扮演著核心角色。身為零售顧客，當你購買了金融產品，你會受到一定程度的保護，不過這通常比不上仲介機構的忠誠與謹慎責任：英國的標準是「公平對待顧客」，這比「顧客優先」來得模糊且較不嚴格。只是一旦你的資金落入了仲介之手，連這些保護都會消失。你的代理人當然會是個權利較少的「專業投資人」，且或許是個多少信奉「買者自慎之」的「合格對手方」。高盛公司的顧客通常是「合格對手方」。

看看高盛公司的史巴克斯（Sparks）先生和維尼爾先生在國會作證時的表現，就知道他們對顧客漠不關心，但是他們在他們的交易對象並非一般大眾的基礎中找到了正當理由，且在管制條款中也獲得了正當性。這家公司的客戶可能是「布偶」（葛瑞．史密斯〔Greg Smith〕在他從高盛公司辭職當天於《紐約時報》撰文時聲稱這個詞經常被使用[9]），但他們是要對自己的蠢行負責的金融專業人士。

然而，這遺漏了關鍵重點。**仲介機構處理的錢是一般大眾的錢，只是隔了一手或好幾手**。管理他人財富的忠誠和謹慎義務應轉移給仲介機構。忠誠和謹慎的責任最終應傳到公司、政府，或其他使用儲蓄者資金的機關。此時，忠誠和謹慎變成是公司、政府或任何負責機關的最高首長的義務。

當多諾霍女士（Mrs Donoghue）在她的薑汁啤酒中發現了一條蛇，上議院認為飲料製造商要為她的生病負責，即使這家公司與多諾霍女士並無直接的契約關係。[10] 為什麼金融機構應負的責任比加諸於薑汁啤酒製造商的責任來得輕，而且輕很多，這實在令人很難理解。

在日常生活中，我們會非常嚴肅地對他人財富負起責任，甚至認為孩童也能辨認他人財富與自己的錢的明顯差別。對於金錢管理從業人員的行為，我們不應該抱持較低的標準。金融部門的許多從業人員會認同這一點，尤其是零售金融業和資產管理業。他們對利益衝突感到的不安，不只是如維尼爾看到他們記錄在電子郵件上的道德混亂不安感。他們會承認且實踐對金錢所屬的其他人的忠誠和謹慎義務。

現代金融集團本身就存在著固有的利益衝突——完全與適當管理他人財富不一致的衝突。當高盛公司的史巴克斯先生和維尼爾先生在描述「傳奇法伯」所為的珠算交易，可以看出他們對這個責任完全無感。事實上，史巴克斯和維尼爾不知道——也不可能知道——這些錢是誰的。在珠算賭注的一端是直接或間接投資約翰．保爾森的避險基金的人，另一端是持有保單或將存款存放在機構的人，這些機構愚蠢地被分割的抵押擔保證券所創造的高評比紙張所吸引。有些人和退休金基金非常可能同時處於這個賭局的兩端，這些倒楣的投資人不會知道，任何其他人也不會知道。

「客戶優先」始於確認客戶是何人。在傳奇法伯的交易中，高盛公司可能代表保爾森，他想要賭次級抵押貸款會發生廣泛違約。或者這家公司可能代表以這些抵押貸款為基礎的證券之購買人。高盛公司可能為高盛股東的利益而交易。不論這三個當事人哪一個是高盛的客戶，這家公司都應適當地對其負起忠誠和謹慎的義務，但不太可能適當地同時代表所有這三者來行事。這種道德混淆的可預測結果是，「傳奇法伯」實際上不是代表任何這些當事人的利益，而是代表「傳奇法伯」的利益而行事。

在麥卡迪大法官的時代，處理他人財富的人必須迴避利益衝突，而現代的管制結構完全是邀請金融機構來「管理」利益衝突。麥卡迪正確地認為，如果一個代理人發現自己所處的地位可能讓衝突被利用來達到自己的利益，那麼他便很可能被誘惑去利用這個衝突。

伴隨著利益衝突而來的是文化衝突。零售銀行業應以顧客為核心，但必然是官僚且保守的——這是一種很難擺脫的結合，且其成功實現與投資銀行的激進銷售導向及風險承擔不相容。交易是在金融服務業工作的人當中的一小部分所從事的活動，但這種活動的特質已經污染了整個金融產業。

匿名交易的文化與經濟背景分道揚鑣，貶低或去除了私人關係，並助長了自我吹捧的本質。這樣的特質距離更廣大的社會涵義相當遙遠，且不利於有效實現金融服務。各種功能被合併且混淆，逐漸侵蝕了對處理他人財富的謹慎與忠誠需求。如果不明確承認這些義務，空談恢復金融業信任的人根本是白費唇舌。

結構改革

當你出去為自由和真理奮戰時，絕不要穿最好的褲子。

——易卜生，一八八二年《人民公敵》（An Enemy of the People）

二十世紀的最後二十年，英國和美國漸進地對整合式金融機構的成立鬆綁限制，但從後見之明來看，這是一項重大政策錯誤。一站購足式商店對顧客有些好處，他們可以在同一個屋頂下買齊所有需要的商品和服務，但是與全球金融危機對世界經濟造成的代價相比較，這些優點顯得微不足道，而這些代價是集團內部及集團之間複雜的交互作用直接造成的，且持續強加在金融體系外的家庭和企業身上。

在全球金融危機中為了穩定市場而採取的這些緊急措施，其效果是要進一步擴大金融集團的範圍及規模。如同對銀行流動性和償債能力背書的緊急措施，正確的短期應變剛好是正確長期因應之道的相反。金融體系要有彈性，且以金融服務使用者的需求為導向，關鍵在於回到具備專業機構必要特徵的結構。

金融產業結構改革的首要目標是**降低複雜度、減少成本、提升穩定度，並促進儲蓄者與借款人之間的資訊流通**。要達到這些結果，應結合管制行動及市場力量。管制應聚焦於結構的矯正措施，這些措施要能落實，主觀判斷的運用必須受限——可利用勾選清單監視的規則。取消各個活動的交叉補助，以及政府的補貼和擔保，會讓市場驅動進一步的改革。

在實質經濟中的家庭和企業，大體上難以辨別當今主宰金融部門的金融集團彼此之間有何差別。希望存款或尋找長期投資去處的儲蓄者、建立企業銀行往來關係的公司，或者是尋求資金的個人或企業借款人，要弄清楚摩根大通、匯豐銀行（HSBC）和德意志銀行有何不同，是非常沉重的壓力，而且他們很難找到令人信服的理由來選擇一個而非另一家銀行。商業模式的相似性部分是由過度廣泛的管制所造成，這樣的管制必然會加諸「一體適用」的架構。但是半斤與八兩之間的割喉競爭，主要是金融部門全神貫注於自己的結果；這場競賽對半斤與八兩很重要，但是對其顧客幾乎沒有什麼意義，目標是要勝過對手，而非滿足使用者的需求。

銀行的適當經濟角色是要經營存款管道，將短期餘額導向借款人——主要是住宅所有人，並管理流動性提供來調和存款的安全性與資本使用者的長期需求。政策目標應該是恢復存款人與借款人之間的直線仲介架構。要達到儲蓄者保障、經濟與金融穩定、有效控制仲介成本，以及傳輸需要的資訊來做出資本配置的妥善決定，這樣的簡化具有關鍵重要性。

實行結構改革的第一步是對存款管道築起圍籬保障，以確保金融集團的失敗危及支付系統的經營。對於有存款基礎作為擔保而產生的交易活動，應該取消補助；因此，會需要使用納稅人例行存款擔保的可能性將會受到限制，即使無法完全消除。

在其間，如同英國銀行業獨立委員會[11]以及歐盟委託的《利卡寧報告》[12]所預見的，金融集團可能變成金融控股公司。但這樣的妥協方案有其缺點，因為存款收取與其他金融交易之間的圍籬需要小心防衛，而且文化交叉污染的問題仍存在。

然而，只要保障措施是有效的，身為控股公司的集團從交易獲得的財務好處即使有也很少。既然結合投資與零售銀行的管理問題會對機構本身產生成本，有效的圍籬保障會引導它們自願選擇將它們的存款收取活動分拆。

這個圍籬保障應是**分化**（fragmentation）過程的第一步。如果今天的大型金融機構不被允許利用它們的零售存款，且被剝奪政府資金、補助或擔保，它們將無法維持目前的交易量規模。它們使用的槓桿會明顯過高，以致於其他交易員在與它們交易時會很緊張。這個將交易量減少到較合理的水平，是進一步的核心目標。

堅持**代理與交易中心必須有明顯的區隔**，便可推動結構改革。透過管制來管理衝突的嘗試已經失敗，因為它產生了複雜的規則，卻未能達到基本的目標。那些處理他人財富或建議如何管理他人財富的人，都是這些金錢所屬之人的代理人。金融仲介機構可以擔任他人財富的監管人，或者它們可以用自己的錢交易，但不可以同時進行這兩種工作。有效地對客戶應用忠誠和謹慎的原則，並堅持避免利益衝突，便能終結投資銀行目前仰賴多重活動來提供「優勢」的商業模式。

有些讀者可能認為高盛公司——高盛與摩根士丹利是僅存的兩家大型獨立投資銀行——是本書特別鎖定的箭靶。本書頻繁提到高盛公司，不是因為高盛的高階主管或交易員特別腐敗——或許剛好相反，主要是因為這家公司很成功，且因此受到公眾監督。雖然這家公司的聲譽在今天不若曾經那般受敬重，但是在荒蕪的土地上，高盛的聲望仍高於許多其他機構。如果你在許多顯赫的職位上發現高盛的校友，那主要是因為這家銀行吸引的這些人具有高水準。在這些校友當中，有些人真正能夠追求公共利益，即使這與他們前雇主的做法不相符，例如前加拿大銀行總裁和現任英格蘭銀行總裁的馬克·卡尼（Mark Carney），以及美國商品期貨交易委員會的改革家主席蓋瑞·根斯勒（Gary Gensler）。

但是目前的投資銀行模式，不論是應用在高盛等的獨立機構，或德意志銀行等的廣大金融集團，都是金融部門對實質經濟加諸的問題核心。投資銀行在今天從事證券發行、企業建議及資產管理，它們在權益及固定收益、外匯與大宗商品造市，然後為自己的利益在這些市場中交易。我們只需要將這些功能列舉出來，看看每一項活動是否與所有其他活動相衝突。每一項活動都應該在不同的機構中進行。此外，銀行之間的交易量減少、在公開權益市場扮演的角色縮減，且資產管理機構進行更直接許多的投資，應能將大部分這些活動的規模降低許多。

在當今金融部門的所有演員當中，**只有資產管理人會因為懶惰而獲得報酬**，他們通常賺取按管理下資金的一定百分比來計算的費用。對於分離的收取存款銀行，其獲利同樣主要取決於存款規模，其次則是成功提供良好的貸款。相較於專注交易的活動，專門的資本配置管道有著比較適當的誘因結構。

不論何時，**只要有風險，就會有賭徒**。改革的目標不應該是消滅投機的短期交易活動。我們很難看到這樣的行動曾經成功；在幾乎每個地方，試圖禁止賭博的行動都失敗，且通常產生了提供犯罪行為焦點的不當副作用。再者，即使消滅短期交易的目標是可行的，達到這個目標也是不當的。交易員可能提供資本來滿足投資人偶爾對流動性的真正需求，能夠在確認另一位投資人之前將投資兌現，並且協助穩定價格波動。目標應該是將交易量降低到能夠滿足非金融經濟真正需求的程度。

但這種交易的適當工具是避險基金。避險基金是危險的，如同使用他人財富來賭博的每一個例子一樣。從事短期交易的人應該用自己的錢——真的是自己的錢，或特別為該目的募集的錢（在這種情況，應對這些錢的認購者負起謹慎和忠誠的義務）。

避險基金有著建設性角色的這個建議會令許多人震驚，對他們而言，避險基金是金融化的惡棍。許多人——我當然也是其中之一——認為二〇〇三至〇七年的信用擴張最終會以悲劇收場，但認為避險基金會處於風暴中心。[13]我們都錯了。許多避險基金消失，但這不會有太大影響。倒閉演變成全球金融危機，是因為大型金融集團都被捲入風暴。

面對全球金融危機，或許最奇異的反應是歐洲委員會追求並實行「另類投資基金經理人指令」（Alternative Investment Fund Managers Directive, AIFMD），目的是要狙擊避險基金和私募股權經理人。有一位匿名的時事評論者將這個提案描述為「利用在酒吧的械鬥來痛毆在角落中那個你從來看不順眼的小傢伙。」[14]但是這些活動是針對那些與做出投資決定有密切接觸的人所為，而且這些人很清楚他們的錢被拿來做什麼。不論如何，這應該與在銀行分行收取存款的活動完全分開。

至於將佔據存款管道的零售銀行應該是相當單調的機構，也就是貝利、班克斯和麥沃林最再度感到自在如家的機構。好吧，或許我誇張了一點，但相去不遠。

儲蓄者存款的理所當然工具是政府借款，以及品質良好的住宅貸款。現今已經不可能恢復互助儲蓄銀行的互助結構，以及曾經主導住宅融資的建築貸款協會。它們累積數十年的資本，在支付給存款人及其不明智的分散化後，已經煙消雲散，且現在沒有可獲得足夠數量的儲備金來源，來滿足大型互助部門的需求規模。新的住宅融資機構將必須募集權益資本，且必須從投資人募集足夠的這種資本。但是要恢復適合於住宅房地產貸款的局部焦點，應該是可能的。這樣的機構應該同時具備相關房地產市場的知識，以及使用自動信用評分來判斷人格的能力，並且透過償還來管理貸款。

雖然收取存款的機構在資產選擇上，應該限於政府債券和住宅抵押貸款，但我們沒有理由認為為什麼其他金融機構不應該也擁有政府債券，並提供住宅貸款。事實上，對政府資金的需求規模以及較高貸款對價值比的抵押貸款，都需要這種資金。

資產管理機構應在投資管道中佔有與銀行在存款管道享有的相同核心角色。目標是類似的。對儲蓄者良好且穩定的報酬，以及經濟和金融的穩定。控制成本。關於實體和無形資產及其管理的資訊流通，這可為儲蓄者、消費者、員工及納稅人的利益促進經濟效率。

如果資產管理機構管理的仲介活動不需要每天估價和贖回，便可能為資產管理機構及其顧客提供較大的彈性和機會，躲開公開市場的暴政及頻繁交易員的掠奪。資產管理機構可以在資本配置的部門中，以行事風格和專業來將自己與其他機構區隔，而不是追蹤「衣櫃指數」的錯誤。這需要專業的仲介提供者來為消費者信用、小企業也許還包括非住宅的房地產提供資本。

對於使用者的需求應該要更專業。這樣的需求在小企業部門可能最急迫。如第五章所述，小企業的需求已經改變。由於現在的企業比較不以資本為本，而比較以知識立足，資本變得較不重要，因此中小企業部門對資本的需求經常是在早期發展階段為融資來彌補經營虧損，而比較不是有形資產擔保的借貸。在JP摩根告訴國會「人格」是社會借貸的主要因素的一個世紀後，現代企業本質的改變已經使得企業家的人格變得更重要，而企業資產提供的擔保變得較不重要；但是面對面的訪談已經被信用評分演算法取代。

消費者甚至早在金融化之前，就已經因為事實上是銷售員的「財務顧問」而受苦，雖然他們現在或許因為這些人支配著銀行分行的人員而遭受更多困擾。**佣金引導了行動傾向**，且即使在佣金大體上被禁止時（如同現在的英國），也很難說服人們花很多錢來買好建議，卻什麼都沒做。管制政策仍堅持相信對大眾市場為個人量身定做財務建議是可能的幻覺。但是在數十年前，這些程度的個人服務已從大部分的零售領域消失：除了在市場的最頂端，高品質的個人化建議昂貴到無法負擔。電腦有兩個潛在優點勝過金融顧問：程式設計師有多誠實，電腦就有多誠實，且電腦的過程和結論可受到監視和審查。

存款管道由零售銀行來引導，而資產管理部門由資產管理機構來進駐，這些資產管理機構可被信賴擔任受控管的仲介機構，而且它們對投資有著更長遠的眼界－這就是我們如何以滿足實質經濟需求為目標來重新創造金融部門的方式。

個人責任

雷諾局長：我非常震驚，這裡竟然有賭場！（一位賭臺管理員將一桶錢拿給雷諾）
賭臺管理員：先生，這些是您贏的錢。
雷諾局長：（輕聲地）喔，很謝謝你。
雷諾局長：（大聲）所有人立刻離開這裡！

——電影《北非諜影》（Casablanca）一九四二年，華納兄弟影業

我們昨天聽到這些指控時，大家都很驚恐和震驚。我必須告訴你們，我很厭惡別人聲稱這些事件已經發生。不只是因為我當時是《世界新聞報》的編輯。

——新聞國際公司（News International）執行長布魯克斯（Rebekah Brooks）二〇一一年七月八日對員工的發言備忘錄

「南海泡沫」在一七二一年破滅後，英國財政大臣約翰．艾斯拉比（John Aislabie）被認定犯下「最令人髮指、危險且無恥的貪腐」罪行，並被送進監牢。[15] 在全球金融危機之前，英國

最後一個重大的銀行倒閉案是格拉斯哥市銀行（City of Glasgow Bank），它在一八七八年倒閉。之後的三個月內，所有董事全部下獄。紐約證券交易所總裁惠特尼（Richard Whitney）在紐約駭人聽聞的新新懲教所（Sing Sing）的最大保全單人牢房待了三年多。甚至在一九九〇年代早期，在美國互助儲蓄銀行解除管制中最惡名昭彰的騙徒查爾斯·基廷（Charles Keating），還有垃圾債權的發明人麥可·米爾肯（Michael Milken），也都坐了牢。

新經濟泡沫的代罪羔羊所受到的待遇就沒有那麼嚴厲了。美國證券交易委員會幾乎未投入人力或資源來找出惡行，這些案件是經由現在顏面丟盡的紐約州檢察總長艾略特·史必哲的窮追不捨調查才被揭發。瑞士信貸的投資銀行家法蘭克·奎特隆（Frank Quattrone）期望利用分配熱門股票來換取友人和客戶的支持，後來還是被起訴，不過他的定罪在上訴後翻盤。其他人則只受到譴責，例如向客戶推薦「一陀屎」的美林證券分析師亨利·布洛傑特，還有用股票建議來換取子女進入熱門的九十二街Y幼稚園的傑克·格魯伯曼（Jack Grubman，他將美國電話電報公司升級，此事取悅了該公司的執行長麥可·阿姆斯壯〔Michael Armstrong〕，他在花旗集團董事會的投票對桑迪·威爾趕走花旗集團的聯合執行長李德具有關鍵重要性。花旗集團捐了一百萬美元給學校，這對格魯伯曼的申請入學很有利）。

對全球金融危機的應變，暗示了失敗的金融鉅子會受到懲罰的時代最終已結束。在二〇〇七至〇八年危機期間，或許最該譴責的三個人物是雷曼公司執行長狄克。福爾德、其「金融產品集團」（Financial Products Group）要為美國國際集團（AIG）的倒閉負責的喬·卡薩諾，以及其美國國家金融服務公司帶頭出售次級抵押貸款的安傑羅·莫西洛。據信，這三個人每個人仍坐擁遠超過一億美元的財富：如第五章所述，莫西洛付了六七五萬美元來解決與證券交易委員會的訴訟，但是另外兩個人沒有一個面對任何形式的法律程序。

在美國危機中，只有小角色為他們的行為面臨犯罪指控。馬多夫被判一百五十年有期徒刑。「傳奇法伯」被處以八十二點五萬美元的罰金。為自己在二〇〇七至〇八年危機中的角色而被打入大牢的最高階金融主管是李．法卡斯，也就是位於佛州的房貸仲介商泰勒賓恩與惠塔克公司（Taylor Bean and Whitaker）的董事長。

在英國、法國及德國，完全沒有一樁起訴案與金融危機有關。蘇格蘭皇家銀行的佛瑞德．古德溫從未尋求或達到在美國金融領導者之間很普遍的個人財富，不過他看起來的確很陶醉在他認為是高職位的適當津貼中：他身邊圍繞著在該銀行薪資名冊上的運動英雄。古德溫最後終究受到公開羞辱，他被拔掉騎士爵位，且被迫接受減少其銀行退休金，不過他每年還是可拿到三十四．二五萬英鎊。

較小的國家則向來較不寬容。在愛爾蘭，盎格魯愛爾蘭銀行的尚恩．費茲派屈克或許是金融機構所有執行長當中最魯莽的人（這是一場艱難的競賽），他被宣告破產，且差一點被起訴。雖然他的某些同事被定罪，不過法官認為要他們去坐牢非是「極為不公平」的事。然而，冰島的法院確實對破產的克伊普辛銀行（Kaupthing）的執行長處以很長的有期徒刑。

雖然英國和美國的主管機關已追訴近期被指控的金融部門惡行，不過它們的目標向來是公司而非個人。「傳奇法伯」是被高盛公司犧牲的替死鬼。圖爾留下的電子郵件痕跡是如此令人震驚，以致於他被起訴成了公眾怒火的避雷針。公司支付了五點五億美元的罰金來解決——但未承認責任——證券交易委員會對其公司在珠算交易方面所提出的指控。同時，證券交易委員會同意不追訴對該公司的各種其他指控。

擔任紐約南區（涵蓋華爾街）聯邦法官多年的傑德·拉科夫（Jed Rakoff），對證券交易委員會與公司協商罰金的政策（與高盛公司的和解就是一例）發出憤怒且言之有理的攻擊：

只追訴公司不管從技術層面或道德層面來看，都是令人質疑的。在技術層面令人質疑是因為根據法律，除非你可以證明公司的某個管理代理人犯下他人聲稱的罪行到無可懷疑的地步，否則你不應該控告或威脅要控告一家公司，再者，如果你可以證明這一點，控告的為什麼不是經理人？再從道德觀點來看，為了某些未被起訴的個人所為的犯罪而懲罰一家公司及許多無辜的員工和股東，似乎與道德責任的基本觀念相左。[16]

《華爾街日報》已經估計，在二〇一二年及二〇一三年，摩根大通繳了兩百五十億美元來解決對它提出的指控——通常沒有承認責任。[17] 摩根大通的高階主管很願意交出這些令人瞠目咋舌的金額來抵償過去的惡行，因為他們是用他人財富來支付。宣告的罰金規模讓人看來好像很嚴重，其實不然。摩根大通曾經且或許仍是最受敬重的金融服務公司，但顯然地，這家公司的信譽現在是如此敗壞，以致於賠償兩百五十億美元只是再添一個污點罷了。拉科夫主張說：「成功起訴個人對未來產生的恫嚇價值，遠超過實行往往只不過是粉飾門面的內部合規措施的預防性利益。」[18]

管制機構向來選擇對公司加諸雙方議定的罰款，遵循著這種幾乎無甚效果的途徑，因為它們相信要確實將個人或公司定罪太過困難。[19] 執法應該要針對負責的個人，而非公司，那麼要確保定罪應該就會比較容易。英國的「國會銀行業標準委員會」正確地察覺到，個人責任才是核心問題所在，因此已經推行了一些措施，包括制定了一項「銀行草率行事」的象徵性刑事犯罪。[20] 目標應該是落實嚴格責任制，強調「在我監視下」的海軍原則，換言之，個人必須對在他們監管下所發生的事負責。就這樣。

嚴格責任制意味著證明事件已經發生便已足夠，不需要證明這件事是負責的人所造成，更不需要進一步調查動機、找出應歸咎的人，或完全確定相關的個人對惡行的知情狀況。嚴格責任制能夠終結掌管之人對下屬的行為表示不知情和震驚的辯詞。令布魯克斯「驚恐和震驚」的最嚴重指控是《世界新聞報》的員工駭進了一名被謀殺的女學生的語音信箱，此事發生當時布魯克斯任職該報的編輯。鮑伯．戴蒙德得知員工在設定同業拆借利率時偽造利率報價時就「生病了」。[21]「驚恐和震驚」的辯詞將不當行為和沒有責任連結在一起，因為高階主管可以閃躲辯稱他們並未具體知道手下的人到底做了什麼事。適當的原則應該是：「如果你拿了報酬，就應該承擔責難。」

銀行的執行長因為出納員把手伸進錢櫃就應該去坐牢，這可能太嚴厲，且是不當的。嚴格責任的適用應該與下屬代表金融機構來執行其職務的行為有關，這個「名義代理權」（ostensible authority）原則可以區分銀行行員的偷竊行為，與交易員將他預期會失敗的產品賣給顧客的行為。再者，當利率報價造假或不正當銷售還款保障保險是普遍的做法，而非某個壞蛋的行為，那麼負責之人就應該被自動歸責。

或許且一定會有人主張，這樣的措施將讓人對要負責的職位卻步，[22] 但這正是這些措施的目的：**確保只有瞭解且接受涉及處理他人財富是沉重責任的人來擔任金融機構的高階職位**。個人責任確立了強大的誘因，能促使負責的主管設計和建立有效的流程及程序，對行為加諸有效的控制，而非只是「粉飾門面」。個人責任能夠減少做出只是表面上很動聽的政策宣言，但實際上不會且根本不打算會對希望實行這些政策宣言的人造成什麼影響。

個人責任對改革是不可或缺的，但這不應該導致任何人認為，唯一或主要的問題是從桶中挑出爛蘋果。要將糟糕的結果歸咎於糟糕的人太容易，不論是藉由詆毀個人，或一竿子打翻所有「銀行家」。在金融業就像在每一種行業，一定有些人遵循著高道德標準，而有些人則毫無道德感；有些人會挺身捍衛他們相信是正確的事，而有些人會覺得遵照盛行的規範會比較容易，或比較有利。

但我們是社會性動物，因此當我們發現自己身處某個環境，會依照那個環境期待我們的方式來行為。領導者不論好壞，會影響這些期待，但只會產生邊際效應。

在與金融圈的人交談時，我很驚訝有許多人想要找比較好的工作，但發現自己因為種種因素感到挫敗，包括他們在其中工作的系統、雇主的價值觀和業務規則、客戶不切實際又不當的需求，以及加諸在他們身上的管制架構。唯有一次解決所有這些問題，我們才能重新建立為滿足實質經濟需求而設計的金融體系。

11章

金融的未來

我無法原諒他或喜歡他，但是我認為他的所作所為，對他而言是完全正當有理的。所有一切都是草率混亂的。他們很粗心大意，湯姆和黛西——他們把事情和東西搞砸，然後回頭求助於他們的錢或漠不關心，或任何讓他們繼續在一起的東西，他們留下的爛攤子就讓別人去收拾。

——債券銷售員尼克．卡拉威（Nick Carraway），出自一九二五年費茲傑羅的《大亨小傳》

經濟學家和政治哲學家的想法，不論是對是錯，其影響力都超過一般人的理解。事實上，世界是由極少數的人統治。生活在現實中的人自以為能夠免於任何智識影響，但通常是某些已故經濟學家的奴隸。

——凱因斯，出自一九三六年《就業、利息與貨幣的一般理論》第三八三頁

現代西方經濟體的金融部門規模太大。它不成比例地吸收了許多我們大專院校最優秀能幹的畢業生，它的成長卻一直與對非金融經濟的對應服務提供改善不相符，包括支付系統、資本配置、風險減緩，以及個人和家庭的長期財務保障等服務。金融化的過程已經創造了一個有著緊密相連性和複雜交互作用的結構，且產生的不穩定已經對非金融經濟產生了破壞性的影響。

金融市場的交易量已經達到荒唐的程度，這樣的程度已經阻礙而非提升了金融仲介的品質，而且增加而非分散全球經濟暴露的風險。配合經濟穩定來調解這些交易量所需的資本資源一直付之闕如，未來也不會有。若無零售存款及納稅人提供的暗示和明示支援，交易員在現代投資銀行中從事的交易規模不可能存活。

金融部門的現有結構需要更多龐大的資本，而不是《巴賽爾第三次協議》（Basel III）要求增加的小金額，但是權益投資人不會為金融集團提供所需規模的新資本。投資人不再信任銀行的財務報表，或經營這些銀行的人。他們對這些機構的長期獲利性沒有什麼信心，而且害怕就算銀行真的獲利，管制機關和高階主管會有優先權，而不是分配給股東。

已被採行的解決方法是，中央銀行以低利率借非常大筆的錢給金融集團，希望它們會從交易中賺到足夠的獲利來重建它們的資產負債表。但是我們沒有理由要求納稅人以這種方式補助銀行，尤其是當這些獲利有相當高比例都被掠奪去獎勵相關的交易員，還有表面上監督他們的經理人，讓他們能達到一般人連做夢都不會有的報酬程度。同時，銀行家以及他們的遊說者宣稱，為銀行提供足夠的權益資本會促使報告的權益資本報酬率下降到不吸引人的程度，並抑制銀行借款給實質經濟的適當功能。

如果活動不能募集到足夠的股權來確保它們受到適當資本化，或如果它們已適當資本化，但無法賺得令人滿意的報酬率，市場經濟的教訓便很明顯：這樣的活動不應該發生，或至少它們發生的規模應大幅降低。而這就是我們應該看待現有銀行體系的方式。

我們需要的金融部門，應該要能管理我們的支付、為我們的住宅存量融資、恢復我們的基礎建設、為我們的退休提供資金，並支持新企業，但是當今存在於金融產業的專業，很少能夠促進支付、提供住宅、管理大型建案、滿足老年人需求，或培育小企業。金融仲介的過程本身已經變成目的。

現今受重視的專業是對其他金融仲介機構活動的瞭解，這種專業不是被投入創造新資產，而是重新安排已經存在的資產。提供高薪和獎金不是因為細微地體察到金融服務使用者的需求，而是以機智贏過競爭的市場參與者。在一個已經看不見自己存在目的的部門的最極端體現中，**地球上一些最傑出的數學和科學頭腦，被雇用來精心設計電腦化證券交易的演算法**，這些演算法要利用其他電腦化證券交易演算法的弱點。

但是如同前財政部長賴瑞．桑莫斯似乎要想要暗示的，**金融不是數學難題**。金融存在的目的是要服務家庭和企業。從事金融業的個人和公司應該具體知道至少部分金融系統使用者的需求。我們需要焦點明確的金融事業，它們應該有清楚的生產目的，以及適合於該目的的管理系統、治理制度及資本結構。一九八〇年代以前的金融部門存在著豐富多樣的機構和組織形式，我們應該致力於恢復和助長這樣的豐富多樣性。

對於這樣的建議，最常聽到的批評是，這會是「逆轉時鐘」的倒退做法。但是如果時鐘已經告訴你時間是錯的，就「應該」逆轉時鐘——在金融的案例正是如此。要像我們可能重建歷史建物的方式，將特定現狀恢復到從前，即使是適當的，也不太可能辦到。但是在一個已經演進數十年，只是在政治人物的意識型態狂熱，以及金融家和交易媒合者的個人野心結合下，被放棄的較老產業結構和管制過程中，存在著一定的智慧。

許多人很難接受世界可以不是只有些許不同的想法。我跟金融界從業人員交談的經驗是，他們覺得很難想像一個債券回購市場沒有大公司活躍從事活動、資產擔保證券不是住宅融資不可或缺的一部分，且沒有期貨合約或股市指數的未來金融體系。然而在過去，這些東西也不曾存在，因此要再有這樣的時光是可能的。我們需要花旗集團和高盛公司所做的一些事，但我們不需要花旗集團和高盛公司來做這些事，更何況花旗集團和高盛公司所做的許多事根本完全沒有必要。

在二〇〇八年，已經建立的金融部門正站在即將倒塌的點。全世界大部分的主要金融機構全都仰賴政府伸出援手來救亡圖存——甚至到現在大部分都還是。在全球金融危機期間，政府所處的地位原本可以對金融部門加諸基本上任何它們想要的條件，但它們實際上所為甚少。

在財政部長漢克・鮑爾森（Hank Paulson）解釋國會已撥出來救援美國銀行體系的七千億美元會如何分配的那場會議上，美林證券執行長約翰・賽恩（John Thain，此人這時已經因為在美林風雨飄搖之際花了一百萬美元裝修他的辦公室而廣遭罵名）很快就切入重點提問說：「如果補償政策改變，你可以提供我們什麼保護？」[1]賽恩被他來自美國銀行的零售銀行家新老闆肯恩・路易斯（Ken Lewis）大聲斥責。不久後，路易斯和賽恩會因為美國銀行的一樁愚蠢收購案而雙雙下台。但是在一個重要的面向上，賽恩會是勝利者。二〇〇九年初，三十六億美元的獎金進了美林員工的口袋。

即使是在全球金融危機後，在金融部門盛行的這種權利感也誇張到很難誇大。要不了多久，勞埃・布蘭克芬就在描述「上帝的工作」，鮑伯・戴蒙德則公開宣稱「自責的時間已經結束」。[2]甚至思索「我們就是華爾街」那些粗俗廢話背後的意義，就會知道得意自滿到了二〇一〇年已經取代二〇〇八年瀰漫在金融業的恐懼感，而且程度令人吃驚。

然而，危機尚未結束。新的「惡棍交易員」離開辦公桌時會有保全警衛護送。各種操縱利率醜聞證明危機的源頭事實上在金融產業的文化中已經積重難返。貨幣政策推升了資產價格，獎勵著那些犧牲辛苦工作換取收入者來享受累積財富的人。歐元區的混亂繼續混亂。

當全球金融危機在二〇〇八年來襲時，所有政黨的政治人物和官員基本上都不知所措。歐巴馬總統的幕僚長拉姆·伊曼紐爾（Rahm Emanuel）說：「絕不要讓危機白白發生。」但是危機的確是白白發生。[3]伊曼紐爾憤世嫉俗的發言，是現代政治生命特有的務實實用主義的範例，但是如同在這個案例，「現實主義」經常沒有結果，因為缺乏分析或智識內涵的實用主義除了無效果的修補外，什麼用都沒有。缺乏解釋性的敘事會導致不連貫的反應。在政治左派，等待了一世紀想要看見資本主義在自己內部衝突的重擔下瓦解的政黨，因為這件事實際上可能發生的預期而陷入恐慌。歐洲左派的智識自信被社會主義的失敗耗盡。一度是圖騰政策的銀行國有化，即使只是權宜之計，也是詛咒。

對於政治右派，事件證明了市場會自我達到平衡的觀念是錯的。新自由主義的教條確實不足以解釋當代的經濟或政治。這些教條的辯護者還需要一些時間才能成功說服自己（如果還有少數其他人），危機是由政府干預市場所造成。

金融化的失敗幾乎沒有讓教條的影響力消失。相信一個活動的獲利性是其社會正當性的衡量標準之一——這樣的信念不僅已在金融部門根深蒂固，也已將其毒素散佈到商業界。如果你公正客觀地閱讀，就會發現「我們就是華爾街」的強烈吶喊，與犯罪幫派的宣言沒有什麼太大區別。一般人無法區分獲利產生與財富創造，也無法理解資源分配與資源產生有何不同，因此願意准許遊走在詐欺邊緣，甚至有時候跨過這個邊緣的活動。

市場體系的支持者還有批評者，都未體認到投資銀行的交易大廳不是市場經濟的縮影，而是從它身上長出的一個瘤。左派和右派的觀察家都錯誤地認為，西方經濟體的金融化過程是這些西方經濟體與東歐中央集權體制競賽成功的一部分。

獲利可以證明價值的這種荒謬主張，會讓人輕信同樣荒謬的相反主張：獲利本身是不道德的。但是如果一項活動對社會的貢獻，是由促進者從中賺了多少錢來判斷，那麼金融和商業圈外的人會認為這些價值觀應遠離我們的學校和醫院，也就不令人驚訝了——就此而言，甚至也應該遠離我們的製藥產業、我們的基礎建設、我們的超市。而且人們會輕蔑地看待銀行家。

這種「交易棒球卡」可能促進繁榮的想法背後的智識錯誤觀念，向來與誤解市場在促使複雜的現代經濟能夠管理資訊上扮演（重要）角色的經濟模式有關。價格可以作為訊號，且價格機制是資源分配的重要指引，但這並不表示彭博螢幕上不斷變化的價格，是歲月智慧的完整全面精華。除了價格以外，還有許多值得重視的指引，不論我們是在談論莎士比亞的戲劇，還是某個商業組織。雖然說得好聽一些，這些經濟模式是對市場經濟在現實中如何運作的過度簡化，說難聽些則是一種拙劣的歪曲，但它們的說辭向來強有力——而且很方便。

然而，意識型態的影響力不單單是由這些經濟模式想法的力量來決定。金融部門在今天是所有產業遊說團中最強大者。世界貨幣基金的前首席經濟學家賽門．強森（Simon Johnson）有洞見地比較了華爾街與在整個歷史當中主導者大部分國家的寡頭政體。[4] 經濟力量被用來鞏固政治力量，政治力量則被用來提升經濟力量——這是個會自我強化的過程。

在現代以前的歐洲社會，建立寡頭政體的基礎是要擁有土地，而且要有能力招募一群一群的人來服務國王，或與競爭的男爵戰鬥。宗教寡頭政治並行地運作。共產主義寡頭政體是能夠使自身永存的派系，在諸多方面都與它們公開宣稱對立的宗教命令相似。在今天的俄國，以及在許多新興的經濟體，寡頭政治就在基礎建設和自然資源控制的中心。攻擊強盜公侯——部分是成功的，就是試圖防止寡頭政治在美國出現的行動。

只要政府存在，寡頭政治的影響力就會是強大的。在美國，金融的力量大概就是錢了。競選經費對政治人物的重要性，以及金融部門準備好做出應變的程度，可以確保華爾街關注的事項在國會山莊受到同情聆聽。金錢也在歐洲政治扮演一定的角色，但是金額小許多，而且影響力也沒有那麼無法阻擋。

英國的情況相對複雜。這個國家的貪腐利益交換情況較少，但是政治人物很保護倫敦成功讓自己位居全球金融舞台，以及他們被告知已經產生的稅收和其他經濟利益。他們遭遇了前英國金融服務局主席阿戴爾．特納（Adair Turner）描述的「知識份子俘虜」。[5] 倫敦到處都是善於表達、聰明、富有的人。政治人物或許更善於表達，但往往較不聰明，當然也不那麼富有，他們已經被烙上印記。再者，如果你想要找到某個人來解釋什麼是「擔保債務憑證」（collateralised debt obligation），你可以召集到的人數很少，而且不包括批評創新的許多人。

法國和德國也在擁有龐大金融部門的國家之列，這兩個國家的反市場說辭是最強大的，但它們也是自全球金融危機以來最沒有做什麼來進行大幅金融改革的國家。主要的原因是這兩個國家的本能式「社團主義」（corporatism），這會將金融服務的國家利益與大型國有金融服務公司的利益劃上等號。因此，德意志銀行的意見可以代表德國的意見來傳達，而且不是只有在德國的國內政策，也在（尤其是在）國際金融談判的德國立場中。德國的政策立場也會因為許多地區和社區銀行的地方政治連結而妥協（這些連結有正面也有許多負面的面向）。在法國，菁英的同質性很容易從董事會會議室滑到內閣會議桌，然後再滑回來，這強化了法國國家與它的國有產業龍頭是一體的意識。因此，既然法國和德國是歐盟最有影響力的兩個成員國，公司的影響力就會延伸到布魯塞爾的會議室。

除非金錢對政治的影響力降低，否則金融改革不會有什麼進展。美國的處境似乎無法修復。現今花在競選上的金額大到過份不合理，但最高法院在二〇一〇年對公民聯盟（Citizens United）一案所做的判決是，企業政治獻金加諸限制違反了《美國憲法第一修正案》的自由言論權，這無疑打開了企業花費的防洪閘。歐洲對競選支出通常有法律和實務上的限制，但結果是，**即使少到令人吃驚的金額也能產生重大影響力**。民眾被收買來支持政見，這樣的表達並非言論自由，而是戕害言論自由。由國家提供政黨經費，加上嚴格限制其他財務來源，似乎是購買（更多）誠實政治的廉價方法。

但是將資深政治人物和官員掃進私人部門中獎賞豐厚的職位的旋轉門，仍繼續在旋轉著。公共與私人部門之間的知識和經驗交換，對社區有實質利益，但退休的政治人物應該是年長的政治家，而不是百萬富翁調停者，且前任公僕的專業應該用來滿足公共利益，而非私人利益。付酬勞給那些佔據層級遠低於私人部門常態的公共部門職位之人，希望他們有朝一日會彌補差額的做法，對政策造成的破壞程度，與它省下的微不足道公款金額不成比例。

政策制定者應有管道可取得替代的建議來源——並且得以善用這些來源。學術界或許是向當權者表達真相的最自然管道，但我曾在第二章及第八章解釋學術界如何以及為什麼大體上未能在金融部門實現這個客觀公正的角色。主流的知識份子已準備好推動其發展，且為擁護者提供資金的產業很友善。依賴消息來源且不可避免會被他們每天交談對象的觀點左右的新聞記者，也易被輕易俘虜。如果他們未被俘虜，很可能發現自己無法取得資訊，而且甚至會迫使他們面對消息不靈通的敵意。

管制機關有著許多真正努力追求公共利益的人，但只要管制政策關心的是「規定」的規則手冊，而非結構與誘因，就不會有什麼進展。在管制專家會議上幾分鐘，就會讓人大聲呼喊著需要可以從樹木看見森林的人。全球金融危機對管制產業可能是個挫敗，但事實上那代表著巨大的推升。「更多管制」的呼聲幾乎全面出現，你不太可能跟得上那些多到眼花撩亂、描述新機關、委員會和監管機構的縮寫字。再者，不論說辭為何，這個活動沒有任何部分是針對根本改革，反而是要更進一步地利用管制機關及其夥伴已經有的技能和專業，或至少更廣泛地利用。

儘管如此，目前或曾經在金融部門工作的許多人都知道且批評這樣的公眾意見，他們有些人是從事資產管理，有些人則是已經醒悟的投資銀行前任員工。但是沒有一個組織聽取這些聲音。

而且我漸漸相信，在這個產業裡外有許多人對他們察覺到的全球投資銀行的滲透權力和影響力感到畏懼（但在公眾面前是靜默的——他們很少參與公開辯論）。[6]

這樣的權力和影響力能夠確保金融部門的根本結構改革不是短期會實現的前景。然而，寡頭政治與生俱來的特性是，寡頭統治者是少數的一小群人，他們是「我們是99%運動」的「佔領華爾街」標語中以圖像表達的一個點。但是要找出這百分之九十九的人反對什麼，而非倡議什麼，是比較容易的。「聖保羅大教堂」不協調地矗立在倫敦市中央，它是英國示威者選擇的地點，我曾在行經這座教堂時發現了一個標語牌，上面寫著：「**禁止高頻交易**」，但我找不到作者是誰，或任何會投入有充分資訊的批判的人。不過我確實發現一個互不相干但真正具有探究精神的左派人士、環保主義者及無政府主義者的組合。

這樣的互不相干是在全球金融危機後，沒有焦點的群眾憤怒膨脹的典型特色：對金融產業憤怒，還有對政治未能預料危機或未能有效應變的憤怒。大部分的國家趕走了在危機期間執掌的政府，不論是左派還是右派，但這並未對金融部門的公共政策產生實質改變。如果在「更多管制」的呼籲外，欠缺這種政策的任何智識架構，又怎麼能改變？

在我們這個時代，最重要的政治發展或許是不滿的民眾發展出民粹主義的狂熱，他們不再相信自己居住的國家符合他們的價值觀，且認為他們並未完全享有在整體繁榮中屬於他們的一部分。在對抗被認為與一般人民需求脫節的民主政治過程中，其中的一個反應是已開發世界各

地的邊緣政黨已經吸引了「被拋棄」的團體的選票，例如美國茶黨、英國的英國獨立黨（UK Independence Party）、法國的民族陣線（Front National）、義大利的畢普・格里羅（Beppe Grillo）的五星運動（Five Star Movement）、希臘的激進左翼聯盟（Syriza）和金色黎明（Golden Dawn）政黨。這些政黨只有一個共同點，那就是一致認為「他們」（執政者）未瞭解或認同抗議者的需求和價值觀。

即使是在政治中心，繼全球金融危機後的數年間，在痛擊銀行家的同時也出現了民粹主義的訴求，且政治光譜上的各種競選人只要是沈溺於民粹主義，便贏得掌聲。痛恨銀行家的選民，在人數上遠超過銀行家，甚或是那些受雇「製造他們自己的市場的冒險家」。但是大部分的選民還有其他事得考慮，而金融產業的專業遊說者卻沒有。

遊說者永遠存在，而且談到法律或管制的細節，他們的影響力必然會發揮作用。投資銀行家例行地在財政部的走廊上昂首闊步，提摩西・蓋特納不久前才在他的回憶錄中抱怨他老是被誤認為銀行家，甚或是高盛公司的校友，但事實上他的職業生涯一直是在服公職。但是他似乎沒有停下來問問自己，這個誤認為什麼那麼常發生。

要擁有規模較小、較簡單的金融服務系統是可能的，這樣的系統比較能配合非金融經濟的需求，進而達到有效率的支付系統、有效的資本配置、較高的經濟穩定性、規劃和管理個人財務的保障，以及對給予我們建議之人有理由充分的信心。

我們不會在明天或明年醒來就看見這已經發生。因此，清楚表達這樣的願景是沒有意義的嗎？我不這麼認為。

我在公共政策、商業界和學術界都有一定的經驗，這些經驗讓我相信凱因斯在本章一開頭的那些評論是真的——思想擁有長遠力量。「在空中聽取靈感的當權狂人，他們的狂熱思想通常不過是從若干年前某個學界三流作家提煉出來的。」[7]在今天，感謝上蒼，我們的「當權狂人」已經很少。諸如蓋特納等形象正派但顯無特長的官員是比較典型的，但他們更需要從周遭環境吸收意見，或許應更接受這些想法。

成功影響公共政策的衡量標準是，你昨天的想法在今天被當作他人的新想法來回授，且在明天被當作當代的公眾智慧來重申。在我的一生當中，「政治可行性」的限制變化如此之大、如此之頻繁：英國的煤礦已經關閉，鐵路已經私有化，同志可以結婚，美國也選出了黑人總統——因為「政治可行性」而感覺受束縛，只不過是欠缺想像力。在民主社會中防止濫用權力的最有效對策是教育的角色，因為教育能夠創造資訊充足的公共意見，而本書的目的正是希望對這個目標有所貢獻。

本書提出的建議，目的是要作為民主政治人物的指引，因為他們將遭遇下一次的金融危機。未來還會有另一次的重大金融危機，因為金融化反覆發生的危機背後的決定因素並未改變，而本書試圖要解釋它的脆弱程度以及這種脆弱為什麼還持續增加中。當前的政策途徑是有著嚴重度越來越增加的金融危機特徵的途徑，這未必暗示每一次的危機會比前一次嚴重，只是趨勢是往上的。管制措施是為了上一次的危機提出（且不是很有效），而不是下一次。

本書描繪的金融產業重建，目的是要為思慮周延的政策制定者可以如何為下一次危機做好應變準備的暫定藍圖。這些政策制定者原本可以利用他們在危機後對金融部門達到的控制來重建這個產業，但他們沒有，而這可以確定他們還會有另一次機會——或許再次犯下類似的錯誤。

「大蕭條」讓世界陷入政治和經濟災難，但當時能幹的政治領袖達成了國內和國際妥協，確保了民主和市場經濟的未來——儘管幅度不是很大。賭注很高，但金融不是賭博，而且以運動比喻也不恰當。現在該回去工作了：請認真且負責地管理「他人的財富」。

後記　皇帝警衛的新衣

從前有個偉大的皇帝，統治著既遠又廣的疆域。帝國的寶藏藏在一個箱子裡，有穿著細條紋套裝、戴著禮帽的警衛看守著，他們很誠實但愚鈍，他們代表皇室家庭付錢，並從皇帝的臣民收受貢金。

不過有一天出現了一位新來者，他沒有穿著傳統的條紋衣服，而是穿著鑲金的最精緻絲質套裝。皇帝對這身高級的衣服感到猜疑，因為早在幾年前，他曾被一對佯裝裁縫師的管理顧問欺騙。騙子答應要送來一件絕對不一樣的華美衣裳，但後來食言了。因此皇帝小心地檢查著。但看來沒有疑問：這身套裝確實是雪曼·麥可伊店家製作的。

這位新來者的衣著越來越華麗，宮廷中漸漸有人稱他作「金人」。他獲得了許多隨從，並從帝國遙遠的角落找來了一些最優秀的數學家，這些都是會解微分方程式的人。他還雇來了一些交易員。金人的員工不甘於把備用寶藏留在箱子中。每一天，交易員們會把寶藏拿出來彼此流傳，他們的速度之快、技巧之熟練，以致於幾乎沒有人注意到金器的銀飾已在過程中被擦掉。很快地，金人和他的侍從便躋身帝國最富有的臣民之列。

金人的聲譽很快傳遍，帝國各地的商人都不辭千里來求教於他。金人精美的服飾不就證明他的卓越技能和睿智嗎？他個人的黃金存量越來越多，不就是他的成功還有他為帝國帶來貢獻的衡量標準嗎？皇帝重視金人的建言，不只是與皇室寶藏箱的管理有關的事務，還包辦國家大大小小的事。很快地，金人變成帝國所有顧問中最有權勢的人。

有一天發生了一件大醜聞，其中一位交易員雷．曼突然病倒，當他摔倒時，他的錢箱爆了開來，結果被發現裡面是空的。很多人都在自我反省，皇帝則委託對皇室寶藏箱的內容進行查核。

後來發現，用來支付金人的華麗衣裳、交易員的獎金，還有微分方程式解答者的薪資的所有錢，全都是從帝國的寶藏箱中拿來的，而且從金人來到宮廷後的外表繁榮景象增加，完全是幻影。金人和他的交易員被扒掉衣服，然後被拖到大街上面對群眾的吶喊：「他們全身光溜溜，跟一般人沒兩樣！」他們後來被打入深層的地牢，在那裡，先前殘忍地騙了皇帝的那兩個管理顧問還穿著假衣服苟延殘喘著。

至於那些微分方程式的解答者則回去從事設計火箭的工作，希望未來更進一步拓展偉大帝國的疆域。

致謝

我十分有幸能夠結合學術和公共政策背景，且在金融工作方面擁有超過二十年的高度經驗。我想要感謝促成這次機會（在英國不太尋常）的人，特別是馬克・康沃瓊斯（Mark Cornwall-Jones）、瓊恩・富爾茲（Jon Foulds）及已故的艾倫。麥克林史塔克（Alan McLintock）。馬克、瓊恩及艾倫是倫敦市最佳傳統的典範：伴隨著管理他人財富應有的高智識、完全誠信及強烈的責任感。

金融界仍有許多人就像他們，不過或許比以前少了些。本書因為與他們的討論而獲益良多，尤其是我在二〇一二至一三年為英國政府進行《權益市場評論》（Equity Markets Review）的過程期間，而且我非常感激商業創新與技能大臣祈維信（Vince Cable），是他邀請我從事這項工作，我也要感謝他的部門團隊給予我的支持。

伊莉莎白・貝茲（Elizabeth Bates）是從書籍製作早期階段便任職的專任研究助理，我要感謝她，還有在本書即將完成之際繼任她的羅伯・梅茨（Robert Metz），他們給予我很多幫助。史考特・愛德蒙茲（Scott Edmonds）與凱倫・席（Karen Xi）提供了額外的支援。菲利普・奧格爾（Philip Augar）、阿馬爾・拜德（Amar Bhide）、大衛・伯丹尼斯（David Bodanis）、尼克・亨格福特（Nick Hungerford）、羅伯・詹金斯（Robert Jenkins）、梅文・金恩（Mervyn

King）、布朗溫．麥道克斯（Bronwen Maddox）及法蘭克。帕特諾伊（Frank Partnoy）對手稿草案做了許多有用的評論，Profile Books 出版社的蘇珊娜．漢米爾敦（Susannah Hamilton）及安德魯。法蘭克林（Andrew Franklin）也是。米卡．歐德漢（Mika Oldham）在書籍製作全程給予協助，且是一位非常細心的編輯。

此外，我要特別感謝至今擔任我私人助理以十七個年頭的喬．查靈頓（Jo Charrington），若非他，我不可能同時兼顧私人生活和工作。

各章注釋

※ 更完整的原文註解和出處資料可參見 www.johnkay.com。

序

1. 這則寓言的某個版本在 2012 年 7 月 25 日的《金融時報》（Financial Times）首次出現。
2. Surowiecki, J.M.，2005 年，《群體的智慧：如何讓整個世界成為你的智囊團》（The Wisdom of Crowds: Why the Many Are Smarter than the Few），倫敦，Abacus 出版社。

導論

1. 有一項調查是 Levine, R. 於 2005 年的〈金融與成長：理論及證據〉（Finance and Growth: Theory and Evidence），收納在 Aghion, P. 與 Durlauf, S.N. 編輯的《經濟成長手冊》（Handbook of Economic Growth, 阿姆斯特丹 , Elsevier 出版社，第 865–934 頁）。
2. 許多人認為是 Gerald Epstein 率先使用此詞彙；參照 Epstein, G.A（編輯），2005 年，《金融化與世界經濟》（Financialisation and the World Economy），卓特咸，Edward Elgar 出版社。
3. 這樣的描述似乎是因為澳洲當時的總理陸克文（Kevin Rudd）而先在該國受到廣泛使用。
4. Summers, L.H.，1985 年，〈關於經濟與金融〉（On Economics and Finance），《金融期刊》（Journal of Finance），40(3)，7 月，第 633–5 頁。

第 1 章

1. Summers, L.H.，2004 年，〈第四屆年度席德曼衛生政策演說〉（Fourth Annual Marshall J. Seidman Lecture on Health Policy），在哈佛大學的評論，麻州波士頓，4 月 27 日。
2. 據報導，這封電子郵件於 2010 年在華爾街廣泛流傳，以這封電子郵件為本的傳單在隔年被交給「佔領運動」（Occupy）的抗議者。
3. Haldane, A.G.，2010 年，〈耐性與金融〉（Patience and Finance），哈佛中國商業論壇（Oxford China Business Forum），北京，9 月 2 日。
4. Tonnies, F.，1887 年，《禮俗社會與法理社會》（Gemeinschaft und

Gesellschaft），萊比錫，Fues 出版社；由 Weber, M. 譯為《經濟與社會》，1978 年，加州奧克蘭，加州大學出版社。

5. Black, F. 與 Scholes, M.，1973 年，〈選擇權定價與企業責任〉（The Pricing of Options and Corporate Liabilities，《政治經濟期刊》（Journal of Political Economy），81 (3)，5–6 月，第 637–54 頁。
6. 這是證券交易委員會對大約十家公司賦予的名稱。事實上，有兩家公司居於主導地位，即穆迪和標準普爾，位居第三的惠譽（Fitch）與前兩者有點距離。
7. Coates, J.M. 與 Herbert, J.，2008 年，〈內生的類固醇與倫敦交易大廳上演的金融風險〉（Endogenous Steroids and Financial Risk Taking on a London Trading Floor），《美國國家科學院院刊》（Proceedings of the National Academy of Sciences），105 (16)，第 6167–72 頁。
8. Lewis, M.，1989 年，《騙子的撲克牌遊戲：兩座城市、真實的貪婪》（Liar's Poker: Two Cities, True Greed），倫敦，Hodder & Stoughton，第 93 頁。
9. Salmon. F.，2009 年，〈災難的食譜〉（Recipe for Disaster），《連線雜誌》（Wired），3 月 22 日。
10. Stephens, P.，1996 年，《政治與英鎊：保守黨處理英國貨幣的難題》（Politics and the Pound: The Conservatives' Struggle with Sterling），倫敦，Macmillan 出版社。
11. Lack, S.，2012 年，《避險基金的海市蜃樓：大筆金錢的幻覺以及為什麼好到不真實》（The Hedge Fund Mirage: The Illusion of Big Money and Why It's Too Good To Be True），紐澤西州霍博肯，Wiley 出版社。
12. 彭博億萬富翁指數（Bloomberg Billionaires），2012 年，http://www.bloomberg.com/billionaires/2014-07-18/cya, Bloomberg Businessweek，2 月 20 日。
13. Bryan, L.L.，1988 年，《解散銀行：在受困中重新思考銀行業》（Breaking Up the Bank: Rethinking an Industry Under Siege），伊利諾州霍姆伍德，Dow Jones-Irwin 出版社。Litan, R. E.，1988 年，〈銀行的未來：銀行「窄化」是解決方法嗎？〉（The Future of Banking: Are "Narrow" Banks the Answer?），芝加哥聯邦儲備銀行議項，219，第 639–45 頁。
14. 在主要會計公司遊說後，金融化的結果之一是有限責任合夥制的發展。
15. DLJ 是一家小許多的機構，在早 12 年前已經轉換。
16. Lewis, M.M.，2011 年，《迴力鏢：熔毀之旅》（Boomerang: The Meltdown Tour），倫敦，Allen Lane 出版社。

17. Nakamoto, M. 與 Wighton, D.，2007 年，〈花旗集團首腦維持多頭買進看法〉（Citigroup Chief Stays Bullish on Buy-Outs），《金融時報》（Financial Times），7 月 9 日。
18. 根據 Francis, J. 在〈證券交易所的編年史與特性〉（Chronicles and Characters of the Stock Exchange, 1850 年，出自《英國國教季度評論》〔Church of England Quarterly Review〕，27 (6)，第 128–55 頁）中的原始報導，牛頓是說他可以「計算不穩定物體的運動，但算不了群眾的瘋狂」，但現在廣泛流通的是主文中的較簡潔措辭。
19. Macmillan, H.，1957 年，〈領袖演說〉（Leader's Speech），7 月 20 日在貝德福（Bedford）保守黨大會上的評論。
20. Rieffel, A.，2003 年，《重建主權債務：特殊機械的案例》（Restructuring Sovereign Debt: The Case for Ad Hoc Machinery），華盛頓特區，Brookings Institution 出版社，第 289–94 頁。
21. Harris, R. 的《恐懼指數》（The Fear Index, 2012 年，倫敦，Arrow Books 出版社）詼諧地描寫了導致的失控。
22. Van Agtmael, A.，2007 年，《新興市場的新世紀：新品種的世界級公司如何贏得世界》（The Emerging Markets Century: How a New Breed of World-Class Companies Is Overtaking the World），倫敦，Simon and Schuster 出版社。
23. Meeker, M.，1995 年，《網際網路報告》（The Internet Report），紐約，摩根士丹利公司。
24. Lucas Jr, R.E.，2003 年，〈總體經濟的優先事項〉（Macroeconomic Priorities），《美國經濟評論》（The American Economic Review），93 (1)，3 月，第 1–14 頁。
25. Bernanke, B. S.，2004 年，〈偉大的現代化〉（The Great Moderation），班・柏南奇總裁在東方經濟協會（Eastern Economic Association）會議上所做的評論，華盛頓特區，2 月 20 日。
26. Draghi, M.，2012 年，〈歐洲中央銀行馬里奧・德拉吉總裁演說〉（Speech by Mario Draghi President of the European Central Bank），在全球投資會議（Global Investment Conference）上所做的評論，倫敦，7 月 26 日。
27. Tuckett, D.，2011 年，《看管市場》（Minding the Markets），倫敦，Palgrave Macmillan 出版社。
28. Josephson, M.，1934 年，《強盜大亨：1861–1901 年的偉大美國資本家》（The Robber Barons: The Great American Capitalists, 1861–1901），紐

約，Harcourt, Brace & Co 出版社。

29. Tarbell, I.M.，1904 年，《標準石油公司的歷史》（The History of the Standard Oil Company），紐約，McClure, Phillips & Co 出版社。
30. Sinclair, U.，1906 年《魔鬼的叢林》（The Jungle），倫敦，Werner Laurie 出版社。
31. Jensen, M.C. 與 Meckling, W.H.，1976 年，〈企業的理論：治理、剩餘索取權及組織形式〉（Theory of the Firm: Governance, Residual Claims and Organizational Forms），《金融經濟期刊》（Journal of Financial Economics, JFE），3 (4)。Rappaport, A.，1986 年，《創造股東價值：企業經營績效新標準》（Creating Shareholder Value: The New Standard for Business Performance），紐約，Free Press 出版社。
32. Welch, J.F.，1981 年，〈在慢成長經濟中快速成長〉（Growing Fast in a Slow-Growth Economy），對金融業代表的演說，紐約皮耶飯店，12 月 8 日。
33. Manne, H.G.，1965 年，〈合併與企業控制的市場〉（Mergers and the Market for Corporate Control），《政治經濟期刊》（The Journal of Political Economy），73 (2)，4 月，第 110–20 頁。
34. Burrough, B. 與 Helyar, J.，1990 年，《門口的野蠻人：歷史上最經典的公司併購爭奪戰》（Barbarians at the Gate: The Fall of RJR Nabisco），倫敦，Arrow 出版社。
35. Reader, W.J.，1970–75 年，《帝國化學工業的歷史》（Imperial Chemical Industries: A History），倫敦，牛津大學出版社。
36. Kay, J.，2010 年，《不正當行為》（Obliquity），倫敦，Profile Books 出版社。
37. Langley, M.，2003 年，《打造花旗帝國》（Tearing Down the Walls），紐約，Simon & Schuster 出版社，第 324–5 頁。
38. Guerrera, F.，2009 年，〈威爾許譴責股價焦點〉（Welch Condemns Share Price Focus），《金融時報》，3 月 12 日。
39. Storrs, F.，2006 年，〈前五十大波士頓富豪〉（The 50 Wealthiest Bostonians），《波士頓雜誌》（Boston Magazine），3 月。
40. 雖然這是年表問題，不過李德（出生於 1939 年）比威爾許（出生於 1935 年）或威爾（出生於 1933 年）。
41. 《星期日郵報》（Mail on Sunday），2009 年 5 月 23 日。
42. Berle, A. 與 Means, G.，1932 年，《現代公司與私有財產》（The Modern Corporation and Private Property），紐約，Macmillan 出版社。

43. Bakija, J.、Cole, A. 及 Heim, B.T.，2012 年，《頂端高所得者的工作與收入以及變化所得不均等的法則：來自稅收分析局美國報稅資料的證據》（Jobs and Income Growth of Top Earners and the Laws of Changing Income Inequality: Evidence from US Tax Return Data, Office of Tax Analysis）。
44. 美國人口統計局（US Bureau of the Census），2013 年，〈美國的所得、貧窮和健康保險範圍〉（Income, Poverty, and Health Insurance Coverage in the US），http://www.census.gov/prod/2013pubs/p60-245，pdf 檔。由於一人家庭的興起，這個數字過度強化了變化，但這個趨勢在英國是有效且可複製的（雖然較不明顯），在英國，福利增長已經部分抵銷了這個數字。財政研究所（Institute for Fiscal Studies），2011 年，〈英國家庭為什麼變得較富有？〉（Why Did Britain's Households Get Richer?），倫敦。
45. Taibbi, M.，2009 年，〈偉大的美國泡沫機器〉（The Great American Bubble Machine），《滾石雜誌》（Rolling Stone），7 月 9 日。

第 2 章

1. Rajan, R.G.，2005 年，〈金融發展讓世界變得風險更高？〉（Has Financial Development Made the World Riskier?），堪薩斯市聯邦儲備銀行議項，8 月，第 313–69 頁。
2. Kohn, D.L.，2005 年，〈金融發展讓世界變得風險更高？〉（Has Financial Development Made the World Riskier?），堪薩斯市聯邦儲備銀行議項，8 月，第 371–9 頁。
3. Greenspan, A.，1999 年，〈金融衍生性商品〉（Financial Derivatives），對期貨產業協會（Futures Industry Association）的演說，佛州博卡拉頓，3 月 19 日。
4. Summers, L.H.，2005 年，〈一般討論：金融發展讓世界變得風險更高？〉（General Discussion: Has Financial Development Made the World Riskier?），堪薩斯市聯邦儲備銀行議項，8 月，第 387–97 頁。
5. Bernanke, B.S.，2006 年，〈現代風險管理與銀行監管〉（Modern Risk Management and Banking Supervision），在斯托尼爾銀行研究院（Stonier Graduate School of Banking）所為的評論，華盛頓特區，6 月 12 日。
6. Geithner, T.F.，2006 年，〈美國金融體系的風險管理挑戰〉（Risk Management Challenges in the U.S. Financial System），在全球風險

專家協會第七屆年度風險管理大會與展覽（Global Association of Risk Professionals 7th Annual Risk Management Convention & Exhibition）上所做的評論，紐約市，2 月 28 日。

7. 從聯邦儲備理事會退休後，科恩成為英格蘭銀行審慎監管局（Prudential Regulatory Authority）的成員。
8. Henderson, P.D.，1977 年，〈英國的兩個錯誤：錯誤的可能規模以及一些可能的教訓〉（Two British Errors: Their Probable Size and Some Possible Lessons），《牛津經濟報告》（Oxford Economic Papers），29 (2)，7 月，第 159–205 頁。
9. Brittan, S.，1973 年，《經濟共識存在嗎？》（Is There an Economic Consensus?），倫敦，Macmillan 出版社。
10. 另一件事情是，在複利下，他們現在有能力買回曼哈頓島。
11. Greenspan, A.，1999 年，〈金融衍生性商品〉，對期貨產業協會的演說，佛州博卡拉頓，3 月 19 日。
12. Albert, M.，1993 年，《兩種資本主義之戰》（Capitalisme contre capitalisme），巴黎，Seuil 出版社；由 P. Haviland 翻譯成英文版（Capitalism vs Capitalism），倫敦，Whurr Publishers 出版社。
13. Carlill v. Carbolic Smoke Ball Company 案（1892 年），2QB 489。煤焦油煙霧球引發了英國法律上最難忘的案件之一。煤焦油煙霧球據稱提供了這種有效防止流行性感冒的功用，以致於製造商們提供了 100 英鎊給發現他沒有用的人。卡里爾女士在使用了煙霧球後仍感染了流行性感冒，當這家公司拒絕付款時，她提起了告訴。（由未來的首相赫伯特．阿斯奎斯〔Herbert Asquith〕）為該公司提出的諸多似是而非主張中，有一項是要提供的這 100 英鎊是賭注，因此無法執行。
14. 由厄斯金恩律師事務所（Erskine Chambers）御用大律師 Robin Potts 為 ISDA 準備的意見，1997 年 6 月 24 日，第 5 段，引用 Wilson v. Jones 案（1867 年）2 Exch. Div. 150；在以下著述中引用：Kimball-Stanley, A.，2008 年，〈保險與信用違約交換：相似的事情應該受到類似的處理嗎？〉（Insurance and Credit Default Swaps: Should Like Things Be Treated Alike?），《康乃迪克州保險法期刊》（Connecticut Insurance Law Journal），15 (1)，第 247 頁。
15. 勞埃氏市場的衰落與復興在以下著作有所描寫：Duguid, A.，2014 年，《站在邊緣：一場危機如何改變倫敦的勞埃氏》（On the Brink: How a Crisis Transformed Lloyd's of London），背辛斯托克，Palgrave Macmillan 出版社。

16. Cohan, W.D.，2011 年，《金錢與權力：高盛公司如何統治世界》（Money and Power: How Goldman Sachs Came to Rule the World），紐約，Random House 出版社，第 515 頁。
17. Ceresney, A.，2013 年，〈對圖爾裁決的聲明〉（Statement on the Tourre Verdict），美國證券交易委員會公開聲明（US Securities and Exchange Commission Public Statement），8 月 1 日。
18. Loewenstein, G.，1987 年，〈延遲消費的預期與價值〉（Anticipation and the Value of Delayed Consumption），《經濟期刊》（Economic Journal），97 (387)，9 月，第 666–84 頁。
19. 關於這個部分有許多研究。舉例而言，請參照 Malkiel, B. G.，2012 年，《漫步華爾街》（A Random Walk down Wall Street），第十版，紐約與倫敦 W.W. Norton 出版社，第 177–83 頁。Porter, G.E. 與 Trifts, J.W.，2014 年，〈共同基金經理人的職涯道路：美德的角色〉（The Career Paths of Mutual Fund Managers: The Role of Merit），《金融分析期刊》（Financial Analysts Journal），70 (4)，7/8 月，第 55–71 頁。Philips, C.B.、Kinniry Jr, F.M.、Schlanger, T. 與 Hirt, J.M.，2014 年，〈指數型基金投資案例〉（The Case for Index-Fund Investing），卓越領航研究機構（Vanguard Research），4 月，https://advisors.vanguard.com/VGApp/iip/site/advisor/researchcommentary/article/IWE_InvComCase4Index。
20. 康納曼對此並不感到內疚：Kahneman, D.，2011 年，《快思慢想》（Thinking Fast and Slow），紐約，Farrar, Straus and Giroux 出版社。
21. Rubin, R.，2004 年，《在不確定的世界》（In an Uncertain World），紐約，Random House 出版社。
22. 唐諾．倫斯斐（Donald Rumsfeld）對「未知的未知」做了有名的描寫；參照 Taleb, N.N.，2007 年，《黑天鵝效應：高度不太可能的影響》（The Black Swan: The Impact of the Highly Improbable），倫敦，Penguin 出版社。
23. Greenspan, A.，2008 年，對眾議院監督與治理改革委員會（Committee on Oversight and Government Reform）公聽會的陳述，10 月 23 日（(Serial 110–209).
24. 出處同上
25. Tett, G.，2013 年，〈訪談艾倫．葛林斯班〉（An Interview with Alan Greenspan），《FT 雜誌》（FT Magazine），10 月 25 日。
26. Ramsey, F.P.，1926 年，〈真相與機率〉（Truth and Probability），出自 Ramsey, F.P.，1931 年，《數學的基礎及其他邏輯論文》（The

Foundations of Mathematics and Other Logical Essays），Braithwaite, R.B. 編輯，倫敦，Kegan, Paul, Trench, Trubner & Co 出版社。

27. Buffett, W.，1988 年，波克夏海瑟威公司董事長致股東信函。
28. Fox, J.，2009 年，《理性市場的神話》（The Myth of the Rational Market），紐約，Harper Business 出版社，第 86–8 頁。
29. Isaacson, W.，2013 年，《賈伯斯傳》（Steve Jobs: The Exclusive Biography），紐約，Little Brown 出版社。
30. Hair, P.E.H.，1971 年，〈英國的暴力死亡：一項試驗性調查〉（Deaths from Violence in Britain: A Tentative Survey），《人口研究》（Population Studies），25 (1)，第 5–24 頁。
31. Adams, J.，1995 年，《風險：風險補償與多元理性的政策涵義》（Risk: The Policy Implications of Risk Compensation and Plural Rationalities），倫敦，Routledge 出版社。
32. Geithner, T.，2014 年，《壓力測試》（Stress Test），紐約，Crown 出版社。
33. Donne, J.，1987 年，《在緊急際遇中的靈修》（Devotions upon Emergent Occasions）（最初在 1624 年出版），Raspa, A. 編輯，紐約，牛津大學出版社。
34. Tuckett, D.，2011 年，《看管市場》（Minding the Markets），倫敦，Palgrave Macmillan 出版社，第 18 頁。
35. Sinclair, U.，1994 年，《我是州長候選人：我如何被打敗》（I, Candidate for Governor: And How I Got Licked）（最初在 1935 年出版），倫敦，加州大學出版社，第 109 頁。

第 3 章

1. 麥卡迪大法官 Armstrong v. Jackson 案（1917 年） 2KB 822。
2. 喬治·阿克洛夫（George Akerlof）在他 1970 年的經典文章中，使用二手車市場來作為強調市場存在資訊不平衡時會如何崩解的例子：Akerlof, G.A.，1970 年，〈「檸檬市場」：品質不確定性與市場機制〉（The Market for "Lemons": Quality Uncertainty and the Market Mechanism），《經濟學季刊》（Quarterly Journal of Economics），84 (3)，第 488–500 頁。
3. Shiller, R.J.，1981 年，〈股價波動是否太大，無法被之後的股利改變正當化？〉（Do Stock Prices Move Too Much to Be Justified by Subsequent Changes in Dividends?），《美國經濟評論》（The American Economic

Review），71 (3)，6 月，第 421–36 頁。
4. Kay, J.，2012 年，〈約翰 · 凱評論英國權益市場與長期的決策制定〉（The Kay Review of UK Equity Markets and Long-Term Decision Making），總結報告，https://www.gov.uk/government/uploads/system/uploads/attachment_data/file/253454/bis-12-917-kayreview-of-equity-markets-final-report.pdf。
5. 在安隆詐欺的過程中，這家公司會在一個新的「交易室」巡視分析師，這實際上是個騙局：McLean, B. 與 Elkind, P.，2003 年《房間裡最聰明的人：安隆的驚人崛起與可恥殞落》（The Smartest Guys in the Room: The Amazing Rise and Scandalous Fall of Enron），紐約，Penguin 出版社，第 179–80 頁。已倒閉的美國抵押貸款再保險商房利美公司非常規律地產生盈餘成長，以致於最後被指控詐欺，並被迫重新編製帳目報表：Morgenson, G. 與 Rosner, J.，2011 年，《疏忽致險罪》（Reckles$ Endangerment），紐約，Times Books、Henry Holt & Co 出版社，第 118–19 頁。
6. Galton, F.，1907 年，〈輿論（群眾的智慧）〉（Vox Populi (The Wisdom of Crowds)），《自然雜誌》（Nature），1949 年，(75)，第 450–51 頁。牛的寓言就是從這篇文章開始的。
7. Keynes, J.M.，1936 年，《就業、利息與貨幣的一般理論》（The General Theory of Employment, Interest and Money），倫敦，Macmillan 出版社，第 156 頁。
8. Lack, S.，2012 年，《避險基金的海市蜃樓：大筆金錢的幻覺以及為什麼好到不真實》，紐澤西州霍博肯，Wiley 出版社。
9. 在金融經濟學中最著名的主張之一強調了風險與報酬之間的關係，以及金融工程不論有多精密，也無法降低整體風險的論點，這個主張通常被稱為「莫迪里阿尼—米勒定理」（Modigliani–Miller theorem）。債務 - 權益比越高，債務與權益的風險和報酬就越高。試想一個專案從債務融資 50%，報酬率是 5%，另外從風險較高的權益融資 50%，預期報酬為 10%。現在假設專案的發起人將債務部分從一半增加到三分之二。債務的風險變高，因此要求的收益會變高—比方說 6%。權益的風險也變高，因此承諾的報酬也會需要變更—比方說 10½%。在這個例子中，專案融資的總成本（x 6% 及 10½%）是完全相同的— 7½%，如同假設使用了原始的 50/50 融資方法。Modigliani, F. 與 Miller, M.H.，1958 年，〈資本成本、企業融資與投資理論〉（The Cost of Capital, Corporation Finance and the Theory of Investment），《美國經濟評論》，48 (3)，6 月，第

261–97 頁。

10. 納西姆·尼可拉斯·塔雷伯（Nicolas Nassim Taleb）在《隨機的致富陷阱：解開生活中的機率之謎》（Fooled by Randomness: The Hidden Role of Chance in the Markets and in Life, 倫敦與紐約，Texere 出版社，2001 年）中，已有效認定這個問題是金融部門交易的核心。
11. 贏家詛咒首次在 1970 年代的美國海上石油鑽探執照拍賣中被確認。這些執照傳統上是以固定且適度的價格提供給合格的投標人，但是市場基本教義派意識型態的興起鼓勵了聯邦政府拍賣它們。投標人都是大型石油公司。從後見之明來看，它們支付的價格太高，原因不是它們陷入拍賣的熱烈氣氛 – 不過或許它們是，而是因為為這些公司工作的地理學家是在相當不確定的條件下工作。當一家公司對某一區的價值提出比為其他石油公司工作的任何具有相等能力的專家來得高的估價時，通常理由是它們的地理學家搞砸了。

第 4 章

1. Buffett, W.，1988 年，波克夏·海瑟威公司董事長致股東信函。
2. Cookson, R.，2012 年，〈龍出沒：安東尼·波頓〉（Here Be Dragons: Anthony Bolton），《金融時報》，5 月 12 日。
3. Goodman, A.，2013 年，〈前四十大巴菲特主義：成為更優秀投資人的妙計〉（Top 40 Buffett-isms: Inspiration to Become a Better Investor），《富比士雜誌》（Forbes），9 月 25 日。
4. Zweig, J.，2011 年，〈凱因斯：他沒有說他已經說了的話的一半，還是他說了？〉（Keynes: He Didn’t Say Half of What He Said. Or Did He?），《華爾街日報 MoneyBeat 部落格》，2 月 11 日。
5. 高價格會吸引新進入者進入產業，這就是為什麼有這麼多投資基金和房地產仲介的原因。想進入外科就讀，會因為醫學院的容量而受限。
6. Abrahamson, M.、Jenkinson, T. 與 Jones, H.，2011 年，〈為什麼美國發行商不要求歐洲支付首次公開發行的費用〉（Why Don’t U.S. Issuers Demand European Fees for IPOs?），《金融期刊》（Journal of Finance），66 (6)，12 月，Sabin, P.，第 2055–82 頁。
7. Augar, P.，2006 年，《貪婪的商人：投資銀行如何玩弄自由市場遊戲》（The Greed Merchants: How the Investment Banks Played the Free Market Game），倫敦，Penguin 出版社，第 107 頁。
8. El Paso Corporation, Shareholder Litigation，2012 年，Del. Ch 41 A.3d 432。

9. 高盛公司商業行為與道德規範（Goldman Sachs Code of Business Conduct and Ethics）。上一次存取：2014 年 7 月 31 日，http://www.goldmansachs.com/investor-relations/corporategovernance/corporate-governance-documents/revise-code-of-conduct.pdf.。
10. Cohan, W. D.，2012 年，《金錢與權力》（Money and Power），倫敦，Penguin 出版社。
11. Summers, L.，2000 年，財政部長勞倫斯·桑莫斯（Lawrence H. Summers）對證券產業協會（Securities Industry Association）所做的評論，公共事務局（Office of Public Affairs），11 月 9 日。
12. 投資人電話會議記錄，2007 年 8 月 9 日，在 Bloomberg.com 上報告，2008 年 11 月 25 日。
13. 美國國會監督小組（Congressional Oversight Panel），〈六月監督報告：援救美國國際集團、對市場的影響以及政府的退場策略〉（June Oversight Report: The AIG Rescue, Its Impact on Markets, and the Government's Exit Strategy），2010 年 6 月 10 日。
14. Shaxson, N.，2011 年，《寶藏島》（Treasure Islands），紐約，St Martin's Press 出版社。
15. Taleb, N.N.，2007 年，《黑天鵝效應：高度不太可能的影響》（The Black Swan: The Impact of the Highly Improbable），倫敦，Penguin 出版社，第 43 頁。
16. Edwards, J.S.S.、Kay, J.A. 及 Mayer, C.P.，1987 年，《會計獲利性的經濟分析》（The Economic Analysis of Accounting Profitability），牛津，牛津大學出版社。
17. McLean, B. 與 Elkind, P.，2003 年，《房間裡最聰明的人：安隆的驚人崛起與可恥殞落》（The Smartest Guys in the Room: The Amazing Rise and Scandalous Fall of Enron），紐約，Penguin 出版社，第 41 頁。
18. Galbraith, J.K.，1955 年，《1929 年大崩盤》（The Great Crash, 1929），倫敦，Hamish Hamilton 出版社，第 137–9 頁。
19. Munger, C.T.，2000 年，〈查理·孟格對慈善圓桌協會早餐會議的談話〉（Talk of Charles T. Munger to Breakfast Meeting of the Philanthropy Round Table），在加州慈善圓桌協會上的評論，加州帕薩迪納，11 月 10 日。
20. 更扭曲的是，銀行握有一本適用按市場計價法會計的「交易帳冊」，以及一本未應用這種會計的「銀行帳冊」。這對兩者之間的套利資產創造了明顯 – 且有報酬的範圍。

21. 在進一步的圈內自我參照扭曲中，假如沒有實際的市場，你可能參照有市場時的證券價格，估算假如市場存在時價格會是多少—按模型計價法（mark to model）。
22. 適用按模型計價法的做法，在歐洲銀行部門向來有爭議，但不是（有些人可能天真以為）在信用市場於 2003 到 2007 年輝煌成長，且銀行和銀行家利用貸款證券化的想像獲利來推升獲利、獎金和資產負債表時。關於會計慣例的爭議是在崩盤後開始，當時許多先前以前所未見的高昂價格出售的複雜工具已變得幾乎一文不值。沒有人真正知道或瞭解裡面有什麼，真相一直是如此，但現在承認為時已晚。結果就是這些資產只能以非常低的價格「按市價計價」。銀行主張按市價計價的處理方式低估了它們的價值，或許不無道理。
23. Lucchetti, A. 與 Timiraos, N.，2010 年，〈在虧損 9 億美元後，交易員東山再起〉（After $9 Billion Loss, Trader Revives Career，《華爾街日報》，9 月 13 日。
24. Buffett, W.，1989 年，波克夏海瑟威公司董事長致股東信函。
25. Partnoy, F.，2009 年，《火柴王》（The Match King），倫敦，Profile Books 出版社。書中主張，經過通貨膨脹調整後，伊瓦．克魯格（Ivar Kreuger）的龐氏騙局規模更大。
26. Taleb, N.N.，2001 年，《隨機的致富陷阱：解開生活中的機率之謎》，倫敦與紐約，Texere 出版社，第 22 頁。
27. Salz, A.，2013 年，《薩爾茲評論：巴克萊商業實務獨立評論報告》（Salz Review: An Independent Review of Barclays' Business Practices）。該報告說明這就是在巴克萊的情況。
28. 巴賽爾銀行業監管委員會（Basel Committee on Banking Supervision, BCBS），2010 年，〈較強勁資本與流動性需求的長期經濟影響評估〉（An Assessment of the Long-Term Economic Impact of Stronger Capital and Liquidity Requirements），巴賽爾，國際結算銀行（Bank for International Settlements）。
29. Draghi, M.，2012 年，〈歐洲中央銀行馬里奧．德拉吉總裁演說〉（Speech by Mario Draghi President of the European Central Bank），在全球投資會議（Global Investment Conference）上所做的評論，倫敦，7 月 26 日。
30. 〈總結報告：口頭與書面證據〉（Final Report: Oral and Written Evidence），2011 年 11 月 23 日，HC 680 2011–12, Ev 62。下議院財政委員會銀行業獨立委員會（Independent Commission on Banking）。

31. Haldane, A.G.，2010 年，〈10 億美元的問題〉，在管制與風險學會（Institute of Regulation & Risk）所做的評論，香港，3 月 30 日。
32. 國際貨幣基金（International Monetary Fund），2014 年，〈全球金融穩定報告：從流動性驅動移到成長驅動的市場〉（Global Financial Stability Report: Moving from Liquidity- to Growth-Driven Markets），華盛頓特區，4 月，第 104 頁，https://www.imf.org/external/pubs/ft/gfsr/2014/02/pdf/text.pdf。
33. 《銀行家雜誌》（The Banker）估計銀行業在 2013 年的總獲利是 9,200 億美元，這是有史以來最高的數字，其中約有三分之一與中國的銀行有關。

第 5 章

1. Arlidge, J.，2009 年，〈我正在從事上帝的工作：會見高盛先生〉（I' m Doing God' s Work": Meet Mr. Goldman Sachs），《星期日泰晤士報》，11 月 8 日。不是只有高盛因為上天的靈感而受益，傑佛瑞．史金林也宣稱在安隆公司（Enron）從事上帝的工作：McLean, B. 與 Elkind, P.，2003 年《房間裡最聰明的人：安隆的驚人崛起與可恥殞落》（The Smartest Guys in the Room: The Amazing Rise and Scandalous Fall of Enron），紐約，Penguin 出版社，第 xxv 頁。
2. Putnam, R.D 的《一個人打保齡球》（Bowling Alone）（2000 年，紐約，Simon and Schuster 出版社）讓「社會資本」的概念和用語在現代受到廣泛使用。
3. 在 Thomas Piketty 受到廣泛引用的著作（2014 年，《二十一世紀資本論》（Capital in the Twenty-First Century，Cambridge 出版社，麻州，哈佛大學出版社附屬 Belknap 出版社）中呈現的資料，主要是採用這些方法的第一種 — 評估實體資產，不過他的許多討論似乎與第二種方法有關。
4. 這些估計值的品質並不高，尤其是與長期公共資產有關的估計值。主要的計算法應用了「永續盤存」方法，這個方法採用了「混合熟成原則」（solera principle），根據這項原則，每年報告的新投資會加總在一起，現有的存量則會被重新估價和折舊。以倫敦地鐵為例，我們非常不清楚應該應用哪些原則來賦予價值。
5. 舉例而言，參照 Wallison, P.J. 於 2011 年 1 月在金融危機調查委員會（Financial Crisis Inquiry Commission）上的不同意見發言。
6. 有用的起點包括：Lewis, M.M.，2010 年，《大賣空：預見史上最大金融浩劫之投資英雄傳》，The Big Short: Inside the Doomsday Machine），

倫敦，Allen Lane 出版社，以及 Mian, A., 與 Sufi, A.，2014 年，《債屋：為什麼出現大衰退以及如何避免重蹈覆轍》（House of Debt: How They (and You) Caused the Great Recession, and How We Can Prevent It from Happening Again），2014 年，芝加哥與倫敦，芝加哥大學出版社。

7. 關於此議題的文獻研究，請參照 Megginson, W.L. 與 Netter, J.M.，2001 年，〈從國家到市場：私有化的實證研究調查〉（From State to Market: A Survey of Empirical Studies on Privatization），《經濟文獻期刊》（Journal of Economic Literature），39 (2)，6 月，第 321–89 頁。
8. 關於公共與民營部門重複發生的問題說明，請參照 Flyvberg, B.，2003 年，《超級專案與風險》（Megaprojects and Risk），劍橋，劍橋大學出版社。
9. King, A., 與 Crewe, I.，2013 年，《我們歷來政府的失務》（The Blunders of Our Governments），倫敦，Oneworld 出版社，第 201–21 頁。
10. 高盛公司 2013 年報。
11. Lewis, M.M.，2004，《魔球：逆境中的致勝智慧》（Moneyball: The Art of Winning an Unfair Game），紐約與倫敦，W.W. Norton 出版社。
12. 關於這個部分的金融面向，描寫得十分出色的是 Janeway, W.H. 的《創新經濟中的資本主義經營》（Doing Capitalism in the Innovation Economy）（2012 年，劍橋，劍橋大學出版社）。
13. Simon, H.，1996 年，《隱形冠軍》（Hidden Champions），麻州波士頓，HBS Press 出版社；Simon, H.，2009 年，《二十一世紀的隱形冠軍》（Hidden Champions of the 21st Century），倫敦與紐約，Springer Verlag 出版社。
14. 因此，金融服務業新受任的委員希爾男爵（commissioner）解釋說：「歐盟的企業有大約 80% 的融資來自銀行，而 20% 來自債務證券。在美國，視你正在閱讀哪一套統計，或者你正在跟哪些統計學家談話而定，這些比率會大不相同。我現在不是在告訴你，我們應該 — 或只能夠 — 複製美國。但這些數字顯然是相反的。我的野心很清楚：「協助解開在歐洲各地目前被凍結的資本，並運用這些資本來支持歐洲的企業，尤其是中小企業。」這是他於 2014 年 11 月 6 日在布魯塞爾發表的談話。所謂的「被凍結的資本」，除了無法交易的資產外，很難給予任何可理解的意義。
15. 彭博億萬富翁指數（Bloomberg Billionaires），2012 年，http://www.bloomberg.com/billionaires/2014-07-18/cya，《彭博商業週刊》（Bloomberg Businessweek），2 月 20 日。

第6章

1. 這包括服務家庭的非營利機構。
2. 現在有廣泛 一且令人質疑一的品牌估價業務；關於無形資產的會計範例，請 參 照 http://www.interbrand.com/en/BestRetailBrands/2014/best-retail-brands-methodology.aspx。
3. Whittard, D.，2012 年，〈1 英國的對外資產負債表 — 國際投資部位（IIP）〉（1 The UK’s External Balance Sheet – the International Investment Position (IIP)），英國國家統計局，3 月。
4. Murray, A.，2009 年，〈保羅．沃克：更大膽思考〉（Paul Volcker: Think More Boldly），《華爾街日報》，12 月 14 日。
5. 菲力克斯．馬丁（Felix Martin）舉了一個引人入勝的歷史例子，那就是在密克羅尼西亞聯邦（Micronesia）稱為「費」（fei）的石幣。在這個國家，即使石頭已經掉到海裡，仍繼續被用來當作記帳單位。Martin, F.，2013 年，《貨幣：未經授權的傳記》（Money: The Unauthorised Biography），倫敦，Bodley Head 出版社。
6. Taleb, N.N.，2012 年，《反脆弱：脆弱的反義詞不是堅強，是反脆弱》（Antifragile: Things That Gain from Disorder），紐約，Random House 出版社。
7. Taylor, M.，2014 年，〈銀行未能驅逐它們的技術麻煩〉（Banks Have Failed to Exorcise Their Technical Gremlins），《金融時報》，1 月 30 日。
8. 下議院財政委員會（House of Commons Treasury Committee）〈支票的未來〉（The Future of Cheques）2011 年 8 月 24 日，HC 1147，第 2010–12 頁。
9. 避險基金研究公司（Hedge Fund Research）估計存在的避險基金數目約為 10,000 個，每年平均有 1,000 個關閉。
10. Buffett, W.，2002 年，波克夏海瑟威公司董事長致股東信函。
11. 德意志銀行資產負債表中的資產一 7,680 億歐元一是目前為正值的未結算衍生性商品合約價值。在美國的一般公認會計原則下，如果一個衍生性商品合約顯示損失，而另一個有相同交易對方的衍生性商品合約顯示獲利，那麼你在與交易對手交易時，僅需記錄淨獲利或損失。即使一個衍生性商品是利率交換合約，而另一個是遠期外匯合約，這個將一個合約對照另一個合約「產生淨值」的機會亦適用。
12. Vickers, J.S.，2011 年，《銀行業獨立委員會最終報告：建議》（Independent Commission on Banking Final Report:

Recommendations），倫敦，女王陛下文儀辦公室（HMSO）。

13. Liikanen, E.（主席），2012 年，《歐盟委員會銀行結構改革高等專家小組報告》（Report of the European Commission’s High-Level Expert Group on Bank Structural Reform），歐盟委員會（EU Commission），10 月。
14. 《陶德—法蘭克華爾街改革與消費者保護法》（Dodd–Frank Wall Street Reform and Consumer Protection Act）第 17 章，12 U.S.C., § 1851。

第 7 章

1. 1. 西奧多．羅斯福（Theodore Roosevelt）的反托拉斯官員將原始的標準石油分割成許多事業，其中紐澤西州的標準石油公司（即後來的埃克森）是最大的。
2. Andrews, S.，2010 年，〈賴瑞．芬克的 12 兆元陰影〉（Larry Fink’s $12 Trillion Shadow），《浮華世界》（Vanity Fair），4 月。
3. 「首要資產管理公司」（Top Asset Management Firms），www.relbanks.com。
4. Galbraith, J.K.，1954 年，《大崩盤》(The Great Crash），麻州波士頓，Houghton Mifflin 出版社。
5. Lenzner, R.，2009 年，〈「抬價布魯斯」：輕鬆的贏家〉（Bid’Em Up Bruce”: A Winner, Hands Down），《富比士雜誌》，10 月 14 日。
6. 以及沃瑟斯坦自己的自傳：Wasserstein, B.，《大交易》（Big Deal），紐約，Warner 出版社，1998 年。Burrough, B. 與 Helyar, J.，1990 年，《門口的野蠻人：歷史上最經典的公司併購爭奪戰》（Barbarians at the Gate: The Fall of RJR Nabisco），倫敦，Arrow 出版社。
7. Bogle, J.C.，1999 年，《共同基金必勝法則》（Common Sense on Mutual Funds: New Imperatives for the Intelligent Investor），紐約與奇切斯特，John Wiley 出版社。
8. Kay, J.，2009 年，《總而言之：非金融業一般投資人的財務與投資指南》（The Long and the Short of It: A Guide to Finance and Investment for Normally Intelligent People Who Aren’t in the Industry），倫敦，Erasmus Press 出版社。
9. 參照 Cannacord Genuity 市場諮詢公司的 2014 年《年度投資信託手冊》（Annual investment trust handbook）。

第 8 章

1. 蘇格蘭有著不同的法律制度。
2. Hoshi, T.，2001 年，〈日本銀行出了什麼問題？〉（What Happened to Japanese Banks?），《貨幣與經濟研究期刊》（Monetary and Economic Studies），19 (1)，2 月，第 1–29 頁。
3. Tor, M. 與 Sarfraz, S.，2013 年，〈世界百大銀行〉（Largest 100 Banks in the World），《SNL 財務公司報告》（SNL Financial LC），12 月 23 日。
4. Mirrlees, J.A. 等人，2011 年，《稅制設計》（Tax by Design），牛津，牛津大學出版社。
5. 我曾撰寫過此主題的著作，但那是在許久以前；Kay, J.A., 與 King, M.A.，1979 年，《英國稅賦制度》（The British Tax System），牛筋，Clarendon 出版社，第 5 版，1992 年。
6. Von Mises, L.，1927 年，《自由主義》（Liberalismus），耶拿，Gustav Fischer 出版社。Hayek, F.A.，1944 年，《通往奴役之路》（The Road to Serfdom），倫敦，Routledge & Kegan Paul 出版社。
7. 這個主張在以下著作中有強有力的論述：Bhide, A.，2011 年，《做出判斷》（A Call for Judgment）牛津，牛津大學出版社。
8. 以下著作認為這句話出自克里夫．斯多與蓋瑞．舒伯特（Gary Schubert）：Keeler, M.R.，2006 年，《無所隱瞞》（Nothing to Hide），內布拉斯加州林肯市，iUniverse 公司，第 112 頁。
9. 雖然主管機關有不起訴的裁量權，但希望它們當時行使此權。如同最高法院在德克斯案所為的裁判，美國的法律會要求要有詐欺意圖；在歐洲法律下，只要資訊對價格是敏感的 — 在詐欺案當然是，且該人知道自己未經授權而擁有此等資訊，便可定罪。
10. Soble, R.L. 與 Dallos, R.E.，1975 年，《不可能的夢想：公平基金公司的故事；世紀詐欺案》（The Impossible Dream: The Equity Funding Story; The Fraud of the Century），紐約，G.P. Putnam's Sons 出版社。
11. 全美金融改革聯盟（Americans for Financial Reform），2014 年 12 月 11 日，http://ourfinancialsecurity.org/#。
12. 美國陽光基金會（Sunlight Foundation），2009 年 12 月 1 日；美國陽光基金會，2013 年 3 月 25 日，http://sunlightfoundation.com/。
13. 杜魯門「不會」為商業背書、遊說、撰寫信函或打電話「收費」。他「不會接受顧問費」。「要不是我能夠賣掉我跟兄弟姊妹從母親那兒繼承來的一些財產，事實上我可能需要靠救濟金過活，但是賣掉這些財產後，我的財務狀況便不困窘。」以下著作報告這是杜魯門在1957年所說的話：McCullough, D.，1992年，《杜魯門》（Truman），紐約，Simon & Schuster出版社，第988頁。克萊曼·艾德禮（Clement Attlee）於1967年去世，留下7,295英鎊的遺產

14. 歐洲企業觀察站（Corporate Europe Observatory），2014年4月。
15. 新聞調查局（Bureau of Investigative Journalism），2012年7月9日，http://www.thebureauinvestigates.com/.
16. ProPublica網路媒體，2013年10月10日，http://www.propublica.org/article/ny-fed-fired-examiner-who-took-on-goldman。
17. Markopolos, H.，2010年，《沒人會聽：真實的金融駭人事件》（No One Would Listen: A True Financial Thriller），紐澤西州霍博肯，Wiley出版社。
18. Ferguson, C.（製作人兼導演）與Marrs, A.（製作人），2010年，《幕後黑手》（Inside Job），美國，索尼經典電影。
19. Stigler, G.J.，1971年，〈經濟管制的理論〉（The Theory of Economic Regulation），《貝爾經濟與管理期刊》（The Bell Journal of Economics and Management Science），2 (1)，春季，第3–21頁。
20. Dekker, S.，2012年，《公正文化》（Just Culture），艾德索特，Ashgate出版社。

第9章

1. Woodward, R.U.，2001年，《大師的年代：葛林斯班與黃金十年》（Maestro: Greenspan’s Fed and the American Boom），紐約與倫敦，Simon & Schuster出版社。
2. Greenspan, A.，2008年10月23日對眾議院監管與政府改革委員會改革公聽會的陳述（110–209連載）。
3. Carlson, M.A.，2006年，〈1987年股市崩盤簡史以及探究聯邦儲備理事會因應之討論〉（A Brief History of the 1987 Stock Market Crash with a Discussion of the Federal Reserve Response），《2007-13年金融與經濟探討文集》（Finance and Economics Discussion Series 2007–13），聯邦儲備理事會的研究與統計部和貨幣事務部，第10頁。
4. 出處同上，第19頁。
5. 出處同上。
6. Bagehot, W.，1873年，《倫巴底街：貨幣市場描寫》（Lombard Street: A Description of the Money Market），紐約，Scribner, Armstrong &

Co 出版社。
7. 聯邦儲備理事會，近期的資產負債表趨勢。
8. 英格蘭銀行 2007–14 年報、財務報表。
9. Reinhart, C.M. 與 Rogoff, K.S.，2010 年，〈債務時代下的成長〉（Growth in a Time of Debt），《美國經濟評論：報告與議項》（American Economic Review: Papers & Proceedings），100 (2)，5 月，第 573–8 頁。
10. Herndon, T.、Ash, M., 與 Pollin, R.，2013 年，〈高公共債務是否一致地阻礙經濟成長？評論萊茵哈特與羅格夫〉（Does High Public Debt Consistently Stifle Economic Growth? A Critique of Reinhart and Rogoff），阿姆赫斯特大學（University of Amherst）政經研究學院（Political Economic Research Institute）第 322 號工作報告。這篇報告獲得的關注幾乎像原始活動一樣多。
11. 最新的（2014 年）受託人報告顯示資金不足以支付當前以及預測到 2042 年的福利。國會預算局（Congressional Budget Office）認為這是樂觀的。
12. 「解答」似乎是會從權益投資獲得非常高的報酬率。這個主張造成混淆的論點太多，無法詳細闡述。領退休金者所吃的麵包就是今天烘焙的麵包。
13. Kamstra, M.J. 與 Shiller, R.J.，2010 年，〈振奮取代短期國庫券：該用國內生產總值的持份取代政府債務的一部分〉（Trills Instead of T-Bills: It's Time to Replace Part of Government Debt with Shares in GDP）《經濟學者論壇》（The Economists' Voice），7 (3)，9 月。
14. 參照迪農特（Dilnot）2011 年在照護與支援資金來源委員會（The Commission on Funding of Care and Support）上的廣泛討論，7 月，http://webarchive.nationalarchives.gov.uk/20130221130239/http://dilnotcommission.dh.gov.uk/.
15. Kotlikoff, L.J.，1992 年，《世代會計法：知道何人支付以及我們何時又為何花費》（Generational Accounting: Knowing Who Pays, and When, for What We Spend），紐約，Free Press 出版社。
16. Brokaw, T.，1998 年，《最偉大的世代》（The Greatest Generation），紐約，Random House 出版社。
17. Burroughs, W.S.，〈來自危險毒品成癮大師的信〉（Letter from a Master Addict to Dangerous Drugs），於 1956 年撰寫，首次刊載於《英國毒癮期刊》（The British Journal of Addiction），52 (2)，（1957 年 1 月），第 1 頁，後來被用來當作《赤裸的午餐》（The Naked Lunch）的註腳。

18. 經濟合作暨發展組織，2013 年，按主要活動的人口與就業（Population and Employment by Main Activity）
19. 國際勞工組織，2012 年，按經濟活動與職業的就業分佈（Employee Distribution by Economic Activity and Occupation）。
20. 倫敦市法團（City of London Corporation），2013 年。
21. 英國國家統計局，2013 年〈商業登記與就業調查〉（Business Register and Employment Survey）。
22. Haldane, A., Brennan, S. 與 Madouras, V.，〈金融部門的貢獻是什麼？〉（What is the Contribution of 金融部門？），出自 Turner, A. 等人 2010 年的《金融的未來》（金融的未來），倫敦，倫敦經濟學院（London School of Economics）。
23. 英國國家統計局，2014 年，〈2014 年英國收支平衡粉紅皮書〉（The United Kingdom Balance of Payments Pink Book 2014）
24. Reich, R.B.，1990 年，〈我們是誰？〉（Who Is Us?），《哈佛商業評論》（Harvard Business Review），1 月。
25. 英國稅務海關總署（HM Revenue and Customs），2014 年，〈公司稅統計〉（Corporation Tax Statistics）表 11.1A。
26. 英國國家統計局，2014 年，〈公共部門會計〉（Public Sector Accounts），11 月。
27. 英國國家統計局，2014 年，〈英國國家經濟會計：藍皮書〉（United Kingdom Nation Accounts: The Blue Book）表 2.2。
28. 巴克萊公司，2014 年，〈2013 年度報告〉，第 123 頁（可從 www.barclays.com 取得）。
29. 英國稅務海關總署，2014 年，〈現時徵稅制與來自銀行部門的公司稅收入〉（Pay-As-You-Earn and Corporate Tax Receipts from the Banking Sector）。
30. 《薩爾茲評論》，2013 年，〈巴克萊商業實務獨立評論〉（An Independent Review of Barclays' Business Practices），4 月 3 日。
31. 巴克萊公司，2014 年，〈2013 年度報告〉，第 122 頁（可從 www.barclays.com 取得）。
32. Partnoy, F.，2009 年，《血戰華爾街》（FIASCO: Blood in the Water on Wall Street），倫敦，Profile Books 出版社。

第 10 章

1. Tobin, J.，1978 年，〈國際貨幣改革提案〉（A Proposal for

International Monetary Reform），《東方經濟期刊》（Eastern Economic Journal），4 (3–4)，第 153–9 頁。

2. Adams, R.McC.，1981 年，《城市的心臟地帶》（Heartland of Cities），芝加哥，芝加哥大學出版社，第 xvii 頁。Tainter, J., 1988，《複雜社會的崩潰》（The Collapse of Complex Societies），劍橋，劍橋大學出版社，第 1 頁。
3. 《挑戰者號》一升空旋即爆炸，造成七名機員死亡。費曼是榮獲諾貝爾獎的物理學家，也是有史以來演說任何主題都十分精彩的演說將之一，他負責釐清委員會的結論。據稱費曼要求這些評論被納入報告，否則他拒絕在報告上簽名。
4. Andrew Ross Sorkin 以此標題為書名的著作成為暢銷書，甚至被拍成電影。
5. Tainter, J.，1988 年，《複雜社會的崩潰》，劍橋，劍橋大學出版社。
6. Perrow, C.B.，1984 年，《常態性意外：與高風險技術共存》（Normal Accidents: Living with High-Risk Technologies），紐約，Basic Books 出版社。
7. Admati, A.R. 與 Hellwig, M.F.，2013 年，《銀行家的新衣：銀行業出了什麼問題以及如何糾正》（The Bankers' New Clothes: What's Wrong with Banking and What to Do about It），普林斯頓與牛津，普林斯頓大學出版社，第 176–83 頁。Miles, D.K.、Yang, J. 與 Marcheggiano, G.，2013 年，〈理想的銀行資本〉（Optimal Bank Capital），《經濟期刊》（The Economic Journal），123 (567)，第 1–37 頁。
8. 這很難精確判定。一個指標是美國股票 S&P 500 指數的高峰到谷底跌幅，這在 2000–02 年是 50%，在 2008–9 年是 54%。
9. Smith, G.，2012 年，〈我為什麼要離開高盛〉（Why I Am Leaving Goldman Sachs），《紐約時報》，3 月 14 日。
10. Donoghue v. Stevenson 案 [1932 年] AC 562。
11. Vickers, J.S.，2011 年，《銀行業獨立委員會最終報告：建議》，倫敦，女王陛下文儀辦公室。
12. Liikanen, E.（主席），2012 年，《歐盟委員會銀行結構改革高等專家小組報告》（Report of the European Commission's High-Level Expert Group on Bank Structural Reform），歐盟委員會（EU Commission），10 月。
13. 關於同時期的評估，請參照 www. johnkay.com。
14. 《金融時報》，2009 年，〈政府的反應跟在喧囂酒吧的鬧事酒客一樣〉(Government's Response Like That of a Rowdy Drinker in a Bar Brawl),7 月 5 日。

15. Sedgwick, R.,1970 年,《1715–1754 年的英國下議院》(The House of Commons 1715–1754),紐約,牛津大學出版社,第 409 頁。
16. Rakoff, J.S.,2014 年,〈金融危機:為什麼沒有任何高階主管被起訴?〉(The Financial Crisis: Why Have No High-Level Executives Been Prosecuted?),《紐約書評》(The New York Review of Books),1 月 9 日。
17. Farrell, M.,2014 年,〈摩根大通在 250 億美元外又加了 26 億美元,還要解決近期的多樁和解案。〉(J.P. Morgan Adds $2.6 Billion to Its $25 Billion Plus Tally of Recent Settlements),《華爾街日報 MoneyBeat 部落格》,1 月 7 日。
18. Rakoff,在已引用的著述中。
19. 這個機制也已獲得普遍支持,因為它已成為一項收入來源,尤其是對國家而言。英國財政大臣喬治・奧斯本(George Osborne)因為將罰金捐給軍方慈善機構而獲得廉價的掌聲。
20. 國會銀行業標準委員會,2013 年,《永久改變銀行業》(Changing Banking for Good),2013–14 年會期首次報告,6 月 12 日。
21. 下議院財政委員會,2012 年,《固定同業拆借利率:國會的一些發現》(Fixing LIBOR: Some Preliminary Findings),第二冊:《口頭與書面證據》(Oral and Written Evidence),7 月 4 日,HC 481-II 2012–13 年,Ev 10。
22. 在 2014 年 10 月,匯豐銀行的兩位董事引用對銀行董事加諸的新法律責任為由辭職。

第 11 章

1. Sorkin, A.R.,2009 年,《大到不能倒:拯救華爾街之役內幕》(Too Big to Fail: Inside the Battle to Save Wall Street),倫敦,Allen Lane 出版社,第 525 頁。此故事被在會議現場的提摩西・蓋特納證實。
2. Goff, S. 與 Parker, G.,2011 年,〈戴蒙德說自責的時間已經結束〉(Diamond Says Time for Remorse is Over),《金融時報》,1 月 11 日。
3. Zeleny, J.,2008 年,〈歐巴馬評估布希政策快速失敗的原因〉(Obama Weighs Quick Undoing of Bush Policy),《紐約時報》,11 月 9 日。
4. Johnson, S. 與 Kwak, J.,2010 年,《十三位銀行家:華爾街接管與下一次金融崩潰》(13 Bankers: The Wall Street Takeover and the Next

Financial Meltdown），紐約，Random House 出版社。

5. Turner, A.，2009 年，〈如何馴化全球金融〉（How to Tame Global Finance），《展望雜誌》（Prospect），8 月 27 日。
6. 歐洲國會富於想像力地資助了金融觀察機構來反擊這個遊說，但其資源的相對規 A 模非常小。Schumann, H.，2012 年，〈金融觀察：一場破壞遊說的遊說〉（Finance Watch: A Lobby to Break the Lobbies），VoxEurop 網站，2 月 23 日。
7. Keynes, J.M.，1936 年，《就業、利息與貨幣的一般理論》，倫敦，Macmillan 出版社，第 383 頁。

金融的黑歷史與那些「圈內人」的高風險秘密

玩别人的錢

OTHER PEOPLE'S MONEY

MASTERS OF THE UNIVERSE OR SERVANTS OF THE PEOPLE ?

約翰・凱 John Kay ■著
英倫翻譯社、謝孟宗■ 譯
大寫出版〈知道的書 Catch-On!〉 書系號 HC0069

著者 約翰・凱
譯者 英倫翻譯社、謝孟宗
行銷企畫 郭其彬、王綬晨、邱紹溢、陳雅雯、張瓊瑜、王涵、汪佳穎
大寫出版 鄭俊平、沈依靜、李明瑾
發行人 蘇拾平
發行 大雁文化事業股份有限公司
地址 台北市復興北路 333 號 11 樓之 4
電話（02）27182001 傳真（02）27181258
讀者服務信箱 E-mail andbooks@andbooks.com.tw
大雁出版基地官網 www.andbooks.com.tw

初版三刷 2019 年 01 月
定價 450 元
ISBN 978-986-95197-1-7

國家圖書館出版品預行編目 (CIP) 資料

玩別人的錢：金融的黑歷史與那些「圈內人」的高風險秘密
約翰．凱（John Kay）著，英倫翻譯社、謝孟宗 譯
2018 年 3 月初版｜臺北市：大寫出版：大雁文化發行

380 面，16*22 公分（知道的書 Catch On；HC0069）
譯自：Other people's money : masters of the universe or servants of the people?
ISBN 978-986-95197-1-7(平裝)
1. 金融學 2. 國際經濟
561 107002062